图书在版编目（CIP）数据

2020长三角商业创新样本 / 上海长三角商业创新研究院著. -- 北京：中国商业出版社，2021.6
ISBN 978-7-5208-1618-2

Ⅰ.①2… Ⅱ.①上… Ⅲ.①长江三角洲—商业模式—研究 Ⅳ.①F727.5

中国版本图书馆CIP数据核字（2021）第081030号

责任编辑：朱丽丽

中国商业出版社出版发行
010-63180647　www.c-cbook.com
（100053　北京广安门内报国寺1号）
新华书店经销
杭州高腾印务有限公司印刷

*

787毫米×1092毫米　16开　15.75印张　310千字
2021年6月第1版　2021年6月第1次印刷
定价：188.00元

* * * *

（如有印刷质量问题可更换）

2020长三角商业创新样本

上海长三角商业创新研究院 著

中国商业出版社

序 言

2020年，人类世界和全球经济都面临着巨大的困境和严峻挑战。

在席卷全球的新冠疫情引发的多米诺骨牌效应下，引起的一系列事件——商业危机、财政援助、疫苗研发、货币刺激、经济复苏等等——无不牵动着市场的神经，影响着世界整体经济格局的发展与走向。

经国序民，正其制度；守望相助，共克时艰；艰难困苦，玉汝于成。中国以强大的社会组织能力、磅礴的中国力量、强大的中国精神在全世界范围内最早控制了疫情的传播，并引领了国际经济的恢复。全球多家机构认为，中国成为2020年唯一实现正增长的主要经济体，并预计2021年中国经济增幅将大幅提高。

作为中国经济发展最活跃、最开放的区域和全球创新高地，长三角肩负党中央、国务院赋予的重大使命，区域内自觉增强政策协同、深化分工合作、凝聚强大合力，着力当好经济压舱石、发展动力源、改革试验田，在服务构建新发展格局、推进现代化建设中勇挑重担、走在前列，展现出强大的经济韧性和应对智慧，经受住了考验，成为全国复工复产最早、成效最好的区域之一，以自身的"稳"和"进"有力支撑了全国发展大局。

作为中国经济文明的时代先锋，在大健康、生物医药、人工智能、数字经济、文旅产业、商贸物流、新能源和绿色环保等领域，大胆创新，深耕蓄能多年的一大批产业领先者，以危为机，接受了时代的考验——在2020年第一季度的诸多不确定中，积极调动组织能动性、积极稳定企业经营的同时，力所能及地承担社会责任，在自救与助人中极大地彰显出企业家集体的优秀品质。2020年7月，上海长三角商业创新研究院邀请长三角20余家主流智库、商业协会和第三方机构，开展长三角民企应对疫情及纾困举措的联合调研。历时两月有余，访问了30家以历届创新样本企业和商创院企业家理事成员单位为主的产业龙头，并做了300份问卷调查。我们发现，企业家们在顶住巨大经营压力的同时，还勇当急先锋，既捐助资金又竭尽全力提供防疫物资，全力以赴调动国内外资源；开通各种渠道，保障线上线下服务，一批科技公司更是利用大数据、云计算的专长，帮助加速推动政府防护管控、病患诊断和物资调度，助力国家；国内的医药企业及医学检测机构，通力协作，响应号召投入到保障民生安全的工作中，同病毒赛跑，研制疫苗，为全人类的社会危机和公共卫生事业尽职尽责。"意莫高于爱民，行莫厚于乐民"，企业们以积极的姿态，践行着对社会的担当与责任。

2020年度，无论是120家推荐的企业，还是50家初选走访考察的优秀公司的大多数，与我们精心挑选出来的10家样本企业一样，深刻且真实地体现了中国精神与长三角典范，也反映了中国企业创新崛起的典型特征：蕴秀于内，专注于创新能力建设、产品和服务的研发，以强大的组织能力缔造核心竞争力，逐步形成自身的高质量发展路径及成长动能，并以技术与产品服务来赢得市场；协同开放，以广阔的视觉、敏锐的洞察力及"共同体"理念，推动技术、文化、平台、模式的全方位协同发展，积极主动参与全区域、全国乃至全球的产业链和价值链的重塑，不断尝试提高产业的"话语权"及"议价权"。这些共同特质和鲜明"个性"，也正是过去所选样本企业较为典型的特征，符合产业巨头应对全球政治经济形势重大变化的积极行动与战略智慧。

作为经济的中坚和未来力量，除了拥有与"往届样本"一样优秀的品质，2020年的样本企业也彰显了特殊时期下的"时代特质"和鲜明个性。

首先，历史赋予了他们特定的机遇，在重大社会危机和挑战面前，激发并彰显了企业优秀价值观一以贯之的精神品格，更体现了优秀公司对社会和个体生命质量的重视。厚德践行的民本之心，推动了企业公德的塑造，推动社会主流价值观的重新塑造，大大强化中国道路在世界文化秩序与世界治理格局中的有力精神符号。尤其是在经济领域，持续自主创新的中国力量得到了大大增长，成长起来的企业家们始终坚守着产业报国的理念，坚守商业创新发展是为社会谋福利的精神原则与价值诉求。这种力量体现和精神导向，体现了中国智慧，也体现了样本企业共同致力于文化精神和文明进步的正向价值主张，而这正是新时代新经济的本质要求。例如，信达生物要制造老百姓用得起的好药，博圣生物为帮助每一位母亲及其家庭幸福及对儿童缺陷防治的坚持；如天能集团在绿色能源领域和环境生态建设的创新引领，叮咚买菜的自来水哲学所创造的前置仓模式在疫情中的独领风骚；两家独角兽企业——观安信息对不离不弃的安全战略理念的谨守，云知声联合产业集团赋能社区等等，在疫情期间充分体现这种正向价值。

更为显著的是，本届样本企业积极探索实践推动产业生态价值的塑造，以推动产业格局乃至经济格局的变化。无论是人工智能独角兽云从科技对人工智能生态创新发展的探索，还是天能集团紧紧围绕国家创新及绿色战略，并持续不断地在技术创新上突破；无论是阿斯利康打造健康生态赋能医院贴近患者的模式创新，同程旅游全产业链布局反推其逆流而上，加快了产业变革创新的速度，还是和仁科技的远大理想对城市智慧医疗事业的追求，都充满了巨大的想象空间。而在疫情的考验下，我们欣喜且骄傲地见证了他们以敏锐的洞察力前瞻布局，以及与时代与国家并进的战略远见。这一点，于企业与社会，都创造了重大价值。

我们发现，疫情助推了真正以技术创新自强的全新格局的构建。样本企业重研发重赋能，依托基础研究、数字化驱动，加速产品创新、产业升级，推动产业链高端化建设的战略定力与创新能力得以全面体现。他们以无畏的勇气与决心、科学的指导，持续不断地强化研发投入，构建科学且适宜自身发展的研发平台。

他们，或打破技术垄断，或开放国际技术合作，坚持科创引领，在希冀以不断开发的技术成果重塑产业链和价值链，构建中国乃至世界新格局的战略志向上，有别于往届样本；他们，面向世界科技前沿、面向经济主战场、面向国家重大需求、面向人民生命健康，把握大势、抢占先机，直面问题、迎难而上，肩负起时代赋予的重任，既秉承了历届样本企业的精神，也在模式创新与国家产业战略的融合发展方面更贴近与更深入。

得益于中国强大的组织能力、文化力量和科学有效的防疫策略及技术手段，中国精神、中国文化、中国品牌逐渐成为了一种撼动人心的力量，塑造着世界新价值。由此，受益于大国崛起的底气、中国五千年传承的文化内核，样本企业们以更包容开放的态度、更宽广的视野表达着中国和中国企业的文化与思想，"为中国崛起而读书"，为中国产业兴起和强盛而践行，以中国精神凝聚中国力量，以持续自主创新的成果去增强中国人的骨气和底气，增强产业和国际竞争的话语权，等等。

相比较而言，2020年的旅游、零售、酒店等领域遭受重大打击。身处文旅产业的同程旅游却成为疫情以来全球唯一一个连续四个季度盈利的上市OTA；而身处生鲜零售行业的叮咚买菜也一骑绝尘，在疫情下刷新了单月销售额突破12亿元的纪录。同程和叮咚买菜的逆势飞扬，在于敏锐洞察力背后领先的战略布局，及高质量、训练有素的组织锤炼带来的能力激活和韧性。而这背后，还是得益于优秀的文化精神和思想，以及由其推动的优良机制。

而信息技术、智慧医疗、新能源则是基于在疫情中的出色表现形成了风口，成为市场追捧的对象。他们的成功，在于创始人及领导团队高瞻远瞩，把握住时代、政策和市场脉搏，多年来不懈地布局投入，在疫情这一"特殊情景"下，快速发酵、激活内生因子，塑造市场新格局。博圣生物，一方面早在10年前就前瞻性地布局，让自己成长为行业的领跑者。作为国内最早介入医疗信息化建设的团队之一、智慧医疗的忠实践行者，和仁科技多年来积极投入城市级智慧医疗服务平台、互联网医院等产品的研发，形成了一套独特、先进、完善的智慧医疗解决方案，助力建设以城市为中心的现代治理与服务体系。依托行业领先的AI整合解决方案，云知声在多个垂直领域的市场占有率居领先地位。观安信息锚定"大数据+泛安全产品与服务",始终坚持"一主两辅三区域"的经营政策,集中力量全力推进,从运营商行业切入并构建了一套具备观安特色的技术产品体系、行业项目体系以及极具影响力的观安品牌。

自主可控且不断创新的技术是今天中国企业的必然选择,但协同共生的生态进化也已成为经济组织的必经之路。而且,在激烈市场竞争中成长起来的中国企业,面对国际大环境的重大变化和影响,积极探索、稳步改善"大而不强"的产业现状,致力于产业的高质量发展。这种来自全体系全领域的重构呼唤,推动了大规模的协同和共创,也推动了多层次多种模式的创新探索。孵化创新生态,已然成为新经济和头部企业引领变革的一种新现象,而且带来了大量的传统产业生态的进化和新生态的崛起,从而成为走向新时代的必然路径和特征,也自然而然地衍生且塑造了新的经济文明。

天能在其战略规划中,坚定地围绕主业、聚焦主业,从供应链入手,延伸做强产业链,不断在产业链上挖掘更多新的价值点,打造新的经济增长点、增长极,形成了集清洁能源、智慧能源、资源循环、现代物流、产融产城、国际贸易等业务于一体的产业生态,让中国智造走向世界,为中国的绿色能源发展树立世界标杆。天能股份科创板上市,就是企业生态进化的最佳佐证。

大健康、大医药领域,得益于健康中国的战略引领,许多企业多年来潜心创新发展,"强筋健骨"。在疫情下,尤其是大医药领域的企业承接住了时代的"考题",以巨大的使命和责任意识,积极助力抗疫的同时,推动了中国医疗产业走向世界市场,走向新未来。以阿斯利康中国为例,他们以"服务中国,惠及全球"为理念,推动医疗与其他跨行业技术实现更好结合,特地设立投资基金、在各地设立创新中心,并以此为孵化器携手国内外更多合作伙伴打造创新生态圈。截至目前,阿斯利康中国累计在华研发投入逾15亿美元,以多种方式大力投资、扶持、孵化本土创新力量,将中国研发从"跟随者"上升为全球同步创新者,同时也成就了自身成为中国医药市场的第一大MNC。刷新了中国生物制药企业创业创新史的信达生物,在国内产业链上不断寻求优质战略合作伙伴,同时,也与诸多国际巨头达成战略合作伙伴关系,并在合作中不断建成高端生物药产业化基地,以带动、促成良好的产业生态,影响、带领国内的伙伴们共同朝着成为具有国际竞争力的企业前进。人工智能、信息安全,站在时代趋势、产业发展和政策支持的基石之上,从原来的单点技术突破发展为在更复杂场景下的技术落地生根,和对百业和社会生态的赋能。为推动中国数字化进程,助推人工智能产业化进程,以云从科技、云知声、观安信息等为代表的科创企业不约而同地以多路径协同发展探索更加多元的未知,通过生态圈的建设探索、升级和构建智能化的未来。

而协同共创，以生态进化重塑新文明，正是本次样本企业探索预防新"危机"智慧的生动刻画。疫情，让人类强化对生命质量、生存环境乃至生态进化体系的关注。独木不成林，构筑富有生气和繁荣共生的整体生态，是产业巨头谋定后动的战略画像，也包括人工智能产业、平台经济、数字经济等创新经济的关键驱动力。

经世济用，创新图谋，不仅是国家奋斗之重之利，更是中国企业奋斗之重之利。今天的中国，今天的中国企业，已然唤醒文明古国的文化力量和义利天下的精神志气。独乐乐，不如众乐乐；一己成功和进步，不是世间的成功和进步，更不代表对社会与国家的贡献。创新发展，科创不懈，乃至互助相济与新生态的创建，都不是目的，而是有志于改变社会的落后，有志于为人间多做点力所能及的事。正如在调研采访中，企业家们朴实表达的：能够帮助大众解决点困苦，能够不断改善和提高产品和技术的质量，让其惠及市场和消费者，能够推动社会的进步，正是我们的初衷。

为有牺牲多壮志，敢教日月换新天。真正的"勇士"，能够真正正视创新的基础领域并持续不懈地、有策略有方式地投入；能够真正认识国际竞争中的优劣势并推进变革、成长；能够正视科技创新和生产服务的本质在于能够推动社会的进步；能够正视自己的能力，团结一切可以团结的力量，理解并践行"命运共同体"的真正含义。

今日之中国企业家应是如斯，成长如斯，幸甚至哉！

上海长三角商业创新研究院
《2020长三角商业创新样本》执委会
2021年5月

目　录

第一章　跨国药企中国化创新典范——阿斯利康投资（中国）有限公司
　　楔子：融合与超越 …………………………………………………………… 002
　　企业概况：中国医药市场的创新者 ………………………………………… 003
　　创新解读：
　　　第一节　史无前例的挑战 …………………………………………………… 006
　　　第二节　本土化战略，构建创新生态 ……………………………………… 008
　　　第三节　服务中国、惠及全球 ……………………………………………… 014
　　企业家专访：以终为始，以行为知 ………………………………………… 017
　　专家点评：立足长远，以积极本土化赢得认同与尊重 …………………… 021

第二章　奋力生长的中国创新药企典范——信达生物制药（苏州）有限公司
　　楔子：故乡的云 ……………………………………………………………… 024
　　企业概况：中国药企新生代 ………………………………………………… 025
　　创新解读：
　　　第一节　中国创新药迎来黄金时代 ………………………………………… 028
　　　第二节　新药研发创制"中国造" ………………………………………… 031
　　　第三节　成就他人，成就自己 ……………………………………………… 037
　　企业家专访：信达天下，造福人类 ………………………………………… 040
　　专家点评：十年磨剑，铸就中国生物药领军企业 ………………………… 044

第三章　中国绿色"智造"新典范——天能控股集团股份有限公司
　　楔子：换了人间 ……………………………………………………………… 048
　　企业概况：持续领先的绿色能源系统方案解决商 ………………………… 049
　　创新解读：
　　　第一节　绿色中国梦 ………………………………………………………… 052

　　　　第二节　内生创新，重构产业价值 ································ 055

　　　　第三节　让世界看见"能动力" ···································· 061

　　企业家专访：成为最受尊敬的世界一流新能源公司 ··············· 067

　　专家点评：用绿色换"双赢" ·· 070

第四章　价值战略引领中国旅行——同程艺龙控股有限公司

　　楔子：逆风者 ·· 074

　　企业概况：数字时代的旅行"梦工厂" ································ 075

　　创新解读：

　　　　第一节　"旅行"新征程 ·· 078

　　　　第二节　激活内生循环系统能量 ·································· 081

　　　　第三节　让旅行走向生活与生态 ·································· 087

　　企业家专访：务实的理想主义者 ······································ 092

　　专家点评：在正确的赛道上敏锐前行 ································ 095

第五章　人机协同的智能生态先锋——云从科技集团股份有限公司

　　楔子：大风起兮云飞扬 ··· 098

　　企业概况：机"智"过人，"云端"漫步 ······························· 099

　　创新解读：

　　　　第一节　人机协同新时代 ··· 103

　　　　第二节　构建智能经济的AI闭环 ································ 105

　　　　第三节　AI共生，人机协同 ······································ 111

　　企业家专访：以梦为马，"定义"智慧生活 ························ 116

　　专家点评：奋力打造智能化生产力的模范生 ····················· 119

第六章　中国生鲜电商领跑者——上海壹佰米网络科技有限公司（叮咚买菜）

　　楔子：做时间的朋友 ·· 122

　　企业概况：做用户信赖的民生互联网企业 ·························· 123

　　创新解读：

　　　　第一节　在线新经济新动能 ······································· 126

　　　　第二节　构建"叮咚式"生长逻辑 ································ 129

  第三节 以奔跑致敬美好生活 ·············· 134
  企业家专访：让美好的食材，触手可得，普惠万众 ·············· 139
  专家点评：本色通大道 ·············· 142

第七章 中国大数据信息安全领军者——上海观安信息技术股份有限公司
  楔子：贴近现实，护航未来 ·············· 146
  企业概况：大数据安全整体解决方案提供商 ·············· 147
  创新解读：
  第一节 数据社会的安全命题 ·············· 150
  第二节 战略制胜，重构产业价值 ·············· 153
  第三节 专注深耕，护航数字经济 ·············· 158
  企业家专访：助力中国大数据+ ·············· 163
  专家点评：主动融入产业，筑牢网络空间安全屏障 ·············· 166

第八章 中国智慧医疗造路者——浙江和仁科技股份有限公司
  楔子：心高天自远 ·············· 170
  企业概况：智慧医疗整体解决方案提供商 ·············· 171
  创新解读：
  第一节 新时代，智慧医疗按下"加速键" ·············· 173
  第二节 创建中国数字医疗共同体和健康服务生态圈 ·············· 175
  第三节 同创共建济时康 ·············· 182
  企业家专访：为健康中国夯实"数字底座" ·············· 185
  专家点评：初心与创新 ·············· 188

第九章 人工智能创新服务价值探路者——云知声智能科技股份有限公司
  楔子：攀登高峰没有捷径 ·············· 192
  企业概况：物联网人工智能服务先锋 ·············· 193
  创新解读：
  第一节 迎接新智能时代 ·············· 195
  第二节 构建"云+端+芯"一体化模式 ·············· 197
  第三节 走向智能生活 ·············· 203

　　　　企业家专访：十年踪迹十年心 ………………………………………… 207
　　　　专家点评：厚积薄发，攀登价值链顶峰 ………………………………… 209

第十章　全链服务护航中国出生健康事业——浙江博圣生物技术股份有限公司
　　　　楔子：二十年，将理想揉进岁月 ………………………………………… 212
　　　　企业概况：出生缺陷防治领域的开拓者和引领者 ……………………… 213
　　　　创新解读：
　　　　　第一节　让"健康中国"落地生根 ……………………………………… 216
　　　　　第二节　创建"全流程+精准化"服务模式 …………………………… 218
　　　　　第三节　向着月亮出发 …………………………………………………… 227
　　　　企业家专访：做出生健康的守护者 ……………………………………… 230
　　　　专家点评：书写"健康中国"的母婴答卷 ……………………………… 232

后　　记 …………………………………………………………………………… 234
项目组织单位 ……………………………………………………………………… 236
特邀专顾委、编委会及主要团队成员 …………………………………………… 236
调研及采编指标说明 ……………………………………………………………… 237
主要参考材料及文献 ……………………………………………………………… 238

第一章
跨国药企中国化创新典范
——阿斯利康投资(中国)有限公司

- **楔子：** 融合与超越
- **企业概况：** 中国医药市场的创新者
- **创新解读：**

    第一节　史无前例的挑战

    第二节　本土化战略，构建创新生态

    第三节　服务中国、惠及全球

- **企业家专访：** 以终为始，以行为知
- **专家点评：** 立足长远，以积极本土化赢得认同与尊重

楔子

融合与超越

改革开放四十多年来,作为中国经济发展的一支重要力量,外资企业为推动中国经济发展做出了重要贡献。它们凭借着竞争优势,在中国市场开疆拓土,一路所向披靡,在市场上处于领先地位,为全球贡献持续增长的业绩。曾经,它们为中国市场带来了先进的技术、先进的管理理念,为中国市场注入了活力,不仅成为中国百姓看世界的窗口,也成为中国本土企业学习、实践的榜样。

然而近十年来,外资企业也开始遭遇成长的烦恼。随着中国经济的发展,本土企业的成长、中国中产阶层的日渐崛起以及消费市场转型升级,外资企业面临更加激烈的竞争,不再是市场上理所当然的佼佼者。

外资企业已经丧失优势了吗?答案显然是否定的。

和大多数中国本土企业相比,外资企业有着更悠久的发展历史,更深厚的科研技术积淀,产品创新也仍然领先于部分中国同行。

但是在当下的市场环境中,外资企业如果仍旧沿袭十年前的经营模式,仅仅把中国市场当成一个产品销售平台,必然难以为继。

作为曾经的老师,外资企业如今必须更加重视中国市场,认真研究、学习中国本土企业的做法,深刻认识到中国市场的特点,将自身优势与中国市场深入融合,才可能取得新的成功。

阿斯利康在中国的实践便是一个很好的例证。以做"最懂中国的外资企业"为目标的它,改变了外资药企的传统打法,以"患者为中心",用创新手法将西方优势与中国市场深度融合,瞄准一切有益于患者的需求,在中国的新经济舞台实现了自我超越。

> 企业概况

中国医药市场的创新者

阿斯利康是一家全球性生物制药企业，总部位于英国剑桥，目前在全球100多个国家设立分支机构，在16个国家设有26个生产基地。作为一家跨国药企，阿斯利康的中国总部设在上海——阿斯利康投资（中国）有限公司（以下简称阿斯利康中国），是最早进入中国的外资药企之一。

在中国，阿斯利康的业务重点主要集中在肿瘤、呼吸、代谢、消化、心血管和肾脏六大主要治疗领域，拥有逾18000名涵盖研发、运营和商业领域的本土人才，是目前中国市场排名前列的跨国药企。

中国是阿斯利康全球第二大市场和重要的业务发展平台，是阿斯利康最重要的战略市场。阿斯利康的物流、生产基地，国际级的研发中心、亚太区总部都在中国。

一、全球业务顶梁柱

得益于杰出的品牌投资战略、不断提升的系统组织能力，以及在主要治疗领域的长期渠道拓展，阿斯利康中国的成绩十分亮眼，是阿斯利康全球名副其实的业务顶梁柱之一，不仅为全球业务增长贡献收入，同时也是阿斯利康全球产品研发及商业模式创新的硬核力量。

2019年阿斯利康在华销售额近49亿美元，同比增长35%，占阿斯利康全球总收入的21%，超过了整个欧洲市场营收，占全球业务总收入的35%，支持全球公司业绩实现两位数增长。

2020年，尽管面对新冠疫情压力，阿斯利康仍然是在中国市场业绩表现特别亮眼的药企，实现近53.8亿美元的在华销售额，比上一年增长11%。

除此之外，阿斯利康在中国市场的商业策略、新药研发、药政事务等方面均有吸引眼球的表现。跟随中国国家政策向诊疗一体化医疗模式的转变，阿斯利康中国的经营理念由原先"以药品为中心"转变为"以患者为中心"。以上海作为立足点，辐射全国，在北京、广州、无锡、杭州、成都建立区域总部，将其创新药物、诊疗一体化的全病程管理解决方案惠及各地患者。

中国市场也是阿斯利康的全球创新中心。阿斯利康持续支持中国本土药物创新，累计在华研发投入逾15亿美元。位于上海全新升级的全球研发中国中心，不仅开展中国确证性研究，支持新药上市工作，同时向更早期的研发扩展，使中国成为阿斯利康全球研发网络中的重要成员。

阿斯利康还积极推动"中国创新"走出去，通过中国智慧健康创新中心将中国的创新医疗模式和全病程管理解决方案输出到世界其他角落。

二、外资药企中的"另类"

自1993年进入中国以来，阿斯利康坚持科学至上，注重开拓创新，以满足中国不断增长的健康需求，实现"开拓创新，造福病患，成为中国最值得信赖的医疗合作伙伴"这一宏伟愿景。因此和很多跨国药企相比，阿斯利康在中国更像是一家本土企业，他们不拘泥于传统跨国企业在中国市场的经营方法，而是深入研究中国市场，结合自身优势，勇于创新，探索出一套在外人眼里"另类"，但在实战中有效的方法。

1993年阿斯利康正式进入中国市场

在阿斯利康中国的商业团队中，中国籍高管的比例很高。阿斯利康中国掌门人，中国籍的王磊同时兼任阿斯利康全球执行副总裁及国际业务总裁，这在中国的外企中非常罕见。"本土化"不仅表现在管理队伍上，更表现在阿斯利康在中国的经营策略上。外资企业通常受困于渠道下沉，而阿斯利康中国则坚定地在过去五年不断扩大队伍，远远超过其他外资药企，让创新药和诊疗一体化方案能惠及中国乡镇村的更多患者。

"以患者为中心"的初心，促使阿斯利康不断探索病人在诊疗过程中的痛点，携手众多跨界合作伙伴为患者打造全病程管理的创新模式，从"争夺更多市场份额"的恶性竞争中跳脱出来，开拓更广阔的健康市场。站在"以患者为中心"的出发点上，阿斯利康更是以开放的姿态面向全球竞争——只要是真正高品质的药品，无论是否来自阿斯利康自己的研发成果，他们都有意愿将其推向中国市场。他们销售自己的产品，也将全世界其他国家和其他公司的最新创新产品引入中国，并不断挖掘中国本土的创新药品。

在药品之外，阿斯利康中国还进行了多种"另类"尝试：与无锡政府合作共建中国健康物联网创新中心，围绕患者需求，孵化创新医疗模式与全病程解决方案，加速其推广应用；共建无锡国际生命科学创新园，打造国际化一站式企业的孵化加速平台；携手中金资本成立全球医疗产业基金，融资规模达10亿美元，支持覆盖包括全球新药研发、生产运营及商业化的全产业链创新；随着5G、人工智能、数字化等新兴科技的发展，阿斯利康中国还积极探索合作互联网医院，希望可以将自己打造成药企里的阿里巴巴和谷歌。阿斯利康正在从制药企业向"以患者为中心"的医疗解决方案平台型企业转型。

致力于对中国市场的长期投入的阿斯利康中国，不断吸引人才，通过科研创新以及卓越的执行力，真正改变患者的生活，以满足中国不断变化升级的医疗需求，并积极履行社会责任，通过与利益相关者的密切合作，以及支持身边社区的可持续发展，为中国实现构建和谐社会的目标贡献力量。

2012年，阿斯利康中国总部落户上海张江

创新解读

第一节 史无前例的挑战

作为全球第二大药物消费市场，中国市场的外资药企们在过去收获了业绩的高速成长——中国业务在这些大公司的财务报表中表现越来越抢眼，中国市场的份额和增幅持续维持在高位。随着近年来中国政府医改措施的快步推进，跨国药企的传统市场策略已难以为继——享受市场红利的同时，也需要应对更加复杂的政策变化以及快速成长起来的本土药企的强劲挑战。

一、朝气蓬勃的中国健康市场

随着经济发展和居民生活水平的提高，中国医药行业呈现持续良好的发展趋势。产业支持政策陆续出台，行业地位逐渐提高，可以预见中国医药行业未来还将继续保持增长，在国民经济中的地位将不断提升。

2016年，中共中央、国务院发布《"健康中国2030"规划纲要》，作为新中国成立以来首次在国家层面提出的健康领域中长期战略规划，提出了从深化药品、医疗器械流通体制改革和完善国家药物政策两个方面完善药品供应保障体系；从强化药品安全监管入手保障药品安全；通过加强医药技术创新、提升产业发展水平来促进医药产业发展；促进构建国家医学科技创新体系和推进医学科技进步来推动健康科技创新的路线图，并提出了推进健康医疗大数据应用的任务目标。

随着"健康中国2030"战略的出台，政策红利不断释放，中国健康产业发展迎来了空前的黄金机遇。从GDP的占比来看，欧美等国家的健康产业生产总值占GDP比重超过了15%，而我国到2030年健康产业占GDP的比重有望从5%提高到15%，达到欧美发达国家水平，产业规模有望突破16万亿元。其中，医疗医药市场将占据主要份额。

近年来，中国的医疗保健支出经历了大幅增长，由2014年的35312亿元增加至2018年的59122亿元，年复合增长率为13.8%。据中商产业研究院预计，随着可支配收入增加、人口老龄化、健康意识加强和预期寿命延长以及医疗改革计划的实施，预计中国总医疗保健支出将进一步以年复合增长率9.5%的速度保持增长。

同样，中国医药市场近年亦迅速增长，市场规模由2015年的12207亿元增加至2019年的16330亿元，年复合增长率为7.5%，预计至2021年将进一步以6.8%的年复合增长率保持增长，达到13057亿元。

2020年的新冠疫情使得社会对于健康的关注更加热切，互联网+、人工智能+……新兴科技给医药产业带来新的发展动力。

就经济发展势头来看，中国已经成为推动世界经济增长的主要动力。2019年中国GDP规模达99万亿元，相当于14.4万亿美元，而美国2019年GDP为21.4万亿美元，前者约等于后者的67%，中美差距正在快速缩小。未来十年内，中国有望跃升为世界第一大经济体。

中国有全球最大的统一市场，有全球最大的中等收入群体，新一轮改革开放也将释放巨大活力。对于企业来说，最好的投资机会就在中国。

二、走下神坛的外资药企

20世纪末，当跨国公司来到中国时，它们是头顶光环来的。先进的管理模式、令人振奋的企业文化，以及完美的企业形象……有太多让人膜拜的优势。

改革开放之初，为了吸引跨国企业进入中国市场，中国政府给予了一系列优惠政策；而拥有先进管理经验、科学技术的外资巨头也通过降维打击，一度在中国市场顺风顺水，获得丰厚的回报。高光时刻，外资企业在中国20多个行业曾占领70%以上的市场份额。

随着历史的推进，外资企业在中国市场逐渐走下神坛，和本土企业一样享受"国民待遇"。

从2008年1月1日起，北京市公安局将不再给外资企业轿车上特殊的黑色牌照，各省市也很快向北京看齐。在那一年的全国两会上，通过了新的《中华人民共和国企业所得税法》，规定内、外资企业税率分别由原来的33%、15%统一调为25%。2010年12月，中国宣布对外资企业正式征收城市建设维护费和教育附加费。2013年8月，在《中华人民共和国反垄断法》实施五周年之际，国家发改委先后给数家外资企业开出巨额的反垄断罚单，其中强生、葛兰素史克等医疗企业位列其中，医药行业长期存在的不正当营销受到严格监管。

为了彻底根除滋生在药价周围的灰色和腐败问题，国家各部门近年来围绕药价推进了一系列政策，包括实施仿制药一致性评价，推进药品集中招标采购，用量大的药品纳入重点监控等，以及创新药物的医保价格谈判。外资企业在中国的"超级待遇"彻底终结，占外资药收入七成以上的过专利期原研药迎来真正的"专利悬崖"，不得不与仿制药同场竞价。

除了政策层面，市场层面出现的变化也让外资巨头遭遇挫折，面临成长的烦恼。

中国本土企业的成长掀起了越来越激烈的市场竞争，消费市场转型升级的到来让外资巨头措手不及，曾经在市场上以楷模形象出现的外资企业在中国日渐低调。

医药行业里，外资"退出""关闭"声不绝于耳。礼来集团关闭了其位于上海张江的中国研发中心，艾伯维关闭了中国研发中心，诺华解散了中国生物药研发团队，罗氏生物研发团队进行人员裁减。

在过去的十年里，外资企业的光环正在慢慢褪去，原先的竞争优势、经营策略越来越不奏效——市场的新变化及不断凸显的新问题也常常让它们措手不及。面对越来越纷繁复杂的经营环境，外资药企必须更加积极地调整策略，努力认清环境、认清自己。

第二节　本土化战略，构建创新生态

为了进一步加强本土化发展，阿斯利康在兼顾跨国药企广阔视野与经验的同时，坚定地采取本土化措施，开展创新的政企合作和跨界合作。这在外资药企中，极具创新特色。

2020年7月21日，作为跨国药企、英资企业代表，阿斯利康全球执行副总裁、国际业务及中国总裁王磊参加了在北京召开的企业家座谈会，与其他国有企业、民营企业、外资企业，以及中国香港地区、澳门地区、台湾地区投资或合资企业、个体工商户的代表们共同学习分享当前经济形势下来自各行业的观察和思考。

能够成为外资药企中的明星，得益于阿斯利康中国团队近年来在国内市场的出色经营战略、坚定的本土化路线，以及一系列创新举措的深耕落地。

一、紧贴政策，扎根中国

在众多外资药企中，阿斯利康对中国市场研究得更深、更透，也更加坚定地走着与中国经济的融合之路。阿斯利康在中国市场的所有布局均是建立在对中国市场、中国政府政策导向的深刻理解之上，包括下沉渠道响应分级诊疗政策，创新、合作推动医疗产业升级。

（一）积极响应分级诊疗政策，深入县域市场

为了使医疗资源得到合理化利用，2015年9月8日，《国务院办公厅关于推进分级诊疗制度建设的指导意见》发布，为指导各地推进分级诊疗制度建设，围绕总体要求、以强基

层为重点完善分级诊疗服务体系、建立健全分级诊疗保障机制、组织实施等四方面提出了意见。

分级诊疗制度的实施使得基层医疗机构更加被重视。为了响应中国政府的号召，阿斯利康于上述意见发布的同年便布局县域市场，持续增加队伍，将成熟产品在基层市场落地。短短五年时间里，县域市场团队人数已从近150人增加至3500人，其所有产品覆盖全国。为了更充分地调动内部资源支持区域发展，阿斯利康在内部组织架构上也进行了相应调整——譬如每个运营区域都设"区域省长"，负责横向整合、协同该区域内的各个不同诊疗领域里的资源，以真正实现效率的最大化。

分级诊疗制度的推行，有利于基层医疗资源被充分利用，同时也要求基层医疗机构必须提升能力。长久以来，中国的医疗资源都集中在大城市、大医院，外资药企同样也把渠道建在这里。以恶性肿瘤为例，农村恶性肿瘤死亡率明显高于城市，主要是因为先进的基因检测技术主要集中在大城市、大医院，农村百姓对肿瘤早诊早治的认知较为缺乏，大多数发现时已是晚期，错过了最佳的治疗时间。如何让基层患者无须异地奔波就能获得精准的检测，并得到规范有效的诊疗，是提升基层肿瘤防治水平的当务之急。

为了助力强基层的建设，阿斯利康团队针对性地研究基层医疗市场的短板，并在此过程中紧紧围绕自身的优势进行多路径探索，携手合作伙伴共同将优质的医疗资源下沉至县域市场。2020年第三届中国国际进口博览会（以下简称进博会）期间，阿斯利康中国与艾德生物签署了战略合作协议，联合打造"县域精准医学管理学院"项目，助力基层医疗机构对基层患者展开早筛早查。同年12月12日，首期"县域精准医学管理学院"在厦门开班，七位来自肿瘤、病理和县域卫生发展领域的专家，32位县医院院长及医技科主任参与。这大大加速了医疗产业间的深度融合，汇聚优质资源聚焦基层未被满足的医疗需求。

同时，阿斯利康中国针对早筛早诊早治问题，于2019年开始联合诸多合作伙伴共同支持打造了移动筛查车。2020年11月进博会期间，阿斯利康中国又展示了最新升级的支持学会项目的五病五癌移动筛查车模拟车——针对高危人群开展肺癌、乳腺癌、前列腺癌、胃癌、肝癌这五种癌症以及心血管、代谢、肾病、呼吸、消化等慢性疾病的早筛、早诊、早治。除了医疗设备，这台车还有云计算、5G、物联网等前沿技术——全车覆盖5G网络，并配备了低剂量螺旋CT、智能AI读片机、远程医疗系统、影像云系统等设备，可实现专家远程读片。

受益于在基层市场持续不断的投资和人力布局，阿斯利康中国也在县域市场找到了一个更广阔的发展空间。

（二）中西融合，合力创新

经过多年的发展，中国已经成长为医药大国，但是医药创新能力依然有待提高。近年来，国家陆续发布各项政策、落实各项措施，以激发、促进中国医药产业的升级发展——一方面通过机构改革，大幅缩短创新药物的审评审批时间等措施鼓励创新；另一方面通过价格谈判、带量采购倒逼企业创新。顺应产业升级方向，阿斯利康中国抓住政策红利，积极参与医保谈判，加速将创新药引入中国市场的同时，又通过多种方式大力投资、扶持、孵化本土创新力量。

自国家医保局成立后，阿斯利康也取得了不错的成绩 —— 在目前规划的16个谈判药品中已经有13个药品谈判成功。在2019年的医保谈判中，阿斯利康将旗下的一款明星产品从此前的市场公开售价约9.6元/片直接降到了4.36元/片，这一举措也引发了社会对阿斯利康品牌的极大关注。截至目前，阿斯利康已成功引进了近40个全球领先创新药物，预计在未来五年内，还将有50个新药及新适应症在中国获批。

除了将国外的创新成果引入中国，阿斯利康也重视在中国本土的创新研发。

2019年第二届进博会期间，阿斯利康对外宣布，将其上海研发基地的员工数量持续增加，强化对中国流行疾病的先进药物的研发。同时，阿斯利康宣布上海升级为全球研发中国中心。2020年在进博会上，阿斯利康与国内22家领先医院就学科建设和临床研究方面签署战略合作框架备忘录，开展更多全球同步的中国研发项目，共同提升中国本土的临床科研实力。

鉴于本土企业在体制、资本、创新理念和执行速度等方面的诸多优势，阿斯利康敞开大门，对外合作培育创新力量。2017年，阿斯利康与国投创新合作成立迪哲医药，合作推动四个1类新药研发。2020年8月，迪哲医药宣布完成新一轮融资，由礼来亚洲基金领投，红杉资本、三一创新及无锡高新区新动能产业发展基金参与。迪哲医药，或将很快登陆中国资本市场。

二、以"善为"促"善治"谋全势

肯取势者可为人先，能谋势者必有所成。当市场环境发生变化之时，药企们利用学术优势的传统营销策略就能惯性成长的策略已经难以为继，能够率先顺势创新变革的企业才能成为新的赢家。雾化中心实践是阿斯利康在中国进行创新变革的一个极佳案例。

阿斯利康认为，医药公司研发出药物，不仅仅需要帮助医生提升关于如何让药物用于治疗的观念，更需要关心患者的整体诊疗体验。因此，阿斯利康以"善"为出发点，以诊疗过程中的"痛点"为切口，支持学术权威、产业伙伴建立诊疗一体化方案，打通全病程管理，为病人带来更好的诊疗体验。

由于空气环境的改变，过去几年来中国呼吸病患者大量增加，相对于成人呼吸病人，儿童呼吸疾病中从哮喘急性发作期治疗转向维持期治疗的市场容量很大，且没有特别强的竞争对手。但是做雾化需要一段时间，对于孩子来说是一个极其枯燥的事——孩子烦躁不安，家长备受煎熬。观察到这一诊疗痛点后，阿斯利康开始寻找解决方案，并通过多轮探讨，决定支持全国各级医院建立儿童雾化室，帮助患者获取最便捷的治疗服务。

对于药企来说，这是一个全新的尝试。在启动之初，雾化中心也受到了来自阿斯利康内部员工的不理解："为什么不关注自己的药品销售，而去关心别人的诊疗室？"

一善染心，千里通明。药企支持建立雾化室存在资源问题。但阿斯利康自身并不生产器材，要做成这件事，必须联合更多的合作伙伴。为此，阿斯利康中国专门找了雾化器生产企业、总部位于日本的一家企业。同样因为没有先例，谨慎的日本企业在经过将近半年的沟通后，才终于决定与阿斯利康中国共同支持雾化中心的建设。他们牵头学术机构、医疗机构、监管部门共同建立雾化室标准，向全国各级医院进行推广建设。更难能可贵的是，阿斯利康中国探索建立的这种标准化的儿童雾化室内配备的产品并不排他，与此治疗领域相匹配的其他医药公司产品均适用。阿斯利康怀着极大的诚意和善意，链接着更多的伙伴共同协作，共同将"善"做大，造福更多的孩童和家庭。

伴随科技的发展，如今的雾化中心已经不断地推进迭代，并搭载了更多物联网技术，形成了一站式雾化流程和智能雾化系统。这样的项目，能够让患者获得及时、规范、个性化治疗的同时，也有效提升医护人员的工作效率，助力实现儿童呼吸疾病的全程管理——孩子在做雾化的过程中，可以观看动画片缓解情绪，家长可以通过雾化设备直接获悉雾化剩余时间和次数。

雾化中心取得成功后，阿斯利康中国将类似的诊疗一体化项目开始向更多的疾病领域推广。

2016年，阿斯利康中国联合智众医疗、欧姆龙及其他诊疗设备及健康物联网企业支持中国医师协会、国家代谢病疾病临床医学研究中心、上海市内分泌代谢病研究所共同发起了中国标准化代谢性疾病管理中心（MMC）项目。

由于代谢性疾病无法通过单一检查精确诊断，因此以往患者需要在各类检查区域和诊室间往返多次，耗时耗力。MMC利用先进的诊疗设备与物联网技术，打造了线上线下整合的诊疗一体化代谢性疾病全病程解决方案，设有服务台、等候区、宣教区、代谢功能检测区及诊疗区等，患者可以在院内轻松完成一站式代谢性疾病诊疗流程。

2017年，中国健康物联网创新中心在无锡落地，希望探索更多创新的健康物联网诊疗一体化全病程管理解决方案。如今，由各类学会发起，专家牵头，阿斯利康支持的14项创新诊疗一体化方案在全国6000余家医院落地。除了雾化中心、标准化代谢性疾病管理中心外，还覆盖了胸痛中心、消化道肿瘤防治中心、前列腺癌诊疗一体化中心等一系列治疗领域。阿斯利康计划结合当地的优势产业，在国内的其他区域总部建立更多的创新中心，继续推动诊疗一体化解决方案的创新与普及。如今，在政府指导下的中国智慧健康创新中心已经布局全国八个城市，结合区域产业特色打造医疗物联网、医疗人工智能、数字化医疗、生物诊断、中西医结合、智慧基层、医院管理及互联网医院为主题的八大创新中心。

2017年中国智慧健康创新中心正式启用

三、合作共赢、构建产业新生态

为破除企业与企业，行业与行业之间的藩篱，阿斯利康以"共赢"理念，用开放、合作的平台和方式，共同实现患者利益的最大化。近年来，阿斯利康诊疗一体化的"善意创新"能够顺利铺开，离不开合作伙伴的参与和支持。合作企业们也在与阿斯利康共同推进医疗产业变革的过程中，获得发展。

阿斯利康将"善意创新"成功落地执行的关键因素定义为"生态圈共赢"，即在患者利益最大化的前提下，帮助医生解决临床需求，同时让企业与合作方实现共赢。

肺癌是中国目前第一大癌种，发病率和死亡率均居恶性肿瘤之首。靶向药物正在成为最主要的抗肿瘤药物。但靶向药物也有自己的短板——只有作用在匹配的病人身上才会达到效果。如果肺癌患者直接"盲吃"靶向药，疗效不一定显著，还可能延误治疗。患者需要在使用靶向药物之前进行一定的诊断，才可以避免这一情况。几年前，阿斯利康与艾德生物合作，结合后者的检测产品，为疾病检测提供便捷可行的方案。

2017年至今，中国智慧健康创新中心已展示阿斯利康支持的14项诊疗一体化创新解决方案，参与的合作伙伴超过300家，并且有更多的科技企业跨界而来。为了携手更多合作伙伴，促进医疗产业发展，中国智慧健康创新中心全面升级，实现共研、共创、共荣"三合一"功能，搭建政产学研医投合作平台，聚集生态圈资源。

2019年和无锡政府共建的无锡国际生命科学创新园是阿斯利康全球创新孵化理念在中国大陆落地的第一站，希望为海内外创新企业提供企业落户园区的一站式创新赋能平台。其中，政府负责提供激励政策的强力支持，阿斯利康中国则提供海内外平台资源深度融合，入驻园区的企业可以获得快速审批通道、资本支持、导师项目等覆盖创新项目全生命周期的专业服务。经过一年多的发展，创新园在全球范围与八家国际战略合作伙伴达成合作，吸引超过30家海内外创新企业入驻。

2019年，无锡国际生命科学创新园正式启用

同年，阿斯利康中国携手中金资本宣布成立全球医疗产业基金。目前，已完成超22亿元的I期融资，聚焦医疗产业，投向新药研发、生产运营及商业化的全产业链创新企业。

变"被动"为"主动"，阿斯利康中国通过对中国政策变化、产业发展动向、市场变化等方面的透彻理解及迅速响应，将跨国药企优势深入植根中国市场，通过创新合作补齐短板——不仅在过去几年里成为中国市场的明星企业,也为未来能够在市场竞争中脱颖而出打下坚实基础。

第三节 服务中国、惠及全球

"以患者为中心"的理念正在促使阿斯利康中国逐渐由一家传统药企向一家更加开放、多元的平台公司转型,以创新为推手,致力于为患者提供全病程管理解决方案,打造开放协作的创新医疗生态。阿斯利康在中国取得成功的商业模式,也得到了阿斯利康总部的认可,并被推广至全球多个国家。

一、一切围绕患者

作为一家制药企业,阿斯利康中国原本以在中国销售自己研发、生产的药品为主营业务,但当公司的理念从"以药品为中心"向"以患者为中心"转变后,公司的业务范围也随之发生变化。阿斯利康正在以开放的姿态,拥抱全球的创新成果,为患者带来更广泛的治疗选择。

通过合作,阿斯利康正在进行八个1类新药研发,同时还积极引入其他国家和中国本土其他公司的创新药物。作为一家西方制药巨头,阿斯利康也开始跨界中成药领域。阿斯利康中国与绿叶制药于2019年达成战略合作,这是大型跨国药企首次在华获权,推广由中国药企自主研发的创新中成处方药。

除了药品领域的拓展,阿斯利康也开始涉足诊疗试剂的代理。在与厦门艾德生物多年的成功合作后,2020年,阿斯利康决定代理艾德生物的肺癌伴随诊断相关服务及产品,利用自身渠道优势助力艾德生物的优质医疗资源"下沉基层",提高优质医疗资源的可及性。

除了拓展产品种类,阿斯利康还在探索更多的渠道为患者带来更加便捷的医疗服务。

过去几年里不断探索的"互联网+医疗"实践路径,让阿斯利康实现了战略与战术前瞻布局带来的收益——2020年新冠疫情的发生,促使消费者对互联网医疗的需求大幅增加。近年来,国家陆续出台了多项关于促进"互联网+医疗健康"的发展政策指导,并在2020年明确了互联网诊疗咨询服务在疫情防控中的作用,鼓励互联网医疗机构提供常见病、慢性病线上复诊服务。

阿斯利康希望通过支持第三方互联网医院项目，突破时间、空间局限，助力医生及医疗机构实现更大价值；同时提升医疗资源的可及性，使得患者最终获益，并最终通过践行智慧医疗，助推医疗健康产业实现转型升级。

2020年与高瓴创投共同支持"互联网医院"项目

二、中国创新，"出海"

2017年1月，在加入阿斯利康四年后，王磊升任阿斯利康全球执行副总裁，负责亚太区（中国、其他亚洲国家、澳大利亚及新西兰、拉美、中东等国家）的战略及业务发展，直接向阿斯利康全球总裁汇报——不仅掌管阿斯利康在中国市场的业务，同时负责阿斯利康国际业务的统领工作。诊疗一体化的创新模式在中国取得成功后，更加畅通地被推向周边市场，尤其是与中国关系密切的"一带一路"沿线国家。

和中国情况类似，"一带一路"发展中国家同样存在儿童支气管哮喘等慢性呼吸道疾病高发与相对落后的雾化诊疗环境和管理经验，阿斯利康积极支持推动智能雾化"一带一路"项目，携手国内合作伙伴分享和实践中国经验，切实助力提升当地的雾化诊疗水平，为当地的呼吸疾病治疗及管理带去中国经验，目前已经有1800家儿童雾化室走出国门，成为中国诊疗一体化创新模式走出国门的医疗先锋。

2020年的第三届进博会上,阿斯利康与包括万孚生物等在内的多家企业签约"一带一路"国际合作。阿斯利康与万孚生物在前列腺癌早筛早诊方面有合作,未来双方计划进一步合力拓展国际市场,探索前列腺癌全病程管理在包括亚洲、中美洲及拉丁美洲,中东及非洲部分国家和地区的国际发展之路。

此外,阿斯利康还就建立3D雾化室与阿联酋卫生部签约,俄罗斯则几乎全部照搬了中国的商业创新理念,在斯科尔科沃建了创新中心。在南非,阿斯利康将诊疗一体化的理念进行再创新,应用于建立高血压物联网。

与阿联酋卫生部签约支持建立3D雾化室并支持患者项目

除了商业模式,阿斯利康也希望推动中国本土的创新药走向国际市场。阿斯利康位于上海的全球研发中国中心携手中国优势资源,利用生物分析、转化医学、人工智能、大数据等多领域助力全球新药研发;与中金牵头成立医疗产业基金,主要投资方向之一便是本土创新药研发企业,阿斯利康希望借力自身的全球资源网络和深耕疾病领域的丰富经验,助力中国创新走出国门,在不远的未来可以诞生走向全球的中国创新药企业。

"服务中国,惠及全球",阿斯利康在持续深耕中国市场并加大投入的同时,正在通过不断推荐药品产品研发、商业创新模式的海内外交流,逐步成长为医疗领域里中国与世界沟通的桥梁,推动中国医疗产业走向世界市场。

企业家专访

以终为始,以行为知

——阿斯利康全球执行副总裁、国际业务及中国总裁王磊

《样本》:阿斯利康中国市场营收排名第一,您认为最主要得益于什么?

王磊:阿斯利康中国是一家更像本土企业的外资企业。我们非常重视中国市场,重视中国的创新,以往很多西方公司低估了中国创新的实力和能力,也低估了竞争能力,阻碍了它们在中国进行更深入的本土化经营。

很多外企员工还是"打工心态","只要躺在西方研究成果上,外企就可以在中国赚钱"这种想法已经行不通了。外企只有更接近中国市场做研发,更贴近市场做营销、更接地气,才能在市场上获得成功,也才能让更多中国本土人有机会进入全球的管理团队,进而影响全球的战略规划。2013年我加入阿斯利康时,中国市场营收是十多亿美元,占全球业务可能只有四至五个点。业绩、发展趋势这些因素都决定了中国公司在企业内部的话语权。2019年,阿斯利康中国的营收已经接近50亿美元,占全球比例超过20个点。

《样本》:您曾说,要做最懂中国的外资企业。请结合案例分享在本土化建设方面的心得与体会?

王磊:凡事要以终为始,给自己立明确志向。所有的事情只有定下明确的目标,然后分阶段一步步扎实地努力做,才能一点点够到并出色地完成既定的目标。加入阿斯利康一年后,我就定下了未来五年在中国的发展目标——要坚定地执行本土化路线,要做到50亿美元。于是,我们这五年时间里,推进了一系列的建设,包括研发加速,加快对接国外产品在中国的临床研究,并把产品尽快引入中国;通过几年时间将营销及服务队伍从三四千人扩大到两万人,将网络深入覆盖到中国的县域市场,与此同时也尽可能地和中国的国家战略紧密结合,包括积极参与国家医保谈判等。在我们的促成下,阿斯利康全球CEO和董事会主席也会定期与中国的高层保持沟通。我们也紧跟中国政府实施的战略去拓展、布局,不断提高药品在中国老百姓中的可及性,非常坚决地推进旗下药品进入医保目录。

其实这几方面的工作,很多药企也都在做,区别可能在于能不能坚决、到位且持续地执行。

《样本》：您是基于怎样的判断，在第一年就提出了50亿美元的营收目标？

王磊：中国消费市场的规模，有目共睹，腾讯、哔哩哔哩以及淘宝直播的快速发展已经说明了一切。中国是一个充满活力的市场，大量的创新以及强劲的本土消费能力，是其他绝大多数国家所不能比拟的，对所有企业来说，这都是一个巨大的机遇。如果外企不本土化，那在中国市场就会错失良机。

我对中国的未来充满信心。有了这样的判断，就坚定地去做对的事。立下50亿美元的目标之前，我们测评过——只有达到这个体量，中国公司才能够在阿斯利康全球业务体系中拥有一定分量的话语权。这是基于对中国市场的信心、强烈的事业心作出的规划。事实证明，中国市场可以实现。

《样本》：怎样才能让"打工人"具有"创业情怀"？

王磊：国际化企业要本土化，"打工人"就必须有创业的心态，需要像民企一样奋斗。在这个过程中，我们需要以极大的耐心、足够的开放态度，创造更多的机会，建立更好的机制去激发员工的主观能动性，创新发展。

首先你得团结一批志同道合的人，但也不要随便放弃任何同事，而是要不断地去影响他们。阿斯利康是一个简单、务实、重执行、重结果的公司。我们提倡，作为一个企业管理者，必须要有耐心，不断让对方感受到你的能量，并且保证每次传递的信息都是一致的。即使有时同事跟你观点不一致，没问题，慢慢去说服他。而且我们非常重视同事的发展，阿斯利康员工的薪酬应该不输于同行，而且阿斯利康的员工也可以有很多选择。

为了让员工有机会去海外锻炼学习，我们推出了"Plan100项目"，让员工可以在不同市场、不同岗位上历练。2019年，Plan100项目在1.0（国际版）的基础上推出了2.0版本（国内版），帮助员工在中国市场寻找更多创新项目的参与机会。2021年，我们还推出Plan100项目的3.0版本（生态版），鼓励员工走出去，到合作企业中去，与更多的合作伙伴、企业孵化出的创业企业一同成长，有机会涉足技术研发、大数据、消费者关系管理等广泛领域。诸如这样的机会还有——我们最近还成立了10亿美元的基金，规划投资100家左右的初创公司。如果我们的员工愿意加入这些初创公司，我也完全支持。对于做得好的员工去创业，我甚至可以让他停薪留职，万一创业失败了，员工再回归企业工作，我也没意见。只要，你是我们认可的好员工。

另外，我们非常重视媒体及其他第三方机构、部门对我们的评价，也非常重视品牌文化的传播。在企业经营过程中，许多人会忽略外部声音对内部员工的影响，但事实上有些时候媒体报道可能比管理者在公司说500遍的效果要好得多。

《样本》：中国本土药企近年来发展很快，阿斯利康中国如何利用自身优势参与市场竞争？

王磊：实事求是来说，倒不是外企的日子难过了，而是本土企业因为政策、市场、研发投入积累、市场运营越发成熟了，竞争能力增强了。外企更应该反思的是，如何明确自身定位，真正成为中国庞大市场的一部分。作为一家国际化的企业，要以造福全人类为目标，不要拘泥于一地。一家优秀的外资企业，多年的经营与积累，肯定拥有全球创新成果，也可以从世界各地引入最新的创新成果。这些优势一旦和中国本土创新很好地结合，就能孵化出或者成长为未来最大的竞争优势。创新是没有国界的，如果能做到中西融合，那就更伟大了。

《样本》：阿斯利康中国是如何做到中西融合的？

王磊：阿斯利康总部看到中国创新的动力越来越强，科学家们对中国的本土创新的兴趣也越来越浓。

作为一家药企，话语权最终还要依赖创新。如果中国创新不崛起，始终依赖别人的专利生存，是不可能得到更多的尊重与话语权的。因此为了患者，我们会持续不断地研发最新式的"导弹和武器"。这项工作，一天都不会停，也不能停。当然，为了研发工作的有效推进，我们立足于中国的同时，设立的基金也将主要投资于中国的研发企业，中西并举，相融相通。未来，我们三分之一的药品将来自阿斯利康总部，三分之一的药品从全球引进，还有三分之一来自中国本土研发，做一家真正本土化的跨国企业。

此外，总部现在也看到了在中国市场实践出来的成功模式，希望能够把"中国模式"复制到发展中国家。之前，俄罗斯也设立了一个创新中心，就将我们在中国的创新模式整体搬了过去，目前做得非常好。

《样本》：完成了50亿美元的目标后，阿斯利康中国的下一步目标是什么？

王磊：从2020年开始到2025年，我们想做药企里的阿里巴巴和谷歌。

在中国不参与互联网、大数据、物联网，就等于错过了历史发展机遇，会被时代淘汰。现在的中国市场到了新一波的转型升级时刻，谁能够把医疗和其他跨行业技术实现更好的结合，谁就是赢家。正是因为有这样的认知，我们特地设立了投资基金，并在各地设立创新中心。作为创新的孵化器打造生态圈，这一整套举措将大大推动阿斯利康中国未来五年的发展。

阿斯利康未来，一定是一个以患者为中心的，为患者提供服务和整体解决方案的平台公司。

《样本》：您觉得创新的核心是什么？

王磊：贴近患者利益，真正帮助患者解决问题的都可以叫创新。不是说创新就要标新立异，很多标新立异的东西可能并没有给患者带来多少利益。

阿斯利康中国这些年做的很多事情，从不以能带动多少药品销售为考核指标。医药行业，是善的事业。只要是对患者有意义的事情，最终一定会有很好的回报。当然，经营企业必然有业务指标，有利益考量。但是我个人认为，如果当前看不到销量或者看不到反应的话，要更有耐心。好的愿望不断累积，会成为更好的愿望和更好的结果。

像我们这样的公司，可能90%的人在做常规工作，10%的人在做创新就够了。一个新事物刚刚出来的时候，要学会不去抱怨；目标坚定后，也不要那么担心，要通过不断的迭代去改善它。创新是有规律的，并非随心所欲。

> 专家点评

立足长远，以积极本土化赢得认同与尊重

阿斯利康作为一家最早进入中国的跨国药企，在中国很有作为，不仅在业务上取得了耀眼的成绩，也获得了中国市场各相关利益方，包括政府、医院、研发机构、渠道、病患乃至同行的认同和尊重。阿斯利康中国现已成为阿斯利康全球最重要的市场之一，未来也会成为阿斯利康全球最重要的战略市场和研发生产基地，其成功背后有许多值得管理学者、管理实践者来总结、研究、学习和借鉴的地方。

阿斯利康中国遵循了跨国公司全球拓展的一般原理和规律，预见到了中国市场巨大的发展机会，但又不受限于关注短期的、以卖药为主的业务成长模式，而是立足于长远发展、开展战略布局。

像许多跨国公司一样，阿斯利康来到中国，要采取诸多当地化的策略，包括产品、价格、渠道和推广方式，但它不是寻求简单地、被动地根据中国的环境、政策的要求制定相应的当地化策略，而是超越了一般跨国公司的传统思维，积极融入中国，把自己当作本土企业一样深度参与中国的改革开放进程、医疗产业的发展进程，以及合作伙伴和病患需求变化和升级的进程。它积极响应政府政策，探索诊疗一体化医疗模式的建立和推广，并将其成功的实践，如儿童雾化室，推向"一带一路"沿线国家。

在积极融入中国的同时，阿斯利康中国开展全方位创新。阿斯利康不仅花巨资在上海设立全球研发中心，累计投资达15亿美元，开展确证性研究，同时向更早期的研发扩展。它还携手中金资本成立全球医疗产业基金，融资规模达到10亿美元，投资新药研发和全产业链创新。

阿斯利康中国不断创新业务模式，它与无锡政府合作，共建中国健康物联网创新中心，共同探索、发展基于互联网的医疗解决方案平台。它不仅把阿斯利康全球的研发成果引入中国市场，还将其他国家、其他公司的创新产品带到中国，并不断挖掘中国本土的创新药品，将其推向国际市场。

它对中国医疗市场也有深刻的认识，不仅积极响应政府的集采要求，而且基于对分级医疗政策的深刻理解将销售直接延伸到县城市场，县级市的销售团队人数由原来150人增

加到3500人。

阿斯利康在中国战略实践的成功最终要归因于它所秉持的理念和倡导并实践这一理念的灵魂人物。

阿斯利康中国的经营理念由"以药品为中心"率先转变为"以患者为中心"，并以此为指引来引进全球的创新药，在中国开发、投资创新药，把中国自有知识产权的创新药推广至全球。也因为"一切以患者为中心"，他们致力于诊疗一体化模式的探索与发展，在中国积极开展癌症早筛、早诊、早治。

阿斯利康中国以"善"为出发点，携手研究机构、医院、上下游伙伴和其他产业伙伴来打通全病程的管理，关心患者的整体诊疗体验，比如标准化的儿童雾化室的建设和推广，造福了大量的病患儿童和他们的家庭。

阿斯利康中国坚信合作共赢，以建立开放合作平台的方式来拆除企业与企业之间、行业与行业之间的藩篱，努力建设医疗生态圈。

以上所有这些理念的倡导、坚守、实践和推广都离不开阿斯利康中国的灵魂人物王磊先生。作为一个非医疗、医药背景的"打工者"，王磊能够率领阿斯利康中国一跃发展成为中国最成功的跨国药企，同时把中国市场打造成阿斯利康全球最重要的战略市场，这与王磊本人的理念、素养和经验密不可分。阿斯利康中国的理念就是王磊的理念，王磊的理念就是阿斯利康中国的理念。同时，他不仅像所有跨国公司的高级管理者一样重执行、重结果，而且也把自己当作企业家，不断以前瞻性的思维、战略性的规划、立体化的布局，以开放和创新双轮驱动，来推进阿斯利康中国全面转型和深度融入中国。他雇用、培养一大批精英人才，来支持他的战略行动和创新实践。

面向未来，可以预见，同时具有企业家精神和职业经理人素养的王磊一定能率领阿斯利康中国走得更稳、更远、更高。

陆雄文 上海长三角商业创新研究院院长、
复旦大学管理学院院长

第二章
奋力生长的中国创新药企典范
——信达生物制药（苏州）有限公司

- **楔子：** 故乡的云
- **企业概况：** 中国药企新生代
- **创新解读：**

    第一节　中国创新药迎来黄金时代

    第二节　新药研发创制"中国造"

    第三节　成就他人，成就自己

- **企业家专访：** 信达天下，造福人类
- **专家点评：** 十年磨剑，铸就中国生物药领军企业

楔 子

故乡的云

药物是人类对抗死神的最重要武器之一。医学在中国拥有悠久的历史，但在现代制药工业领域却落后于西方国家——高质量的创新药物几乎全部是昂贵的进口药。2018年，电影《我不是药神》上线，引发极大的社会关注——电影里所描述的情节，真实地反映了很多患上重病的中国老百姓由于"买不到、买不起好药"而面临的痛苦和绝望的境地。

十多年前，一批亲身参与并亲眼见证了人类在医药科技领域所取得成果的海外医药研发人，看到了大洋彼岸的故乡，那些身患重病的亲人正在经受着"无药可治"的煎熬。于是，心怀同胞、致力于改变中国制药领域落后局面的他们，毅然决然选择了回国，希望中国老百姓有机会同步享受科技带给人类的福祉。至此，今日中国有了一批活跃在创新药市场、力图改写中国创新药历史的科创企业。信达生物，就是其中的杰出代表之一。

白手起家、从无到有，信达生物是艰难的，也是幸运的。伴随着近年来中国医药改革加速，鼓励创新、支持创新等一系列政策、法规的陆续落地，中国医药创新企业的生存环境得到极大改善。

以"开发出老百姓用得起的高质量生物药"为使命的信达生物，截至2020年年底，已经实现四个抗肿瘤产品上市，不仅成为中国拥有单抗药品上市数量最多的制药企业之一，也是全球唯一创办九年即拥有四款单抗产品上市的药企。其PD-1产品信迪利单抗注射液（商品名：达伯舒®）被列入新版《国家基本医疗保险、工伤保险和生育保险药品目录（2019年版）》乙类范围，也是当年唯一一个进入国家医保目录的PD-1单抗，使得中国患者可以低价使用国际品质的创新免疫生物药，让大部分患者家庭有了继续治疗的希望，生命得到保障。信达生物的身上，真正体现了"新药研发的中国速度"，为中国生物制药产业的发展打开了充满无限遐想的未来。

企业概况

中国药企新生代

信达生物制药（苏州）有限公司（以下简称信达生物）2011年创建于苏州，致力于开发、生产和销售用于治疗肿瘤等重大疾病的创新药物。2018年10月31日，信达生物在香港联交所主板挂牌上市，股票代码是01801。目前，企业拥有超过3000名员工，除苏州总部外，还在上海、北京和杭州，以及美国和欧洲进行布局，设立公司。

立足创新驱动发展，凭借卓越的创新能力，信达生物近年来获得了超乎寻常的快速发展——在过去几年的发展中吸引了国际化的资本，搭建了国际化的团队，创建了国际化的技术平台，开发出了一系列原创性产品，获得了国际市场的认可，被认为是中国生物制药领域最具影响力的标杆企业之一。

产业化基地

一、多功能全面集成平台

信达生物开发了全面集成的生物医药平台，将先进的研究、发现、开发、制造和商业化能力融汇于一体，建立了一条强大的创新和具有商业前景的单克隆抗体和其他生物制药产品管线。全面集成平台模式，让企业不同职能的团队在药物研发的各个关键环节实现无缝合作，最大限度地压缩了产品开发以及上市的周期，降低开发成本，在与同类产品的竞争中赢得先机。

在研发领域，信达生物成功建立了一条拥有23种陆续开发中的高价值产品的产品链，共拥有超过60项进行中的临床试验产品。在研产品涵盖一系列新型及经验证的治疗靶点及药物形式（包括单克隆抗体、融合蛋白、CAR-T及小分子药），覆盖肿瘤、自身免疫、代谢疾病等多个疾病领域，并具有作为单一疗法或联合疗法的巨大临床及商业化能力，其中六个品种入选国家"重大新药创制"专项，四个产品获批上市，四个品种进入III期或关键性临床研究，另外还有15个产品已进入临床研究。截至2020年年底，信达生物在中国拥有30项授权专利及149项专利申请，在美国拥有五项授权专利和21项专利申请，在世界其他地区拥有与我们的产品及技术相关的35项授权专利及196项专利申请。

随着药品商业化上市和临床试验的产品量不断增长，信达生物在生产领域建有六条1000升一次性大规模产业化生产线的第一工厂，六条3000升不锈钢大规模产业化生产线的第二工厂，用于生产基因治疗和细胞治疗产品的第三工厂以及12条3000升不锈钢大规模产业化生产线的第四工厂正在实施建设。全部投入运营后，信达生物的总产能提升至6万升，位居中国生物制药公司最高产能的第一梯队。

在销售端，信达生物建立了完备的医学、市场、销售、准入全明星团队。根据企业2020年中期报告，信达生物达伯舒®销售及市场推广团队已由2019年年末的约700名扩张至逾1100名。达伯舒®在上市首年就获得了超过10亿元人民币的销售收入，2020年销售额超过22亿元人民币。

二、高品质的国际化企业

以全球最高标准制造满足中国消费者需求的药品，即"GLOCAL（Global+Local）"是信达生物坚定不移的战略——既要有和全球行业巨头一样视产品质量、高标准为企业信仰的深度自觉，也要具备中国本土企业在无路处劈山搭桥、敢闯敢拼的奋斗精神。

信达生物目前拥有全球研发平台和一支具有国际先进水平的高端生物药开发、产业化人才团队，囊括了众多在海外生物制药领域耕耘多年的科研专家。在信达生物3500名员

生产车间

工中,超1000人为研发人员。同时,企业还被国家五部委联合认定为"国家企业技术中心",同时设有国家级博士后科研工作站,是《麻省理工科技评论》发布的2020年度"50家聪明公司"之一。

凭借国际一流标准的产品品质和研发能力,信达生物赢得了与众多国际巨头的合作机会。

与美国礼来制药集团的战略合作,被认为是中国生物医药历史上具有里程碑意义的国际合作——信达生物授予礼来达伯舒®在中国以外地区的独家商业化权利,首次让中国企业的创新药走向世界,惠及全球百姓,并以此开启企业国际化合作新篇章。目前,信达生物和罗氏制药也已在双抗和免疫细胞治疗领域达成战略合作,这也是罗氏制药首次与中国生物制药企业进行平台型合作。

除此之外,信达生物也一直是国际资本的宠儿,其股东名单中不乏全球知名投资机构,比如斯道资本、礼来亚洲基金、淡马锡以及国寿、平安、君联等。自2018年在港交所上市后,信达生物即受到二级市场的青睐,市值从100多亿港币涨至两年后的千亿级别,被纳入MSCI中国指数及恒生香港上市生物科技指数。

以"打造一家以创新驱动的国际一流生物制药公司"为战略目标的信达生物,正在朝着自己的梦想稳步迈进。

> 创新解读

第一节　中国创新药迎来黄金时代

近年来，我国医药卫生体制改革持续深化，一系列政策陆续落地，针对国内创新药研发端激励不足、临床试验产能受限、临床和上市申报审批时间过长等多方面困境进行有效纾解，为创新药提供了诸多实际利好。国家医保谈判的常态化、带量采购的积极推进，倒逼药企加速创新药研发，中国创新药进入一轮快速发展期。

一、医改促生"创新潮"

药品审评审批加速及国家医保谈判的改革，是国家近年出台的各项医改措施中的两项"重磅"举措。

我国医药研发长期停留在仿制药水平，在原研药领域几乎没有话语权，大多只凭借低廉的价格取得市场竞争优势——高端主流医院的用药市场长期由进口药物垄断，是名副其实的"制药大国"而非"制药强国"。

新药审评审批一度是阻碍企业新药研发的"堵点"之一。

药品研发本身是一件极度复杂且耗时的工作，如果药品审评、审批效率不高、周期过长，会严重阻碍创新药的上市，企业也不得不因此承担更多的研发成本，消磨创新积极性。因此2015年以来，国家药审部门开展了一系列大刀阔斧的改革，包括精简审批流程、加快药物审评速度等，并对创新药、"救命药"给予特别支持，为这一局面带来了改变。

国务院在2015年发布的《关于改革药品医疗器械审评审批制度的意见》中提出了12项改革任务，其中明确指出必须加快创新药审评审批；2016年，国家食品药品监管总局出台《关于解决药品注册申请积压实行优先审评审批的意见》，将多种情况纳入优先审评范围，多种临床"救命药"可以通过优先审评渠道批准上市；2017年，中共中央办公厅、国务院办公厅发布《关于深化审评审批制度改革鼓励药品医疗器械创新的意见》，提出鼓励药品创新的36条意见，创新药在其中获得优先审评、专利补偿、药品实验数据保护等多项重要支持。

据国家药监局的统计数据显示，2018年，药监局共受理1类创新药注册申请264个品种,较2017年增长了21%,而审评审批平均用时缩短了近一半。尤其在抗肿瘤新药领域,审批速度的提高格外显著,备受关注的抗肿瘤免疫治疗新药PD-1便是一个例子。2018年,国外制药企业PD-1药品在中国上市以后,中国本土制药企业研发的PD-1也于同年上市了。国外的产品和中国本土的产品在半年时间内相继上市,这在过去药物研发历史上从未发生,开启了中国制药新篇章。

针对"药价高"的问题,政府近年来也是连续重拳出击。

2018年国家医保局成立,集合了城镇职工、城镇居民及新农合三大医保体系,成为真正的单一购买人。国家医保局针对药品供给方展开供需谈判。2019年的国家医保谈判创下了我国医保制度30年以来规模最大的一次,药品费用显著降低是最大的特征之一——150个谈判药品中,共有97个药品谈判成功,价格平均降幅达60.7%。虚高了数十年的中国药价在2019年彻底被挤干了水分。这一年的医保谈判也充分显示了国家对创新药的鼓励导向。12个国产重大创新药品中有八个进入了当年的医保范畴,其中就包括信达生物的信迪利单抗(达伯舒®)。医保谈判至此成为创新药放量的重要催化剂,进一步加速了创新药的产业化建设进程。和国家医保谈判起到类似效果的还有,北京、上海、天津、重庆和沈阳、大连、西安、成都、厦门、广州、深圳等城市组成的"4+7"带量采购。"带量采购"是由国家医保局层面主导,以试点地区所有公立医疗机构年度用药总量的60%~70%为标准,交换药品的最低报价。

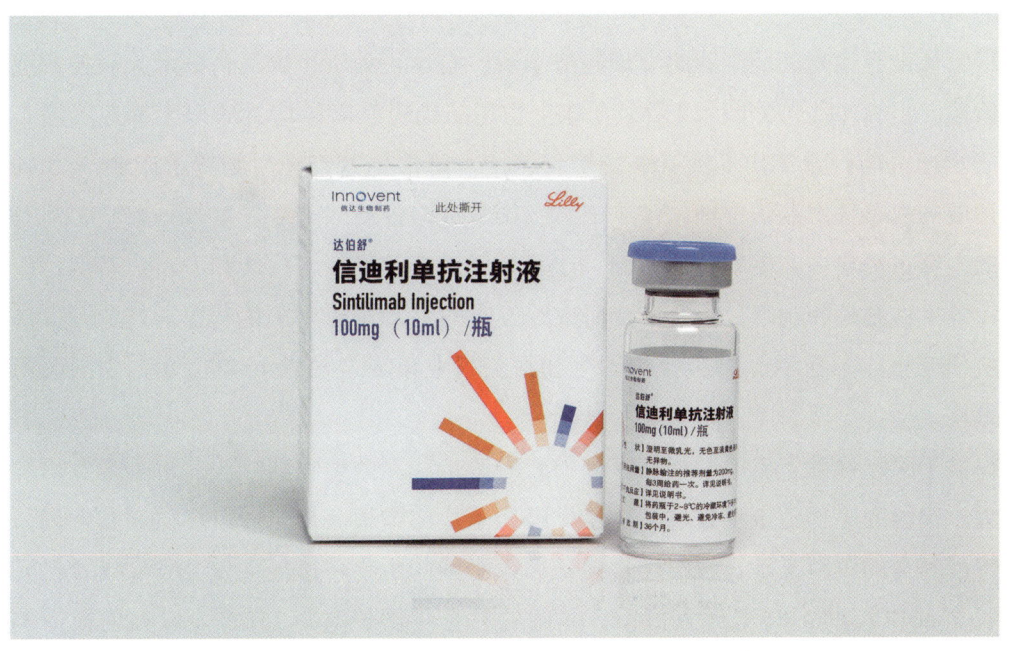

信迪利单抗(达伯舒®)

这些举措均使得中国药品在整体价格上逐步走低，药企传统盈利模式受到挑战，不得不向产品创新转型。嗅觉敏锐的资本也开始扎堆药品创新产业，从而进一步推动中国创新药的发展。

二、快速扩张的市场

提到医药创新，不得不提生物创新药。

攻克癌症，让癌症等严重威胁人类生命健康的重大疾病成为可治疗、可治愈的常见病、慢性病，是人类探索生命科学的大命题。而汇聚了生命科学最新成果的生物药，尤其是位于生物研究先锋的抗体药（一种用于治疗肿瘤、自身免疫性疾病、心血管疾病等多种疾病领域的高端生物药）正在无限接近、破解这个大命题。

生物药是一种包括单克隆抗体、重组蛋白、疫苗及基因和细胞治疗药物等的药品。与化学药相比，生物药具有更高功效及安全性，且副作用及毒性较小。由于其具有结构多样性，能够与靶标选择性结合及与蛋白质及其他分子进行更好的相互作用，生物药可用于治疗多种缺乏可用疗法的医学病症。

由此，生物药成为目前世界上最畅销的医药产品。2018年的十大畅销药物中，八种为生物药，其中七种是单克隆抗体药物。美国艾伯维公司的修美乐是全球卖得最好的生物药。它在2018年的销售额达到了199亿美元——其一年利润就相当于中国所有药品的利润总和的40%。

尽管从世界生物医药产业的发展趋势来看，全球正处于生物医药技术大规模产业化的起始阶段。但20世纪90年代以来，全球生物药品销售额以年均30%以上的速度增长，大大高于全球医药行业年均不到10%的增长速度。许多国家都把生物技术产业作为21世纪优先发展的战略性产业。中国《"十三五"国家战略性新兴产业发展规划》中，涉及医药产业的内容主要集中在生物技术方面。国家鼓励药企开发新型抗体和疫苗、基因治疗、细胞治疗等生物制品和制剂。中商产业研究院发布的《2020年中国生物医药产业园发展前景及投资研究报告》显示，2020年中国生物医药行业市场规模近4000亿元，中国医药市场未来可期。

得益于医疗保健支出的增加、有利的政府政策、新的生物药疗法获得批准及研发投入的加大，中国的生物药市场在过去几年中经历了快速增长。据全球市场研究和咨询公司弗若斯特沙利文的资料显示，按市场规模计算，中国的生物药市场从2013年的862亿元人民币增长至2017年的2185亿元人民币，其间的复合年增长率为26.2%。以科创板为例，截至2020年，国内已经有30家左右的生物医药企业在科创板上市。

生物科技的革命是从20世纪70年代开始的，每次技术革命都会延续50年到100年，现在正是猛烈上升的阶段。业内认为，中国生物制药将迎来黄金十年。而且，鉴于市场需求，未来生物药市场规模仍将进一步扩大。但只有通过真正的产品研发从而为患者提供疗效更好的创新产品的企业，才能趁势而上。

第二节　新药研发创制"中国造"

虽然近年来生物创新药的效用和前景得到了市场的验证，但在信达生物刚创立的2011年，并没有多少人看到并相信这一点。

在仿制药充斥着中国药品市场的彼时，人们更倾向于投资看似"更容易赚钱"的领域。但信达生物坚信，中国一定会与世界接轨，仿制药没有未来。不做低质的仿制药，"开发出老百姓用得起的高质量生物药"，改变中国老百姓的用药困境，改变中国的制药产业。信达生物创始人俞德超坚信，这才是心怀使命的归国创业人的真正价值所在。

信达生物用产品证明了坚持初心的正确性。如今，信达生物不仅在为让中国老百姓用上和发达国家百姓一样的好药而不懈努力，还在致力于率先开发出全球首创药，把中国创造销往全球市场，让中国创新药企真正站上世界舞台。

一、研发为导，打造中国的"基因泰克"

一群人的努力始于拥有共同的梦想。信达生物的梦想，是将自己打造成中国的基因泰克，这一梦想不仅赋予了它汇聚众多海外科研人才的磁力，也指导着产品开发的选择以及企业的发展之路。

基因泰克（Genentech）被认为是生物技术行业的创始者，在药物研发方面拥有众多首创，包括成功合成了人类胰岛素。作为一家以科学创新为研究导向的公司，基因泰克拥有超过1100名研究员、科学家等高级科研及技术人员，进行广泛的科学研究，在业内有着很高的学术地位。信达生物一直希望用自己的科研实力和成果向世界证明中国制药企业的创新实力。十年时间，企业通过一项项技术的攻破、产品的问世，也逐步向世界证明了自己的实力，彰显了中国的进步。

2018年，PD-1单克隆抗体达伯舒®在中国正式获批上市，成为中国首个具有国际品牌的国产PD-1单抗新药，拥有全球知识产权。《柳叶刀·血液病学》杂志2019年第一期，以封面文章的形式，刊发了由中国医学科学院肿瘤医院石远凯教授牵头进行的达伯舒®单抗的临床研究结果——这是中国第一项荣登该杂志封面的科研成果。临床数据表明，采用信迪利单抗免疫治疗复发难治霍奇金淋巴瘤的客观缓解率高达85.4%，疾病控制率高达97.9%，而默沙东的帕博利珠单抗（俗称"K药"）和百时美施贵宝的纳武单抗（俗称"O药"）的疾病控制率分别为83.9%和88%。达伯舒®单抗为肿瘤患者提供了创新且高度有效的治疗模式，提升了患者用药的可及性。2020年全年，达伯舒®（信迪利单抗注射液）相关销售收入超过22亿元人民币，且收入保持逐季连续增长态势。

达伯舒®的成功，让信达生物站到了与世界创新药同场竞争的发令枪前。如果没有秉持初心，坚守梦想，可能就没有今天的达伯舒®。

一家药企要想向世界证明自己的科技实力，最直接的方式莫过于开发出一款拥有全新化合物和全新靶点的首创药（first-in-class）。但受制于资源所限，大多数情况下药企更倾向于做me-too药物、best-in-class药物等，真正的first-in-class的问世，来自早期发现研究领域的巨大投入。

2012年，信达生物创立一年。彼时的信达生物，没有产品、没有收入。

对企业梦想和使命的执着，让信达生物毅然决然顶着压力选择投资当时全球都均未有产品上市的PD-1。

PD-1，全名程序性死亡蛋白1。1992年，日本京都大学本庶佑教授团队发现它具有抑制免疫系统的作用，随后它成为全球肿瘤治疗领域最热的靶点之一。2012年，国际大药企都在加速该药品的研发。只有十几人团队的信达生物想做PD-1，这个看起来是"天方夜谭"的想法不出意料地遭到了董事会的反对——没有人相信一家中国初创公司，可以开发出这样的一种"大药"。毕竟新药研发被普遍认为是一项高投资、高风险的活动。据权威统计，将单一药物上市的成本超过十亿美元，大约需要花费十年的时间，药物筛选的失败率高达97%。那段时间，就连信达生物董事会，也充斥着"万一十几亿元花完了颗粒无收怎么办"的焦灼和疑虑。

经过多重的科学论证，信达生物团队坚持了这一选择。一来在2012年，国际上免疫节点蛋白抑制剂相关研究已经取得了很好的数据。二来信达生物创始人俞德超已成功发明了全球首个肿瘤溶瘤免疫治疗类抗肿瘤药物"安柯瑞"（重组人5型腺病毒注射液），并共同发明且领导开发了中国首个拥有自主知识产权的单克隆抗体新药"朗沐"（康柏西普眼用注射液）。在他的带领下，团队有信心做出PD-1创新药。再则，信达人始终坚守着"国际产业高峰在哪里，中国老百姓的需求在哪里，创新就该往哪里走"的科学担当与决心。

同年，信迪利单抗正式立项，研发代号为IBI308。

始终相信"用心程度决定舞台宽度"的信达人，通过七年的努力，最终凭借达伯舒®开启了产品商业化的序幕，实现了企业发展的巨大跨越。

达伯舒®的成功，让信达生物更加坚定了将科研、创新作为自己的第一发展力，持续加大研发投入。深信"学不可以已"的信达生物团队，始终保持清晰的认知，研发不可以"已"——这是信达生物走向世界，成为世界级的中国生物制药公司的唯一"捷径"。"骐骥一跃，不能十步；驽马十驾，功在不舍"，只有通过持续的研发投入，不断提高技术壁垒、产品壁垒、品牌壁垒等，才能真正形成企业的核心竞争优势。

而今，信达生物聚集了一批站在国际行业科技前沿、具有国际视野和能力的科研人才。2019年，信达生物的研发开支近13亿元，并在公司内部成立新药发现引擎——信达国清院，面向全球招聘顶级研发人才。2020年，信达生物邀请原赛诺菲研发负责人刘勇军博士加盟，其在全球顶尖药企和国际著名科研机构有着超过30年的药物研发经历。

歌德说，凡是自强不息者，最终都会成功。目标远大，一心向着目标前进的信达生物，在中国创新生物药的道路上，一往无前。

二、强战略锤炼强组织

好的战略方向，需要高效的执行力推动落地。在众多创新药企业中脱颖而出的信达生物，除了有"不走寻常路"的战略目标和勇气，更得益于公司组建了一支能打硬仗、有韧性、肯协作的创业团队。

临床试验阶段是新药研发最关键的一环，往往需要花费五六年的时间，且失败率高达90%以上。但是，信达生物在达伯舒®的开发中，只用了27个月就完成这项工作，堪称奇迹。

创造这项奇迹的首要原因是信达生物在新药开发策略上的创新举措——在适应症的选择上没有走寻常路。适应症的选择几乎决定了临床试验的周期。选择常见的适应症试验，成功上市后可能有更大的市场需求，但临床试验周期会比较长；选择一个相对罕见的适应症，虽然上市后适用范围受限，但临床周期相对较短。

是更快上市还是要产品一出现便收获一个大市场？信达生物选择了前者，将复发/难治性经典型霍奇金淋巴瘤作为达伯舒®的适应症进行临床试验。复发/难治性经典型霍奇金淋巴瘤国际上通用的标准治疗是自体造血干细胞移植（ASCT），不过，由于各种因素的限制，很多患者无法接受这类治疗。当时百时美施贵宝的O药和默沙东的K药均将目光瞄准了这一瓶颈，并且取得了很好的临床数据，这让信达生物坚定了首先开发这一适应症的信心。让产品尽快上市，意味着市场可以更早地了解信达生物的产品。

方向已定，但信达生物面对的仍是一条布满荆棘的道路：医院与医生资源紧缺、患者招募竞争激烈、相关机构审评审批机制尚待完善……

当信达人全力以赴完成了临床试验，把产品上市申请递交至监管部门后，却发生了始料未及的事情：由于国内此前尚无同类药品上市，行业对于具体的审批细节产生了争议，信达生物被迫撤回申请，补充材料。

信达人没有气馁，而是全员上阵，齐心协力地为达伯舒®的临门一脚奋力拼搏。为了更快地汇集临床数据，信达生物所有副总裁级别的高管均奔赴医院第一线，亲自蹲点，和专家们沟通、探讨，解决疑虑和面临的各种问题。

所有的努力都是值得的。在二次递交上市申请后，达伯舒®只用了八个多月便拿到了上市批复——正常情况下，企业都需要耗费一年以上时间。

曲折的审评审批过程，对信达生物来说，无疑是一次宝贵的历练。尤其是一次次与监管部门的沟通，让信达生物的创新方案与执行机制更加成熟与完善，其中包括在新药上市审批环节中，将现场核查环节由"串联"改为"并联"，推动行业进步。

"开发新药就像一场接力赛，每一棒都需要不同专业的最优秀的人来完成，这都离不开系统集成和团队作战。"创始人俞德超表示。

研发新药就是一个不断试错的过程——在早期研发中，要判定一个发现是否可行，必须广泛地查阅文献，反复实验；在中后期科研人员要在经历无数次失败的实验结果后，毅然继续探索；在后期，把一项发现送到临床，科研人员至少需要经历3～5年挫败的煎熬。这其中，对精神、意志都是巨大的考验。然而，"成功"发明一个新药，只是万里长征第一步——工艺开发与验证，大规模临床研究，后续的规模化生产和商业化等，一个个关卡、一个个山头都在等待攻克，并且每个环节都困难重重，每一步都必须谨慎。不仅如此，在竞争激烈的药品市场中，一个药品质量再好，上市后价格持续走低也是自然规律。药企只有通过提升产量降低成本，来实现商业利益最大化。然而，生物药的产量提升不是件容易的事。和化学药不同，生物药的生产工艺是依赖细胞培养，生产周期固定，提高产量的唯一路径便是通过实验来试错，寻找增加细胞分泌量的最佳配方。这需要科研人员顶住压力，不断突破可能。经过持续不断的努力，信达生物的达伯舒®目前的单量已经位居全球先进水平。

"勤奋、肯干、会学、协作"，信达生物将这八个字作为自己的企业价值观，信达员工也以此作为自己的职场信条。

三、高起点，对标世界一流

"信达生物的标准只有一个，那就是国际标准。"成立多年来，这是贯穿信达生物每个工作环节的"铁规"。在这条铁规里，既包含着人才的全球化、标准的国际化，也蕴含着全球化的资本运作、世界化的商业合作。这是创始人俞德超浸润中美生物制药创新领域数十年形成的"天然标准"，也是他作为企业家主动应对国际市场的自觉。

"建立国际化的人才团队是创新的前提条件。"这是信达生物高级人才全球招聘的基本认知，也是国际一流企业的共识。于是，在信达生物的体系里，有诸多国家特聘专家，50多位有着数十年丰富制药经验的海外归国专家，团队三分之一以上是硕士或博士。创始人俞德超近一半的精力和时间都用在了全球招聘上。在国际化人才队伍建设之外，为进一步巩固、强化研发优势及力量，信达生物也逐步在全球推动及建立实验室合作。

真正让信达生物"国际"标签一战成名的，是与世界制药巨头礼来集团（以下简称礼来）的合作。2015年，信达生物与世界制药巨头礼来两次达成总额15亿美元的战略协议，促成了当时中国生物医药史上金额最大的国际合作。这单生意，曾让信达生物交了"天价学费"，也让信达人从此更加坚定"对标世界一流是走向国际市场的唯一路径"的决心。

与礼来的合作，起源于两家公司同时都在推进PD-1产品的研发。区别在于，一家是在中国刚创立的名不见经传的民营企业，而另一家则是聚集、积累国际一流资源的世界老牌制药企业。在一次国际会议上，礼来的科研人员惊讶地发现，各方资源均不占优势的信达生物所分享的PD-1数据要好于他们自己的研究数据。于是，礼来主动提议与信达生物合作，这对信达来说既是对其研发能力的认可，也是一个不可多得的发展机遇。于是在2014年，信达生物团队前赴美国准备签署战略合作协议，但却遇到了第一个"大门坎"。原来礼来认为，信达生物现有生产线虽然同时符合中国、美国国家食品药品监督管理局的标准，但距离礼来的量产标准还有差距。作为老牌制药巨头，礼来的标准比美国食品药品监督管理局（FDA）的标准还高。彼时，信达生物已经拿到了第一个项目（代号是IBI301，利妥昔单抗注射液生物类似药）的临床批件，马上可以做临床试验了。按礼来的要求，若用四年时间完成生产线改造，就意味着IBI301的临床试验要延迟至少36个月。36个月，对于没有任何收入的信达来说，意味着几亿元的额外支出，况且临床批件的有效期也只有两年半。有魄力、强执行力的信达生物团队，再一次发挥强战略强组织的"能量"，硬是咬紧牙关、加班加点，用18个月提前完成了礼来专家一致认为不可能完成的任务。

信达生物制药与美国礼来制药战略合作

得到以严苛著称的礼来的高度认可，无疑为信达生物加持了一张通往国际市场的最好"通行证"。嗅觉灵敏的资本闻风而动，2016年信达生物再上一层楼，成功获得2.62亿美元的D轮融资。因为融资数额巨大、占据当年中国生物制药企业总融资额的20%，且主投方是对风险把控更为严格的险资，所以信达生物的D轮融资被业界誉为"国际优质资本推动中国生物药创新发展的风向标"。

2020年8月18日，信达与礼来共同宣布：双方将扩大关于达伯舒®的战略合作，新的合作将拓展至全球市场，礼来将致力于将达伯舒®单抗推向北美、欧洲及其他地区。信达生物将获得累积超10亿美元的款项，包括2亿美元的首付款和高达8.25亿美元的开发和销售里程碑付款。另外，信达生物还将收到两位数比例的净销售额提成。这是第一次中国自主研发的、已经上市的大分子药物将海外市场成功转让给世界500强药企。至此，信达生物与礼来合作总金额超25亿美元，是中国生物医药史上最大的海外授权，同时也是第一个中国企业与全球500强企业达成的在高端生物药开发方面从研发、注册、生产到销售的全面合作。与礼来的合作，进一步促进了信达生物提高自身的研发、生产实力，从而迎来了更多跨国合作伙伴。2020年6月，信达宣布与罗氏集团达成战略研发合作，聚焦于研究、临床开发和商业化多个双特异性抗体和细胞治疗产品，这些产品将直接用于血液肿瘤和实体肿瘤治疗。根据合作条款，信达生物将为其使用罗氏技术开发2:1双特异性T细胞抗体和通用型CAR-T平台而支付一定金额的首付款、开发和商业里程碑款以及产品销售提成。信达生物将负责产品的研发、生产和商业化。罗氏保留对这些产品在中国以外地区的开发和商业化权益的独家回购选择权。如罗氏行使其全部选择权，则将向信达生物支付总计1.4亿美元的首付款，如果所有产品均成功开发及商业化，产品开发、获批和销售等将达到19.6亿美元的里程碑款项，此外还将支付每个产品两位数比例的销售提成。这是信达生物在淬炼后，在国际合作上的信心与底气。

此外，Adimab、Incyte、MD Anderson癌症中心和韩国Hanmi等国际优秀企业也均与信达生物达成战略合作伙伴关系。而且，信达生物按照国家药品监督管理局（NMPA）、美国FDA和欧盟药品监管机构的GMP标准建成高端生物药产业化基地。

与优秀的人同行的信达生物，在与国际巨头协作共进的过程中，正朝着成为一家具有国际竞争力的生物制药公司前进。他们的下一个目标，便是让自己的创新产品获得美国FDA的认证，并畅销国际市场。

第三节　成就他人，成就自己

作为一家创新企业，信达生物刷新了中国生物医药企业的创业史。"为中国老百姓开发用得起的好药"的梦想不仅让千万病患受益，也让3500多名信达人看到了努力的价值和人生的意义。

一、成为科研人的理想国

或许是企业创始人既是科学家又是企业家的双重身份，对生物医药科研的规律及科研人员的价值诉求有着更深刻的理解，从而让信达生物的科研团队一开始就有着"不一样的基因"，造就着企业在国内生物制药领域的"传奇"。在信达生物的团队里，很多人已经通过自身努力在国外过上了安逸的生活。他们放弃原先优渥、安稳的工作环境，打破舒适区，回到中国加入信达，为家国奋斗，很大程度上就是相信在信达生物的平台上可以实践事业上未竟的想法，也希望在人生路上实现新的收获。

信达生物始终认为，"好的企业应该成为一所好的学校"。除了在入职时，企业建立机制和课程，为新员工们提供一系列涵盖企业文化、薪酬福利、团队管理技巧等方面的培训外，企业还特地针对处于不同职业生涯阶段的员工，设计并提供了适合的学习空间，让员工在平台上获得成长。

专业领域方面，信达生物每周都会举行平台建设或技术交流活动，每季度举办专题信息报告交流会；定期在公司举办"信达讲坛"活动，邀请行业内外的专家分享行业专业知识及最新动态，促进学术交流，营造良好的学习氛围，有效帮助员工提升个人素质和才能。在信达生物，每月都举办一次"我与高管面对面"的座谈交流会，公司管理层与基层员工共同探讨关于工作、生活方面的各种话题，畅谈各自在职业规划、公司管理和企业发展等方面的意见和建议，讲述在工作中遇到的困难和问题，形成良好的互动机制。

快速成长的信达生物会聚了多类背景的人才，需要更良好的机制促进相互融合。2019年7月，信达生物成立了以培养具有"信达味道"的高级管理者为目的的人才发展项目——信达学院"雪松班"，由首席执行官俞德超亲自担任班主任，全程陪伴和参与，给予面对面的指导。"云水襟怀，松柏气节"，是信达于"雪松精神"的期许。

除工作上的全力支持、精神上的关怀外，信达生物也不吝于在员工薪资福利上下血本，尽可能地改善员工的物质生活。信达生物制定了首次公开发售前的股份奖励计划、首次公开发售后员工持股计划和受限制股份计划，每年授予符合条件的员工，目前公司内超过六成的员工均持有信达股份。

除了有竞争力的薪资，信达生物对于加入国清院的人才还会给予公司股权激励、安家费、子女教育津贴、购房款补贴、配偶工作安排等。每个PI实验室每年会获得一定的研究经费，可以自主决定预算使用开展研究工作。自研药品上市后还设有专项奖励，发明人可以获得一定比例的药品销售提成。

工作上有成就、物质上有回报，信达生物希望科研人员在这里可以成为"赢家"——通过努力，实现理想和现实的相对平衡，而信达生物则能成为科研人员的理想家园。

二、从中国走向世界

新药研发过程虽然漫长而艰苦，但每一位科研人员总是会为可以守护生命而感到骄傲，从而继续砥砺前行。

曾经，有一位花季少女不幸罹患复发/难治性经典型霍奇金淋巴瘤，她在此之前甚至都没有听说过这个病症的名字。在受过各种放疗、化疗及干细胞移植治疗但均效果不佳后，她在绝望之中加入了达伯舒®的临床试验，成为一名志愿患者。在接受了两次注射之后，她的肿瘤神奇地慢慢变小，直至消失，最终她回归了正常人的生活。

达伯舒®让患者的生命得到了延续，患者获益则给了信达生物研究团队极大的鼓舞。2019年3月9日，达伯舒®单抗正式开售，信达生物以较低的价格向着实现生物药

"高端"但不"高价"迈出了坚实的一步。为了进一步减轻贫困患者的负担，信达生物已与中国癌症基金会合作，发起了"达伯舒®卫生扶贫公益项目"。该项目将为全国低保和建档立卡的复发/难治性经典型霍奇金淋巴瘤患者免费提供两年的达伯舒®单抗药品援助，帮助患者治疗疾病、减轻经济负担，助力国家卫生健康扶贫工作。2020年年底，信达生物还参与"舒心可依—肿瘤免疫治疗患者救助项目"，符合项目救助范围的患者，整个治疗总费用3.98万元封顶，切实帮助患者家庭减轻经济负担，享受科技进步带来的健康成果，延续患者生命希望。

长久以来，中国药企因缺乏创新能力，只能追随西方药企的步伐，以生产仿制药为生。但跨国药企均会以欧美患者的需求为研发方向，即便是设立在中国的研发中心也大多采取了"跟随总部"的策略。这也是很多在中国高发而在全球并不显著的病症突破较慢的重要原因，包括消化道等领域的中国患者，需求并不能被很好地满足。

作为一家中国制药企业，信达生物有能力针对中国本土疾病高发领域，契合病患的需求，制订相应的开发策略，进而组织药品研发。

信达生物正在尝试将更多的现代信息技术应用于临床试验阶段的信息管理系统，从而提高临床试验的效率。传统的靠人口头来记录病患反应的临床数据收集方法具有较高的主观性和随意性，而信达生物开发的信息管理系统则能够以现代信息技术更加准确地记录病患的各种临床反应，从而反馈给研发部门，在后期的药物研发中进行针对性研究，为后期联合用药的研究提供更加科学的依据。

信达生物每年都会召开战略会议，总结过去一年的经验，确立下一年要达到的目标，并进一步明晰未来5～10年的发展方向及目标。虽然经历过挫折和忐忑，但信达人一直知道自己要去向哪里。今天的中国生物药企规模虽然还远远比不上世界巨头，但在某些特定领域，已经可以同场竞技。下个10年，信达希望可以凭借自己的创新产品征服全球市场，使信达的科技成果造福人类。

企业家专访

信达天下，造福人类

——信达生物制药（苏州）有限公司董事长俞德超

《样本》：在2006年回国创业之前，您一直是一名科研专家，从科学家向企业家转型，您觉得最大的挑战是什么？

俞德超：自我突破。高尔基说，保守是舒服的产物。过去做科研，只要按照既定目标，在实验室内跟器皿跟团队同事打交道，对象简单且基本固定。这样的环境对我来说，简单、熟悉且舒服。

回国创业，将面临很多困难，我都一一做足了心理准备。但是，理论与实践的差距、全新环境下的沟通协调与构建、创业过程中与形形色色的人沟通方案解决问题，企业吸纳各式各样人才的机制构建等，还是让我倍感压力。信达生物创立成长这十年，其实也是我个人不断突破成长的十年。从想尽办法地融入，到保有信达生物特色文化体系的建设，都是一步一个脚印蹚出来的。

创新药竞争很残酷，或者创新，或者消亡。但在创新里如何保证好产品的有效诞生，好产品真正用到对的地方，被市场接受，真正达到普惠的目的，是我成为创业者开始一直面对的大课题。

《样本》：近年来，信达生物的规模扩张速度很快，员工人数已经超过了3500人，在吸引人才和管理团队方面，企业有什么秘诀吗？

俞德超：企业首先要能够为员工创造一个可以让他们发挥专长的环境和氛围，大家在这个环境里有共同的信念，做出有意义、有价值的事。

信达生物从事科研的员工人数超1000人，科研人的特点是更在乎自由，能够创造价值。信达以"开发出老百姓用得起的高质量生物药"为使命，解决中国老百姓用药的两个痛点，一个是找药难，一个是药价贵。以前中国没有很好的创新药，大多数创新药都是进口的，价格非常昂贵。

信达的使命打动了很多人。当我们的员工看到他们参与研发的药救治了那些本已绝望的病患，他们会从心底里觉得自己的工作是非常有价值的。

信达生物创立之初，就奠定了以"信达天下"为己任，以"至性至诚"为底色，通达天下的企业文化基调。我始终相信每个人心底里都有"善良"的存在，而善良是相通的。只要你调动了他的善良，他便会对你、对你的企业产生认同，从而愿意和你一起努力奋斗。

除了成就每个人的工作价值，我们也努力让每个奋斗者都获得物质上应有的回报。

信达生物每年会对员工进行业绩考核，凡是排名前30%的员工都会获赠公司相应比例的股票，目前公司里应该有超过六成的员工都持有公司股票。我们对于员工的创新贡献还设有一系列奖励机制，奖励幅度在行业内是居于前列的。中国民间有句俗语，叫作"钱散人聚"，我希望大家一起来做一件有意义的事，同时也都能获得回报。

《样本》：信达生物作为一家本土创业企业，国际化做得非常好。尤其是与美国制药巨头礼来的合作，可以说是信达生物发展历史上的一个重要里程碑，能否讲一讲是怎样的契机推动了这一合作？这样的合作给信达生物带来了些什么？

俞德超：确实，与礼来的合作是信达的一个转折点。孔子说，见贤思齐焉。如果没有和礼来的合作，信达可能只是一个平庸的公司。

"来而不可失者，时也；蹈而不可失者，机也。"与礼来合作的机缘基础，得益于我们从一开始就给自己制订了一个高标准，就是要按照国际最高标准来做。因为高标准，信达接住了"机会"，有了更多的投资者，有了更多的人才，站得更高、看得更远，有了后面更大的发展。我第一次提出这个战略时，国内仍然是仿制药盛行，成本低、周期短，因此很多人认为我们做高端太天真，从国外回来不接地气。但是我们认定，随着国家的发展和中国老百姓收入的提高，中国最终会和国际接轨，会越来越重视健康问题，而仿制药是不能满足社会需求的。这是我们十年前的判断，如今正在上演。

现在回过头来看，我们这个策略是正确的。我们的首个PD-1产品达伯舒®，海外专利授权给了礼来，所获得的资金可以在很大程度上反哺我们的研发，我们不断取得的成果也得到了资本市场的认可，信达自从在2018年登陆港交所后，目前市值已突破千亿港元。

《样本》：信达生物在过去的2020年里已经有了四个产品上市，可以说已经圆满完成了上市前的目标。对于信达生物来说，目前处于怎样的一个发展阶段？

俞德超：我们用近10年的时间证明了信达生物是一个具有研发能力的公司——达伯舒®在上市首年便实现了超过10亿元人民币的销售收入，并在同年进入了医保，让更多人可以以更低廉的价格用上它。但在商业化上，信达还处于比较初级的阶段。

雄关漫道真如铁，对于信达来说，一切才刚刚起步，未来的商业化道路还很长。我们以"成为国际一流的生物制药公司"为愿景,"仰之弥高,钻之弥坚"。虽然目前我们是中国拥有最多抗体药的民营企业,但是距离我们的使命与愿景还有很长一段路要走,也有更多的困难和挑战要克服,有很多的目标需要实现。

不过,我始终坚信,商业化的基础还是在于企业自身的创新能力。如果有一天你拥有了"我有人无"的产品,那么你的商业化道路会走得更加容易一些。

我相信,五年以后,信达生物会活得更好。

《样本》:您希望信达生物未来成为一个怎样的公司?

俞德超:我们去年刚刚经历了一个重大的战略转型,我们把自己定位为一个国际化的一流生物医药公司。

目前,中国的医药企业主要分为两类:一类是传统的医药企业,虽然以仿制药为主,但体量足够大,他们在转型过程中是有机会的;另一类就是像信达一样的初创公司,他们的创新能力比较强。

我觉得随着中国医药市场的发展,在未来10年里,一定会出现两三家在国际市场具有影响力的企业。能不能抓住这个发展机会,就要看你的战略、投资方向,以及人才储备了。信达目前已经拥有了参加这项比赛的入场券。但最终谁能够在这项比赛中胜出,取决于谁的产品能够在美国率先上市,并且获得商业化的成功。

信达一直以国际最高标准要求自己,目前我们已经逐步具备了进军国际市场的能力。从去年开始,我们加大了对药品早期发现的研发投入,包括聘请了原赛诺菲的全球研发负责人刘勇军来负责信达的研发,我们在美国的实验室团队也超过了100人。我们希望能够有更多达到美国标准的创新产品诞生在信达。

《样本》:在信达这些年的发展过程中,您觉得中国医药企业的营商环境有哪些变化?

俞德超:总体来说是越来越好,越来越和国际接轨了,对创新的支持力度也越来越大了。譬如,以前医保目录中是没有创新药的,现在创新药也被纳入其中;其次,审批的速度也在不断加快,我们的达伯舒®在上市首年就被纳入了医保目录,这在过去是从未有过的。此外,在药品的审评审批过程中,学术能力得到了更多重视,药品的临床研究数据越来越重要。

《样本》:就长三角一体化来说,您觉得未来医药企业可能会在哪些方面受益?

俞德超:在我看来,长三角区域是国内商业文明较为发达的区域之一,无论是政府、企业还是员工,大家都更加尊重规则,更有契约精神。

中国的医药行业是一个被高度监管的特殊行业。我希望未来随着长三角一体化的推进,城市之间可以有更多的协同,包括诊疗互认等。譬如一个药品如果在上海进了医保,那么也能够在长三角的其他城市进入医保，一个医院的基本诊疗结果可以被另一个城市的医院认可。这无论是对企业、对寻医求药的患者和家属还是对城市的公共资源来说，在效率和价值上都能得到很大程度的提升，都是一个惠及生命的普善工程。

> 专家点评

十年磨剑，铸就中国生物药领军企业

近20年来，全球生物药品的市场增速远高于整体的医药市场增速。我国生物药产业起步晚，但发展较快，信达生物便是其中发展起来的中国生物创新药企业的典范。10年前，国内还是仿制药的天下，各大药企之间为了争抢首仿拼命追赶进度，导致临床前和临床研究不充分，甚至影响了部分药品的安全性和有效性。在这样的大环境下，初创的信达生物便自我定位为"开发出老百姓用得起的高质量生物药"，难能可贵，也富有远见。

伴随着国内生物药的飞速发展期，信达生物凭借自身过硬的生物医药技术研发能力以及高效的国际化运营模式，搭建了国际一流的团队和技术平台，开发出了一系列原创性产品并获得了国际市场的认可，在国内众多生物制药公司中保持领先地位，发展成为中国生物制药领域最具影响力的标杆企业之一。与此同时，资本市场也给予了信达生物充分的认可，公司也成了国内极少的成立10年而股票市值达1000亿元的医药企业。

与许多早期研发型的生物科技公司不一样的是，公司围绕实现"药物价值循环"，十年磨一剑，系统构建药物发现、临床开发、生产、销售为一体的企业。

在药物研发方面，公司研发管线丰富，20多个创新药产品覆盖肿瘤、代谢疾病、自身免疫、眼科等多个疾病领域，其中四个产品已获NMPA批准上市，成为中国拥有单抗药品上市数量最多的制药企业之一，也是全球唯一创办九年即拥有四款单抗产品上市的药企。信达生物所布局的单抗药物中，研发靶点基本涵盖了当前主流热门靶点，除了已上市的PD-1（信迪利单抗）、VEGF-A（贝伐珠单抗）、TNF-α（阿达木单抗）和CD20（利妥昔单抗）之外，还布局了CTLA-4、CD47、OX40以及PCSK9等多个靶点，共占据已有上市药品靶点中十大热门靶点。

丰富产品管线的价值放大，得益于公司临床开发的高效运转。尤其是高效率的临床开发已经成为创新药竞速时代的杀手锏，信达生物领先的战略布局和高效运作的组织能力得到了充分的印证与肯定。比如公司首个上市产品信迪利单抗，从入组首例患者到提交上市申请仅仅413天，公司的贝伐珠单抗类似药临床开发仅耗时684天，临床开发速度远远快于历史同期平均水平，为公司产品商业化争取了宝贵窗口。

建设规模大、质量高、符合国际标准的生物药生产基地是信达生物践行"开发出老百姓用得起的高质量生物药"的内在要求，而专业的商业化市场营销团队更是公司产品临床价值变现的核心保障。公司首个产品信迪利单抗在上市首年就获得了超过10亿元人民币的销售收入，2020年销售额超过22亿元人民币。这既是市场对创新的认可和回报，也是支持下一轮药物研发的驱动力。

始于信，达于行。回首过去第一个10年，信达生物一路走来成为中国生物药领军企业，这与公司"勤奋、肯干、会学、协作"的企业价值观和对于人才的培养和重视是息息相关的。展望未来10年，我们相信并期待信达生物可以凭借自己的"我有人无"的创新产品征服全球市场，使信达生物的科技成果造福天下。

袁安根　江苏天汇红优投资管理有限公司创始人、董事长

第三章
中国绿色"智造"新典范
——天能控股集团股份有限公司

- **楔子：** 换了人间
- **企业概况：** 持续领先的绿色能源系统方案解决商
- **创新解读：**

    第一节　绿色中国梦

    第二节　内生创新，重构产业价值

    第三节　让世界看见"能动力"

- **企业家专访：** 成为最受尊敬的世界一流新能源公司
- **专家点评：** 用绿色换"双赢"

楔　子

换 了 人 间

历史与现实交错下，站在世界舞台上，是焕然一新的中国与中国人。

绿色，成为当今的世界主题；绿色经济战略成为首要发展战略；绿色动力，成为时代的驱动力。能源，作为世界经济竞争的核心，绿色生态发展势在必行，无可退缩。

万物各得其和以生，各得其养以成。秉持着这样的可持续发展理念，中国早在党的十八大就提出建设"美丽中国"，近年来更是将生态文明纳入"五位一体"总体布局。如今，"绿水青山就是金山银山"的理念走进联合国，生态文明建设在中国被提升至前所未有的高度。政策的支持与鼓励、世界竞争格局的变化，让中国的企业群体，也持续不懈地推进着对生态文明建设、美丽中国的建设——期待着以和谐共生的探索，为人民创造良好生产生活环境，为全球生态安全作出贡献。

在全国率先探索的浙江湖州，15年来始终坚持绿色发展，并在推进"绿水青山就是金山银山"理论转化的过程中，释放出美丽能量，让生态经济焕发出勃勃生机。身在湖州长兴的天能，就是这忠诚实践大军中的重要一员。

在天能，一直有一个"一二四"工作体系："一条底线"，环境保护是不可逾越的底线，对环保不合格的项目一票否决，坚决不允许上马；"两个保证"，环保、技改、研发总投入保证不低于上一年度，保证不低于当年营收的3%；"四个主攻方向"，即产品设计生态化、生产工艺清洁化、装备制造智能化、资源利用循环化。究其目标，就是为全球消费者提供绿色智慧能源系统解决方案，让中国智造走向世界，为中国的绿色能源发展树立世界标杆。

企业概况

持续领先的绿色能源系统方案解决商

天能电池集团股份有限公司（以下简称：天能），创始于1986年，发源于景色秀丽的湖州市长兴县的山岕里，经过30多年的创新发展，成为一家以新能源绿色智造为核心，集"制造+服务""实业+金融""平台+业务""产业+城市""园区+项目""产品+集成"等新产业、新业态、新模式为一体的现代国际化实业集团，在浙江、江苏、安徽、河南、贵州、山东、江西七省建设16大生产基地，销售网络遍及全球，拥有超过100家国内外子公司，2.3万多名员工。

2007年6月，天能以"中国动力电池第一股"在香港主板成功上市（股票名称：天能动力；代码：0819.HK）。2021年1月，天能加码锂电，持续探索燃料电池及新一代电池领域的技术，做到"应用一代、储备一代、研发一代"，在上海证交所科创板挂牌上市（股票名称：天能股份；代码：688819）。由此，天能成为行业内首家拥有"A、H"双上市品牌的公司。

一、中国电动轻型车动力电池龙头

天能系国家高新技术企业、国家技术创新示范企业、国家知识产权优势企业、制造业单项冠军示范企业、工业产品绿色设计示范企业、浙江省第一批雄鹰计划培育企业；公司先后建有国家认定企业技术中心、全国示范院士专家工作站、国家级博士后科研工作站、轻工业联合会国家重点实验室、中国轻工业设计中心。

凭借积极引进智能化制造生产设备并加大研发力度，提高产品技术含量，企业确立了行业优势地位。近年来，天能市场占有率逐年提升，在国际铅蓄电池行业市场占有率排名前三，在国内铅蓄电池行业排名第一。公司销售的电池产品金额连续两年超过300亿元，发展成为国内电动轻型车动力电池龙头企业，持续推动铅蓄电池、锂离子电池乃至其他电池领域的发展。截至目前，天能综合实力位居中国企业500强第139位，中国民营企业500强第30位，中国民营企业制造业500强第14位，中国轻工业百强企业第5位，中国轻工业电池行业十强第1位，浙江百强民营企业第5位。截至2020年，天能连续八年入围《财富》中国500强榜单。

坚持"新材料、新结构、新工艺、新领域"研发战略的天能，在提升铅蓄电池比能量等方面形成了完整自主的核心技术体系，并成功实现产业化。随着技术进步，锂电池等其他技术路线的电池近几年亦获得了快速发展，应用领域不断拓展，锂电池在国内电动自行车的装配量得到提升。2019年11月，天能与世界500强企业法国道达尔集团旗下帅福得（SAFT）签订合作协议，双方将整合各自在技术、生产、市场等领域的优势，聚焦于电动轻型车、电动汽车和储能解决方案领域，为中国和全球市场开发、制造和销售先进的锂电产品。

天能跟法国道达尔集团旗下帅福得签约

二、科技创新驱动绿色发展

天能坚持科技创新驱动绿色发展理念。依托产品与工艺创新，公司成功将密封型免维护铅蓄电池大规模应用于电动轻型车动力领域，在为人民群众提供绿色低碳、低成本、可循环出行方式的同时，也较大程度地拓展了电池产业的发展空间，对于推行"以电代油"绿色能源结构具有重要意义。

天能高度重视技术创新工作，设立了一整套体系强化科技成果的转移转化及产业化。在顶层设计上，企业积极参加行业科研项目，在技术标准建立、核心技术研发、研发体系建设等方面取得了较多的成果。公司参与了轻型车用铅蓄动力电池首个国家标准的制订，在近五年内先后参与了铅蓄电池、锂电池行业共15项国家标准的制定，引领并促进了行业标准化建设工作；截至2020年6月末，公司及子公司共拥有2029项专利，其中发明专利372项；公司先后独立或牵头承担了15项国家火炬计划项目、2项国家星火项目、1项国家科技支撑计划项目及1项国家电子信息发展（300469）基金项目及多项省级重点研发项目。

公司坚持把人才驱动作为本质要求、把全球视野作为重要导向，落实人才优先发展战略，在全球范围内优化配置创新资源，培育造就了一支结构合理、素质优良、具有世界水平的战略科技人才，科技领军人物、高技能人才和青年科技人才队伍。企业建有国家级企业技术中心、国家级博士后科研工作站、全国示范院士专家工作站、省重点企业研究院等科技创新平台，与浙江大学、哈尔滨工业大学、华中科技大学、澳大利亚卧龙岗大学等10多所国内外知名高校建立产学研合作关系。先后引进国家重点人才计划专家5名，浙江省重点人才计划专家7名，浙江省领军型创新创业团队2个，浙江省151第一层次人才2人、第二层次人才1人，湖州市1112人才12人，柔性引进院士顾问7人，博士教授顾问团队33人。

受益于出色的创新能力，天能业绩持续增长，龙头地位进一步巩固。仅天能动力2017—2019年，营收分别为280.52亿元、358.62亿元和427.44亿元，年复合增长率为23.41%。2020年，天能动力更是实现营收约535.25亿元，较上年同期增长31.79%。

深耕产业30年，天能获得了国家多项荣誉奖项并持有多项行业协会证书，是消费者值得信赖的品牌，产品也被评为国家重点新产品、浙江省高新技术产品。在绿色产品体系的基础上，公司着重打造绿色生产和智能制造并举的绿色制造产业链，已有6家主体被工信部评为绿色工厂，3家主体被评为绿色供应链管理示范企业，1家主体被评为工业产品绿色设计示范企业，16个产品被评为绿色设计产品，另有2家主体被评为浙江省绿色企业，1家主体被评为河南省绿色工厂，有力推动了绿色经济发展，取得了良好的社会与生态效益。公司董事长张天任先生也因在践行绿色发展理念、促进生态文明建设方面作出的贡献，荣获国家生态环境部颁发的"中国生态文明奖先进个人"荣誉称号。

顺应5G时代工业化、信息化深入融合的发展趋势，天能正加速构建绿色智造产业链和循环经济生态圈，全力打造服务型、平台型企业，为全球的消费者、工商业及公共机构提供一揽子的绿色能源解决方案。

> 创新解读

第一节　绿色中国梦

绿色中国梦，是走向生态文明新时代，建设美丽中国，实现中华民族伟大复兴的中国梦的重要内容。中国，不仅有着强烈的决心，更有着确切的时间排期：确保到2035年，生态环境质量实现根本好转，美丽中国目标基本实现；到21世纪中叶，建成美丽中国。

如此"硬指标"的背后，是在习近平生态文明思想的指引下，中国绿色发展、循环发展、低碳发展理念于全社会的共同努力且坚决的践行——2016—2019年，我国规模以上企业单位工业增加值能耗累计下降超过15%，相当于节能4.8亿吨标准煤，节约能源成本约4000亿元，同期，单位工业增加值二氧化碳排放量累计下降18%……经过不懈努力，我国制造业不仅为生态环境改善和能源资源节约作出积极贡献，更蹚出了一条破解资源环境瓶颈约束的绿色发展之路，实现了经济效益和环境效益的双赢。"绿水青山就是金山银山"的理念，成为全社会的共识。

一、新能源新架构新变革

工业是实体经济的主要载体，实现绿色发展意义重大。作为国民经济发展的先行部门之一，能源工业的发展显得尤为重要。绿色可持续的发展道路，更是要依托于清洁可持续的能源结构。

2020年9月22日，我国在联合国大会上宣布，"中国将提高国家自主贡献力度，采取更加有力的政策和措施，二氧化碳排放力争于2030年前达到峰值，努力争取2060年前实现碳中和"。2020年12月13日，我国在气候雄心峰会上进一步阐述碳达峰、碳中和目标，提出到2030年中国单位国内生产总值二氧化碳排放将比2005年下降65%以上，非化石能源占一次能源消费比重将达到25%左右，风电、太阳能发电总装机容量将达到12亿千瓦以上。在碳达峰、碳中和目标和愿景下，中国提升新能源占比已是大势所趋。由小及大，中国乃至世界的新能源架构正发生着巨大的调整与变化，能源格局也正朝着多元化方向演进——能源开发利用技术不断推陈出新，供给侧的非常规油气、可再生能源技术及需求侧的新能源汽车、分布式能源和储能技术的应用加速了现代能源结构迅速调整，促发着新的变革。尤其是，以新能源技术与信息技术融合为主要标志的当下，以高效化、清洁化、低碳化、智能化为主要特征的能源革命，正逐步成为全球能源发展的方向和潮流。

作为世界最大的能源消费国，中国依托"一带一路"倡议，寻求国家间科研合作与生产生活系统链接，有效服务于世界降低碳排放目标的同时，也在国内自觉积极推进能源消费、供给、技术、体制革命，且坚定不移地推动能源革命向纵深发展。"十三五"时期，我国的非化石能源消费比重从12.1%提高到15.9%，平均每年提高0.76个百分点。

2021年3月11日，全国人大表决通过了《中华人民共和国国民经济和社会发展第十四个五年规划和2035年远景目标纲要（草案）》（以下简称《纲要》）。在《纲要》的"构建现代能源体系"中明确指出，要推进能源革命，建设清洁低碳、安全高效的能源体系，提高能源供给保障能力。加快发展非化石能源，坚持集中式和分布式并举，大力提升风电、光伏发电规模，加快发展东中部分布式能源，有序发展海上风电，加快西南水电基地建设，安全稳妥地推动沿海核电建设，建设一批多能互补的清洁能源基地，非化石能源占能源消费总量比重提高到20%左右。在"十四五"开局之年，中国新能源产业发展趋势则更趋明朗——新能源逐步成为能源增量的主体。

国内企业积极响应习近平总书记提出的能源革命和党的十九大"加快生态文明体制改革，建设美丽中国"的要求，在发展战略定位、市场意识、商业模式、技术创新、资本手段、合作模式与伙伴、考核激励机制、人才培养等方面探索"新"的发展路径。而且，新兴的互联网技术与新能源产业的结合给新能源行业带来颠覆性的变革。在电动汽车、灵活性资源、绿色能源灵活交易、能源大数据与第三方服务等领域内，持续不断激发并重塑着新能源行业的商业模式，推动新能源市场开放和产业升级，形成新的经济增长点。以长三角区域为例，作为我国新能源产业发展的高地，聚集了全国约1/3的新能源产能。随着一体化建设进程的深入推进，区域内积极推动在电力、油气基础设施合作，新能源开发和产业发展，区域能源资源调剂机制等领域的合作也迈入了"深水区"。目前，已形成新能源汽车产业集群，成为国内六大汽车产业集群规模之首，对全国汽车业形成示范效应。据相关数据显示，长三角地区2020年新能源汽车销量，占到了全国新能源车销量的半壁江山。

持续推进能源科技创新，能源技术水平不断提高，让中国建立完备的水电、核电、风电、太阳能发电等新能源装备制造产业链，持续推动着能源发展的动力变革。

二、大步迈向智能智造

工业革命与能源变革作为国家全球竞争力的重要构成要素，关系密不可分，共同促进着全球经济的繁荣发展。

2015年政府工作报告中首次提出实施"中国制造2025",坚持创新驱动、智能转型、强化基础、绿色发展,加快从制造大国转向制造强国。世界经济论坛主席施瓦布称,得益于智能制造业的迅速发展,"中国将成为第四次工业革命的领军者"。"中国制造2025"已然成为中国参与新一轮工业革命全球竞争的标志性符号。

在这一过程中,智能制造是落实"中国制造2025"的核心,也是我国从制造大国迈向制造强国的根本路径。当下,新技术浪潮正推动着工业制造行业飞速革新,并引领着第四次工业革命的进程。由此,彻底改变制造业生产组织方式和人际关系,并带来制造方式和商业模式的创新转变的智能制造,日益成为未来制造业发展的重大趋势和核心内容。尤其是随着物联网、检测协作设备、预测性维护、机器视觉、智能语音等新兴技术的迅速兴起,为制造企业推进智能工厂建设提供了良好的技术支撑,让中国制造业加快发展方式转变,向中高端迈进,成长为新常态下建设制造强国、打造新的国际竞争优势的必然选择。有数据显示,国家首批109个智能制造试点示范项目智能化改造后生产效率平均提高30%以上,最高达到2倍以上;运营成本平均降低20%以上,最高降低60%左右。

在全球智能制造发展格局中,中国的制造业仍处于第二梯队。在全球竞争的趋势从单个城市的竞争发展为城市群的竞争的当下,加快高端制造业的产业布局,以城市群为依托打造世界一流制造业集群,激发工业持续快速发展的源动力,成了中国实现制造强国建设的关键。以我国长三角地区为例,作为"一带一路"和长江经济带的重要交汇点,且是我国制造业最发达、智能制造资源最丰富的地区——区域内上海综合优势突出,江苏制造业发达,浙江数字经济领先,安徽创新活跃、生态资源良好。由此,在一体化协同发展下,聚焦国家智能制造发展战略,以成为世界级智能制造集群地为目标。在政府支持下,各企业创新活力激发,云计算、大数据、物联网、人工智能等技术加速革新,推进和制造业的深度融合,"智造"产业链正实现协同共塑,全球资源要素加速集聚,先进制造业产业集群正阔步壮大——人工智能、集成电路、生物医药等七大先进制造产业,正在集聚成一系列新兴产业集群。

智能制造推动制造业产业模式和企业形态发生深刻变革,技术集成的广度和深度大幅拓展,为制造业实现更高质量发展提供强大动力。智能制造的发展,同时也持续推动着中国经济的可持续、高质量发展,为绿色中国梦的绘制添砖加瓦。

"人不负青山,青山定不负人",绿色发展理念正在深刻改变着中国。在绿色发展理念下形成并不断完善的可持续发展的中国模式,不仅使中国更加美丽,也踏石留印、力所能及地持续输出,推动建设持久和平、普遍安全、共同繁荣、开放包容、清洁美丽的世界,为全球可持续发展提供示范和引领,推动形成人与自然和谐共生的人类命运共同体。

第二节 内生创新，重构产业价值

2014年，天能集团迎来企业的"低谷"，亏损3亿元。也是这一年，让天能董事长张天任更加坚定了转型升级、绿色发展的决心。于是，天能走上"内外兼修"、强身健体的道路：在坚持科技创新驱动绿色发展的理念下，对内以技术研发体系为基础，不断夯实绿色智能制造体系、市场渠道体系、品牌管理体系、信息技术体系协同作用构成的综合竞争优势；对外，在紧紧围绕主业的基础上，以平台化价值溢出构建的产业生态及数字化、智能化建设的变革，持续推动并实现自身业务规模与盈利水平持续增长的同时，赋能整个产业的高质量发展。

一、独创"一核两驱四化"管理模式

"一核两驱四化管理模式"是天能构建综合竞争优势的一大结晶。天能将多年以来自主研发建立的"全生命周期绿色质量"为目标的管理经验进行高度凝练，探索出独具天能特色的全生命周期绿色质量管理模式，并以绿色质量为主导成长为扎根于集团管理模式中的新动能，为企业的技术创新、管理创新注入不竭动力。在模式导向下，天能研发的新产品（例如云电池）运用生态化设计，创新性地采用绿色材料，并通过智能化的生产，使新一代产品在综合性能上提升70%以上，循环寿命提升77%，产品质量获得大幅度提升。

以核心绿色质量管理体系为例，以客户和技术为驱动，促进了企业"产业生态化、创新系统化、生态智能化、管理信息化"的发展，构建电池产品全生命周期绿色质量管理体系，打造建立面向铅蓄电池产品的全生命周期的绿色设计特色数据库，应用铅蓄电池产品生命周期PLM设计平台与评价方法（LCA）优化产品设计和制造方案以及铅蓄电池资源化再生利用，拉动铅蓄电池绿色研发设计和绿色工艺技术一体化提升，提高绿色精益生产能力和产品国际竞争力。"不仅填补了中国铅酸蓄电池行业的空白，还对整个铅酸蓄电池行业在质量、经营管理等方面的提升具有示范作用。"在获取2017年浙江质量最高奖项"浙江省人民政府质量奖贡献奖"时，浙江省政府如是评价。该奖项，在当年浙江全省仅2家企业获得，且天能还是新能源动力电池行业唯一获得该项荣誉的企业。

抛开荣誉不提，独创的模式，为企业、为行业探索开拓出一条制造业可持续发展之路。从2015年到2018年，天能产品质量和顾客满意度年年步上新台阶，客户订单平均响应速度在5小时内，订单按期交付率达到了100%；企业的财务管理也得到了有效优化，流动资产周转率达到3.55%，全员劳动生产率达到40.82万元/人；企业的创新能力也不断增强，新产品的产值率达到了64.8%；企业的销售收入增长达到了350.99亿元，利润额达到了15.92亿元。通过"四化"的深入推进，公司实现了脱胎换骨的变化，为行业发展树立了典范，为企业的进一步做大做强奠定了坚实的基础。

技术创新和科技产业化步伐的支撑，是模式两大驱动核心之一。天能在多年探索发展中，构建了"4323"技术创新战略体系，即建成工程研究中心、成果转化基地、创新服务基地、人才培养基地等四大基地，完善基础研究与创新平台、成果转化与应用平台、分析测试平台这三大平台的建设，打造技术交流与推广服务中心、新能源技术孵化中心这两大中心以及实施三大战略：人才战略、技术创新战略、基础研究发展战略。通过这样的研发体系建设以及行业标准化建设的积极参与，企业得以快速打通科技创新与科研成果产业化的通道，积极创造品质卓越的新产品，引领中国新能源动力电池行业新方向。并且，随着企业在资本、市场的不断投入及快速灵敏反应，以资源开放共享为手段，围绕产业链部署创新链，围绕创新链完善资金链，加强各类创新主体间合作，促进产学研用紧密结合，构建多主体协同互动的开放高效创新网络和创新共同体。

每年研发投入占销售收入的比重不低于3%，是天能的硬指标。而这，也让天能建立了以市场为导向的三层结构式的研发体系。随着研发平台的不断强大，让企业加快实现从跟踪模仿生产向集成创新和引进消化吸收再创新转型——通过积极推进产学研战略联盟，实现了关键技术来源的多元化；与此同时，企业实施了一批重大科技和科技成果转化项目，着力解决制约产业提档升级的关键技术瓶颈，让公司的技术、工艺和研发在行业内一直保持领先地位。以天能单个生产基地为例，采用先进环保设备和清洁生产技术后，每年节约电解铅65吨、合金铅50吨、硫酸110吨，节约用水5.94万吨、蒸汽3344吨、电力894万千瓦时，生产过程中边角料和废弃物回收率接近100%。在减排增效方面，通过技术改造，大规模推广运用"连铸、连轧、连涂"等先进工艺和装备后，铅排放总量降低60%以上；采用工业机器人全自动电池组装后，实现工人"减员"68%；充电工艺改进后，电池充电周期由原来的5天缩短到了2天，单日产能大幅提升，做到"增产不增污"，真正实现了"节能、降耗、减污、增效"的目标。

近年来，天能共开发国家级重点新产品13项，省级科技项目200余项；同时承担国家级火炬、星火计划项目18项，形成了技术先进、产品结构合理、质量可靠的产品结构体系，成为推动蓄电池行业转型升级的"绿色引擎"，引领了中国新能源电池最新、最高端的技术方向。2019年11月，被国家工业和信息化部、中国工业经济联合会联合认定为铅蓄电池制造业单项冠军示范企业，列入国家全球单项冠军培育名单。

2020年，天能高端环保电池业务继续保持高质量发展态势，铅蓄电池业务取得营业收入约296.51亿元人民币；锂离子电池业务取得营业收入约10.2亿元人民币，同比增长94.70%，其中锂离子电池的前十大客户业务规模同比增长140.88%。"一核两驱四化"管理模式，为天能"铅蓄电池+锂电池"双产品体系的构建和实现持续赋能。

二、平台化溢出，构建新产业生态

为强化产业支撑，天能自2015年开始实行传统铅蓄电池产业与新业态、新模式、新技术的融合；培育壮大电动汽车电池、锂离子电池、工业储能电池、循环经济等战略性新兴产业；加快电子商务平台建设，在商业模式上进行颠覆性创新，促进电动车行业从整个产业链综合竞争，向平台、系统、生态圈转变。也即天能在其战略规划（2015—2020年）中的描绘，坚定地围绕主业、聚焦主业，以供应链切入，延伸做强产业链，不断在产业链上挖掘更多新的价值点，打造新的经济增长点、增长极，形成了集清洁能源、智慧能源、资源循环、现代物流、产融产城、国际贸易等业务于一体的产业生态。

"如何与外界资源相结合，形成优势互补，从而达到1+1＞2的效果，这是我们今后的发展理念。也就是如何通过天能这个平台，整合产业链资源来重构我们的价值点。"为了更好实现平台化建设、循环发展理念在产业链内全方位贯彻及执行，天能特地成立了以董事长为核心的投资决策委员会，以鼓励、激发创新因子在生态系统的活力成长。

2016—2018年期间，诸多项目于平台孵化中渐渐得以"问世"，逐步发展为产业生态的未来支撑力量。

以天能研究院先后开发生产的燃料电池、风能太阳能储能电池、新材料等为例。天能燃料电池的"高功率燃料电池电堆系统及核心零部件的工程化研发与应用"，目前已作为研究突破"卡脖子"技术和重大关键核心技术，被列为浙江省2020年度省重点研发计划择优委托项目，为公司业务持续稳定发展奠定了坚实的技术基础。在储能领域，作为国内最早进入太阳能光伏储能电池领域研发和生产的新能源企业之一，天能已拥有技术专利600多项，产品各项技术指标远远领先行业同类产品，多项技术指标超过国家标准，并通过欧洲CE认证和金太阳认证。目前，天能储能电池已经成功应用在山西朔州市300KW太阳能发电工程等多项重点工程。与西藏华冠、新疆特变电工、四川长虹等多家我国西部知名能源公司结成战略合作伙伴关系，自主研发风能太阳能储能电池，在我国西部地区风电、光伏、风光互补等多项大型工程中，特别是在西藏那曲、新疆、四川、云南、青海、宁夏、内蒙古等地的电网盲区得到广泛应用，并逐步走向中国，沿着"一带一路"的步伐走向国际市场。此外,天能持续深耕智慧能源领域,以储能为切入点,依托数字化研发体系和绿色制造园区等重点发展项目,开发智慧能源服务系列产品,打造智慧能源服务整体解决方案。截至目前,相关产品及解决方案已在国内外全面开花,成功打造了非洲光伏储能离网项目、长沙汽车文化产业园综合能源示范储能项目、衢州大麦村变电站铅炭储能项目、江苏沭阳铅碳储能项目、上海边光铅碳储能项目、长兴稚城储能项目等多项优质项目,并连续三次荣膺国际光储充大会颁发的"最佳系统集成解决方案供应商奖""最佳储能示范项目奖"。不仅如此,天能还成立了浙江天能氢能源科技有限公司,推动国内氢能及燃料电池产业发展,为碳中和贡献力量。2018年年底上线的、由供应链平台孵化的天畅产业链是另一个生动的例子。依托长三角区位交通及产业集群优势,天畅供应链正围绕产业链采购、加工等环节,不断向产业链上下游延伸,通过供应链服务切入产业链环节,为核心企业及上下游、周边配套服务企业充分赋能,实现价值链的重塑,逐步构建安全、高效、增值的产业互联网生态圈。据悉,天畅平均每年为天能节省3000万元的运输成本,2020年交易额突破百亿元,迅速成长为行业独角兽。而且仅用两年时间,天畅就已将服务对象由母公司天能集团拓展到了其他制造企业。截至目前,天畅平台已拥有注册货运车4万辆,并形成了9000多条物流线路、10大枢纽级中转站、3000余个分拨仓、30余万个终端配送网点和1.5亿公里以上管控里程的物流干线网络;已服务大型制造企业、流通企业等近2000家。2021年1月,"天畅智运"智慧供应链平台成功入选2020年浙江省数字经济"五新"优秀案例。

此外,天能的数字化创新中心自2017年开始加快打造"一云两平台",已经集聚连接了产业链上下游数千家企业和数百万活跃的从业者,还建成了全国首个数字化电网侧储能电站系统,为缓解区域电网用电压力提供了天能智慧、天能方案。2021年1月18日,天能股份成功在上交所科创板挂牌上市,让天能顺利实现"A、H"双上市品牌,成为天能平台化溢出价值实现的标杆。

通过技术的纵向深化和储备,以供应链为切口的产业链横向精耕孵化,天能构建了独有的生态体系。在这个体系里,纵向与横向间相互交融,技术与商业得以有机转化,与此同时以内部市场化激发企业的创新因子,共同推动着"天能号"平稳、快速、高质量发展。未来五年,天能将持续坚持以智能化、平台化、全球化为主要工作目标,计划通过启动内部自主经营模式,搭建生态系统,积极鼓励内部创业,实现员工自主经营,推动生产制造型企业向服务制造型企业转型、传统型企业向平台型企业转型,实现运营平台化。

天能在上交所科创板挂牌上市

三、数字天能,"智慧"进阶

通过智能化改造、搭建企业信息化网和工业互联网,打造数字天能智能制造系统,实现更高质量发展目标,是天能的"1号工程"。

信息化建设体系建设,是数字天能建设的起点。彼时的天能,抓住制造业转型升级的契机,对生产设备、信息体系进行了升级改造。多年来,天能一方面依据产品及生产工序的技术要求,不断引进先进的生产加工设施,目前拥有连铸连轧生产线、全自动包装线、中大密自动装配线等行业领先和国内先进的生产设施。通过不断优化基础设施的配置管理,确保基础设施满足内外部用户设计、生产、测量、服务和安全等全方位需求。截至目前,天能集团设备总投资已达26亿多元,投入使用的行业内最先进的极板连续制造生产线九条,2020年还引进了四条韩国KMT及美国Wirtz极板连续生产线,小密自动生产线十多条,全自动包装线十多条等行业内最先进的设备。另一方面,公司强化信息化与工业化的融合,借助信息系统,挖掘数据、分析数据、并运用数据连接企业业务各流程,为业务的经营及决策提供充分的支持。信息体系建设取得了市场认可,入选浙江省第五批大数据应用示范企业,绿色供应链全生命周期管理体系获得浙江省企业联合会颁布的2018年浙江省企业管理现代化创新成果奖一等奖等。通过这样的路径建设,天能在新能源电池行业内率先打造出中国"智能制造"先行先试的样板。

天能智能化生产体系

高投入带来高效益，使得天能的产能和效益一路攀升。但天能始终认为，智能制造和工业互联网，不应只限于在车间里面弄一点先进设备、数据集成一下，而是整个产业链数据通过互联网都渗透进去，更重要的是要改变人的观念，这才是当前制造业进行转型升级、高质量发展的一个重要路径。于是，围绕"数字化"发展战略，构建了"智"造产业链，即从绿色产品、绿色车间、绿色工厂、绿色园区、绿色标准入手，借助互联网、大数据、云计算等手段，着力打造绿色"智"造产业链，引领产业向绿色、高端、智能方向发展。天能先后建设了新能源汽车动力电池智能工厂、天畅智库产业园、数字工厂TOS等多个数字化项目。2020年12月，浙江省经信厅公布2020年浙江省数字化车间/智能工厂名单。动力能源公司的高性能动力电池智能工厂、昊杨科技公司的新能源电池高性能材料智能工厂均"榜上有名"。

作为数字建设的践行者，天能多年来也尝到了战略领先布局带来的红利——数字化战略成为集团高质量发展的强大引擎，大大提升了企业运营管理的敏捷性和决策精准性：从2015年到2019年，天能主营业务收入增长了2.3倍，利润增长了2.8倍，税收增长了4.1倍；管理费用率降低10%，产品研发周期降低27%，单位产品能耗降低25%。基于自身实践成果的显现，张天任董事长在2018年全国两会期间还提交了"以数字化变革推动我国制造业高质量发展的建议"，以高度的责任意识，分享、助力数字建设。

从最初以机器人的方式改造提升传统产业，到后来全面建成绿色智造车间、绿色智造工厂、绿色智造园区和绿色供应链，再到现在全力打造新能源智能制造示范样板，并向集团所有基地全覆盖，不断提高制造业现代化、信息化、自动化水平，加快推动传统生产制造向高端智能制造转型。天能用五年时间，利用数字化建设的协同，再造了一个"新天能"。但这仅仅只是天能数字化建设的冰山一角。

数字经济最大的动能不仅仅在于数字产业自身能产生几十万亿元的产值，而在于数字技术的颠覆性，在于信息基础设施中的数字化平台与传统产业的深入融合，传统产业的产值将因此额外增加1%~10%，这1%~10%没有投入，凭空产生。2021年，是"八五"天能的开局之年。天能明确了这样的建设目标，即通过企业信息化网和工业互联网，打破传统数据孤岛，打通企业内部数据和产业链数据端口，让数据自由流通，全面推进智能制造，实现生产智能化。在这个目标里，我们看见了在数字加码下，数字能源解决方案建设及输出的新可能。数字天能，正奋勇攀登在智慧台阶，带领行业进入新的纪元，与全球优秀企业一同竞争。

2020年，天能综合实力位居中国轻工业电池行业十强第1位、全球新能源企业500强第17位、中国民营企业500强第30位，始终保持行业龙头地位。

2020年，天能"七五"规划圆满收官，五年再造一个"新天能"的梦想全面实现。2021年，是天能的"八五"战略规划启动元年。在这份规划里，天能制定了坚持"以绿色智造为核心主体，制造和服务两翼齐飞、实体和金融双轮驱动，产业链适度多元"的新发展模式；更构建了要重点打赢开放融合主动战、核心主业阵地战、平台企业大会战、创新驱动立体战、数字运营攻坚战、团队建设持久战、文化引领升级战、稳健发展保卫战等八场战役的目标，计划在做强做精做优主业的基础上，打通产业链，重构价值链，加快发展新产业、新业态、新模式，全面打造新的经济增长点、增长极，为新一轮高质量可持续发展开好头、起好步。

第三节　让世界看见"能动力"

2019年，天能迈出了国际化建设的重要一步——与世界500强企业法国道达尔集团旗下帅福得（SAFT）签订合作协议，并成立了合资公司天能帅福得能源股份有限公司。

2021年1月，天能在上海证交所科创板挂牌上市募集资金额约48.7亿元，用于投入绿色智能制造技改项目、高能动力锂电池电芯及PACK项目、大容量高可靠性起动启停电池建设项目、国家级技术中心创新能力提升等有力促进天能的发展质量，提升发展动能的项目。

2021年3月，天能新能源锂电池项目开工，总投资100亿元，总用地822亩，全部建成后将形成年产15亿瓦时锂电池的生产能力。天能的锂电事业版图，又添一彩。

全世界都有天能造，是天能的梦想。在技术、产品双双取得新突破的成就下，天能慢慢地向大众揭开企业内蕴的能量与动力、独特的经营智慧及开放协同的全球合作诚意，让世界看到中国智造成长的美丽侧影。

一、聚能合力的"动力文化"

"天行健，君子以自强不息。"这是天能的精神内核。作为中国新能源动力电池行业的领军企业，天能在30多年的成长中，积累沉淀了一份独属于自身发展特色的企业文化财富。

在董事长张天任看来，战略转型的背后是文化转型，进去的是战略，出来的是文化。只有文化支撑，才能让企业做强做大做久。于是，天能成立了由集团党委书记、董事局主席张天任担任组长，公司各职能部门和各子公司一把手任成员的企业文化建设领导小组，领导小组下设办公室，形成了公司党政领导挂帅、企业文化部牵头、部门协作、齐抓共管的企业文化建设领导体制。

2017年，天能企业文化部根据集团提出的文化重塑的战略部署，以系统梳理总结提炼公司共同价值理念为核心，开展企业文化宪章的编撰工作——企业文化部门先后经过多次对高层与基层的访谈，认真听取大家的意见，广泛征集、系统梳理、专题研究和反复论证，最后形成《天能宪章》。2018年6月30日，天能集团邀请中国企业文化研究会、国家工信部、中国政法大学、中国社科院、华为公司等相关专家领导对《天能宪章》进行修订和论证。2018年7月27日，宪章正式发布。宪章重新梳理企业文化体系，将使命定义为"奉献绿色能源，缔造美好生活"，将愿景定义为"成为最受尊敬的世界一流新能源公司"，核心价值观定义为"责任 创新 奋斗 分享"，用以在天能集团内确立统一的价值观，以统一的理念来指导与规范天能的一切行为，确保天能事业的高质量可持续发展。在宪章内，也为干部拉了18条红线，为奋斗机制设立基础要求，并提炼出了独具有天能特色的"动力文化"。企业希望，"动力文化"如同火车的动力源和制动能力，驱动、护航着"天能号"动车，稳当、快速地驶向未来的每一站。这也是天能集团设计闭环式绿色发展的核心所在，立足之本。

为进一步贯彻宪章内核,天能在《天能报》《天能人》杂志、天能官网和内部协同网、天能公众号等宣传阵地上开辟专属企业文化专栏;编发《天能宪章》手册到班组,将理念践行故事汇编成《动力之源》宣传读本,广泛宣传学习。与此同时,以"请进来,走出去"的方式,通过专家讲座、办培训班、编发宣传资料等形式,加强天能企业文化建设人才培养——天能企业文化纳入了干部职工读书活动、新提拔干部的任前学习、新进大学生和员工的培训等,并且还每年组织3~4批企业文化建设骨干参加全国性的企业文化建设培训。

2020年7月,"天能文化大使"文化领导力共识营开班。择选的首批35名"天能文化大使",大多扎根天能多年,是传播天能文化、讲授文化课程、协助文化落地"传帮带"的骨干力量,他们身上闪烁着艰苦奋斗、创新开拓的天能精神。由他们言传身教为集团的新鲜血液传达企业理念、引领战略落地、凝聚发展合力,让天能文化能够生生不息,为企业可持续发展提供源源不断的内在动力。就这样,天能由表及里、潜移默化地将文化融入每一位天能人心里,以一致的价值观和理念,共建更美好的新天能。

二、做足"循环"大文章

习近平总书记提出了要"加快形成以国内大循环为主体、国内国际双循环相互促进的发展新格局"的大战略。在新冠肺炎疫情深刻冲击世界经济的背景下,此举既是顺势而为的战略举措,更是强国之路的必然选择。

作为中国新能源动力电池行业的龙头企业,天能坚决贯彻中央战略部署,举绿色生态旗,打智能制造牌,走循环发展路,把环境保护放在企业经营活动的优先位置,在产业内加强与同行业企业、与产业链供应链上下游企业之间交流合作、协同创新,挖掘更大合作潜力、创造更大发展机会,推动产业链条延伸、资源共享、优势互补,促进产业内循环,实现互利共赢、共同发展,为产业生命力、竞争力的核心力量重构指向了新的方向。

早在2009年,天能就从意大利引进了国际蓄电池资源回收再利用技术水平领先的全自动机械破碎设备和水力分选工艺技术设备,但是因为国内外废旧电池的差异,这套进口设备的运行效率并不如预期。当面临社会效益和经济效益的两难选择时,天能坚持"宁可不赚钱也不能牺牲环境、浪费资源"的原则,顶着亏损的压力毅然决定推广清洁生产,通过设备的调试和纯氧助燃、精炼保锑、专利合金配制、废烟气处理等技术革新,最终实现了废旧铅酸蓄电池的无害化处理,并在此过程中打造出了国内铅蓄电池行业的一条"生产—销售—回收—冶炼—再生产"的闭环式绿色产业链,大幅提高了资源利用率,为再生铅行业的转型升级、技术创新起到带动作用。

为了进一步推进产业价值的构建，在资源循环发展上的探索更进一步，天能尝试以"一圈一链"（循环经济生态圈、绿色智造产业链）来促进企业的高质量可持续发展。2011年起在河南濮阳建设了年处理10万吨的循环经济产业园；2016年12月，长兴循环经济产业园投入使用。这两大循环经济产业园，可年处理废旧电池达45万吨，节约标煤3255吨，废旧电池金属回收率可达99%，处理过的水达到国家二级城市用水标准，实现了经济效益、社会效益、环境效益的统一。

如今，产业园里废旧电池金属回收率达99%以上，塑料回收率达99%，残酸回收率达100%，这个项目也已成为全国最大的无害化回收处理废旧铅电池的标杆企业，被国家发改委认定为"全国资源综合利用企业""国家循环经济试点企业""国家产业振兴重点技术改造项目"，被工信部列为"国家两化融合促进节能减排重点推进项目"，被科技部列为"国家科技支撑计划项目"，经济效益、社会效益、生态效益日益明显。资源循环正逐步成为天能动力的核心业务内核，成为绿色能源战略的重大支撑。在此基础上，天能还加快天能循环经济产业园等新模式在全国范围内复制拓展，助力旗下天能动力的快速发展。

与此同时，天能还积极构建行业内领先的循环经济生态圈——通过在全国各地的40万个营销网点，将废旧电池分散回收、集中处置、无害化再生利用，形成了闭环式的循环利用生态圈。而且在新兴能源锂电池领域，天能也正逐步加强对报废新能源动力锂电池的再生循环利用，并积极为锂电池的再生循环利用的引导、扶持及发展积极发声，以促进产业的健康发展，以确保国家的战略资源安全，减少对外依存度。

构建并做好产业内循环，服务大循环。天能以自身的责任与担当，做足循环大文章，积极发挥着民营企业的力量。

三、中国智造，世界共享

全球运营是行业突围的新机遇。

通过"一带一路""借船出海""全球引智"、海外建厂布局，稳步推进市场国际化、科创全球化、生产服务国际化、资源利用国际化，完成从追一流到创一流的跨越，最终实现天能全球化宏伟战略。这是天能的雄心，也是中国企业在全球价值链中以更高姿态展现自我该有的自信与战略布局。

在这个战略布局里，天能采取了双线并行的策略。一方面积极融入"一带一路"，以与法国道达尔集团帅福得公司合作为契机，发力航空、储能等高端锂电领域。2019年11月，天能与世界500强法国道达尔集团旗下帅福得公司签订深化战略合作协议，成立合资公司天能帅福得能源股份有限公司。合作以来，双方充分发挥优势，致力于研发、制造和销售高性能锂离子电池、模块及高端电池组，向全球市场提供动力和储能领域的清洁能源系统解决方案。2020年3月，天能帅福得公司新增海外订单已超2500万元，实现了逆势增长；2020年8月，天能帅福得正式发布深入合作以来的首个成果——超级磷酸铁锂电池和超能锰铁锂电池，这是基于帅福得Gen3技术体系架构下的全新一代产品；2020年10月，天能帅福得亮相第四十一届中国浙江国际自行车新能源电动车展览会，"掌握安全核心科技"的品牌核心理念及以Gen3技术体系为主要支撑的锂电安全技术受到行业瞩目。2020年11月，天能帅福得高能锂电池项目奠基仪式在湖州南太湖产业集聚区长兴分区隆重举行——这是战略合作一周年以来所实施的又一个重大项目。

天能帅福得高能锂电池项目奠基仪式

在这条脉络里，天能也将紧紧围绕主业，进一步加大与国内外知名企业合作的力度，加快在全球的投资并购，加深布局特种车辆锂离子动力电池、智慧储能锂离子电池等市场；并紧跟汽车启停锂电、锂硫电池、固态电池等产品的技术趋势及市场动态，使锂离子电池业务成为公司的核心产业之一，充分提升公司锂电业务在国内、国外市场的竞争力与市场占有率。与此同时，建设全球研发中心，进一步实现技术和产品的双重发展。天能希望，以国际合作为出发点，进一步强化探索包括全球科技创新平台、柔性智能制造平台、大数据云驱动平台、聚智众筹创新平台在内的四大平台建设，真正形成全球协同的研发、供应链、云商、创客孵化平台，助力产业的全面扩大化布局。

天能的另一条线，是国际贸易线。充分发挥海外办事处、海外工厂作用，进一步巩固在越南、印度、非洲等国家和地区市场优势,是天能国际贸易战略的基础重点。据此,天能在过去的贸易活动中,积累并逐步形成了以一个国际化贸易平台为依托+四大重点产业("短途交通""汽车服务""智慧能源""资源循环")为基础的"4+1"国际化业务发展战略。并且,通过天能帅福得的战略合作,企业开始接洽如5G基站以及海外储能等领域的新客户,开发新产品渠道,努力成为全球领先的绿色能源解决方案商。

从设立海外办事处,到建立全球研发中心、建设海外工厂,再到投资并购,天能实现了从产品出口到技术输出、再到资本输出、全球运营。双线并行运作的天能,正深入布局全球,实现中国民族品牌的国际化进程,为世界带去更好的中国产品,与全球客户共享美好未来!

企业家专访

成为最受尊敬的世界一流新能源公司

——天能控股集团股份有限公司董事长张天任

《样本》：多年来，天能以奋力打造"最受尊敬的世界一流新能源公司"为目标。为实现这样的目标，天能做了哪些努力？您认为，天能未来还需要强化哪些建设？

张天任：中国拥有广袤的市场，潜力无穷，国家下定决心打赢"蓝天保卫战"，老百姓面临着消费升级，这既意味着新能源电池有着不断增长的"基本盘"，也是天能集团新一轮发展的重要"风口"。因此，天能一方面牢牢抓住"风口"，持续不断地强化科技投入，生产出更多更优质的绿色清洁能源产品，精准满足国内市场的有效需求。

天能坚持走绿色发展、生态友好的能源新文明发展道路，以专业的绿色能源解决方案，为社会提供更多高质量的绿色产品和综合服务，满足人类日益增长的美好生活需要和优美生态环境需要。以"最受尊敬"为目标，就意味着天能要坚持通过高尚的社会责任立德，以高度的使命感推动企业与环境、社会的和谐发展，创造可持续价值，成长为对社会卓有贡献的企业；要坚持通过卓越的产品和服务立业，以大国工匠的精神不断创新产品和服务，成长为行业内最有价值、最值得信赖的企业；要坚持通过优秀的企业文化立言，为员工提供一流的工作环境和发展平台，成长为员工心目中的最佳雇主。

"世界一流"是天能不断追求的目标，主要表现为质量高、价值优。未来，天能将持续不懈地以绿色智造为核心，聚焦质量效益，聚力变革创新，坚定不移地推进转型升级，毫不动摇地抓好精益制造，全力以赴大胆地走出去，围绕"平台化、智能化、全球化"战略目标，高质量可持续发展，奋力打造最受尊敬的世界一流新能源公司。

《样本》：数字化建设是天能股份近年得以快速发展的核心要素之一。请您谈谈，在数字化建设上的心得体会。

张天任：只有以大数据赋能产业和模式创新，构建更加智慧的运营管理体系，才能实现企业高质量的可持续发展。我们抢抓浙江省委、省政府实施数字经济"一号工程"契机，全力打通全产业链条、打造数字化智能工厂，加快推进产业数字化改造，取得了阶段性成效。数字化战略实施以来，天能营收增长了2.3倍，税收增长了4.1倍，管理成本下降了10%，生产运营效率和效益得到了大幅提升。

同时，我们也加快打造"一云两平台"。目前，平台上已经集聚连接产业链上下游数千家企业和数百万活跃的从业者，还建成了全国首个数字化电网侧储能电站系统，为缓解区域电网用电压力提供了天能智慧、天能方案。

《样本》：您认为，创新在天能集团包含了哪些要素？

张天任：在企业长期的创新发展实践中，我深切体会到，核心技术买不来、也讨不来，唯有自主创新、孜孜探索。我们始终坚信，唯有创新才是不竭动力，唯有绿色才能基业长青。

天能集团的传统产业是铅蓄电池，近年来我们一方面通过机器换人、智能制造等手段，改造提升传统产业；另一方面加快发展锂离子电池，微型电动汽车电池、再生铅业务，培育新动能，通过"传统产业高端化，新兴产业规模化"，动能转换，形成企业再次跨越腾飞的"双引擎"。此外，随着土地、人力、资金等成本的逐步提高，依靠科技创新驱动产业升级，从劳动密集型向创新驱动型转变，从微笑曲线的中间向两端延伸，成为企业高质量发展的广泛共识。天能要牢牢牵住科技创新这个"牛鼻子"，坚决打好打赢核心技术攻坚战，深入贯彻落实好浙江省数字经济"一号工程"和"全面推进数字化改革"；进一步加大创新投入、加强研发，以技术创新驱动制造业向绿色、智能、高端攀升，激发高质量发展新动力新活力；充分发挥龙头企业主体作用和平台优势，创新培育新模式、新业态、新产业。

绿色增长已经成为时代潮流，天能人牢牢树立"绿色增长"的发展理念，从绿色增长中发现商机。2016年开始，集团斥资将近50亿元建设了"绿色产业"三大项目，2020年9月，我们又投资近100亿元强化绿色能源建设。

《样本》：作为长三角的一员，天能集团如何规划融入长三角一体化发展中？

张天任：推动长三角一体化高质量发展，要从政策、技术、人才入手。将长三角地区现有的良好政策，在区域内叠加叠乘、示范推广应用，进一步放大集成效应；建设长三角大数据中心，共享资源，为长三角区域产业链协同创新提供重要数据支撑；创新人才招引政策、机制和模式，打造长三角人才市场一体化平台，实现人才立体化互通互融。

长三角一体化发展既是国家战略所向，也是企业发展机遇所在。当前，天能集团正积极抢抓机遇，发力国内、国际两个市场，一方面加大技术、资金、人才投入，把新能源电池产业链做大做强做优；另一方面战略布局海外市场，以优质供给满足国内、国际两大市场需求，高质量融入长三角一体化发展大格局。

《样本》：除了企业家身份，您还是新川村党支部书记，同时也是人大代表。您搭建了一个"村企联姻"的共赢平台,通过技术帮扶、资金支持、就业支撑等途径,引导村民参与到村级资源开发和配套服务企业的致富链条中。您也谈到"天能的工厂建设到哪里,扶贫的对子就结到哪里"。未来,天能在推动企业结对扶贫方面会有哪些"动作"?

张天任:春秋末年,思想家曾子在《大学》一书里说,"仁者以财发身,不仁者以身发财"。企业家最重要的是创造价值。我们不能为办企业而办企业,还要为老百姓创造增收条件,一个人好不算好,带动大家好,让整个社会都富裕起来,才是真的好。

首先,政府工作报告中倡导"优先支持贫困劳动力稳岗就业,帮助返乡贫困劳动力再就业"。因此,天能已经先后在河南、江苏、安徽、贵州等省份开建工厂,每到一地都会与当地的贫困村"结对子",开展"村企共建",通过就业扶贫和消费扶贫,提供了上万个就业岗位,累计解决数万群众的稳定就业和生活问题。未来,天能要建更多的工厂,帮助更多的乡村实现由"产业脱贫"到"产业兴旺"。

其次,我们在实践中总结,一定要加大村企共建力度,以巩固拓展"产业脱贫"成果。所以,天能一方面帮助结对乡村补齐基础设施和公共服务短板。特别要帮助他们加快水、电、路、气、信等设施的提档升级。另一方面,通过返利型合同、参股联结等利益分配方式,创新收益分享模式,将农户融入天能的产业链中,打造企业+村集体经济组织+农户等利益共同体,让农民更多分享产业增值收益和乡村振兴红利。

最后,要坚持"产业脱贫"和"精神脱贫"相结合,依靠天能的人才培育机制,加大对产品扶贫地区传统农民进行精准的职业技能和职业素养培训力度,消灭"精神贫困"和"能力贫困"的代际传递。既扶贫,又扶智,还扶志,真正实现由产业扶贫到乡村振兴的蝶变。

专家点评

用绿色换"双赢"

无论是基于对全球资源的巨大依赖以及提升未来制造的核心竞争力的考虑，还是顺应人民群众对高质量美好生活、对绿水金山的需求与盼望，推进绿色制造、绿色发展都走到了更为迫切的关口。绿色经济，既是大势所趋，也是国际综合实力竞争的核心。

2005年8月15日，习近平总书记到湖州安吉天荒坪镇余村考察时，首次提出"绿水青山就是金山银山"。一周后，习近平总书记在浙江日报《之江新语》发表评论指出，"生态环境优势转化为生态农业、生态工业、生态旅游等生态经济的优势，那么绿水青山也就变成了金山银山"。在生态环境保护与绿色发展这笔"发展账"上，中国和中国的企业家们始终坚定"循环不已"的理念，要算大账、算长远账、算整体账、算综合账，在探索成长过程中更是独立自强，仰望星空脚踏实地，徐徐图之绿色发展中国梦。

十余年来，湖州积极践行"绿水青山就是金山银山"的理论，护美绿水青山，做大金山银山，推动湖州大地发生了翻天覆地的变化，书写了生态文明建设精彩篇章。从2005年到2018年，湖州长兴的铅蓄电池企业从最初的175家到61家，再到最后的16家。一轮又一轮科学有效的整顿，让长兴从"全国重金属污染防控区"到"重金属污染防治示范区"，让产业实现了产值增长超13倍，促使环保和经济获得双赢。天能集团在董事长张天任"宁可发展慢一点，也必须改造升级"的决心与魄力下，在国家大势、发展趋势的节拍中实现创新驱动发展，将"绿色环保"置于优先发展的地位，把"绿色环保"发展理念融入天能发展的血脉，并以"绿色智造"为主攻方向，不断加大环保研发投入力度、改进生产工艺、升级技术装备，打造了一系列绿色智造车间、绿色智造工厂、绿色智造园区、绿色智造供应链，引领产业向绿色、高端、智能方向发展，实现了从传统的蓄电池产业转型到绿色生态企业的转型升级。同时通过科技创新，加快推动传统产业高端化、智能化转型，加速培育壮大战略新兴产业，并通过导入生态设计、发展循环经济生态圈、打造数字天能三方面，全面提升企业智能制造水平和电池的全生命周期管理，积极开展废旧电池回收和综合利用，实现了经济效益、社会效益、环境效益的多赢，走出了一条天能特色的高质量发展之路。

如今,天能集团成长为千亿级龙头企业,中国绿色"智造"的新典范,湖州绿色发展的企业典型,引领了整个行业发展。"做企业有长远眼光,就不会计较眼前得失,而会考虑得更全面、更长远。尽管我们在转型升级过程中遇到了很多难题,很痛苦,面临各种阻力,但我们相信这条路是对的,并坚定地走下去,动力就源于此。"

战略如此,工作体系贯彻亦如此。在天能,有一项已坚守且贯彻执行了十余年的"一二四"工作体系:"一条底线",环境保护是不可逾越的底线,对环保不合格的项目一票否决,坚决不允许上马;"两个保证",环保、技改、研发总投入保证不低于上一年度,保证不低于当年营收的3%;企业十余年探索总结并独创了"一核两驱四化"管理模式,即以全生命周期绿色质量管理为模式,以客户和技术为驱动,促进企业"产业生态化、创新系统化、生态智能化、管理信息化"发展,为企业、为行业探索开拓出一条制造业可持续发展之路,创新能力也不断增强,新产品的产值率达到64.8%。这样的决心和投入,让天能从2004年确立绿色增长观至2018年期间,公司营业收入增长了93倍。特别是2017年至2019年期间,公司营收年复合增长17%,利润年复合增长13%,人效增长超过40%,以稳健的增长势头,实现了高质量的发展,让自己快速成长为民营企业500强第30位。2021年1月18日,天能股份在上海证交所科创板挂牌上市,完成了"再造一个新天能"的"七五战略"目标。

绿色发展被首次写入国家五年规划的"十三五"期间,我国污染防治力度加大,资源利用效率显著提升,生态环境得以明显改善。数据显示,2016年至2019年,中国规模以上企业单位工业增加值能耗预计下降15.6%,相当于节能4.8亿吨标准煤,节约能源成本约4000亿元,完成"十三五"工业节能进度目标,实现了经济效益和环境效益双赢。

"人不负青山,青山定不负人"。"绿水青山就是金山银山"说明了人与自然和谐相处的深刻道理,绿色发展理念就是走可持续发展的道路。如今的天能,通过国际深度战略合作,带着"绿色"的产品走向世界,为全球消费者提供绿色智慧能源系统解决方案,为中国的绿色能源发展树立世界标杆。天能,人不负天,天使之能!我能,天道酬勤,天不负我!以智能制造新引擎,用绿色换"双赢",助力坚持走生态优先、绿色发展之路的中国,进入新的发展阶段。

林　环　上海长三角商业创新研究院创始理事、研究员

第四章
价值战略引领中国旅行
——同程艺龙控股有限公司

- **楔子：** 逆风者
- **企业概况：** 数字时代的旅行"梦工厂"
- **创新解读：**

    第一节　"旅行"新征程

    第二节　激活内生循环系统能量

    第三节　让旅行走向生活与生态

- **企业家专访：** 务实的理想主义者
- **专家点评：** 在正确的赛道上敏锐前行

楔 子

逆 风 者

无论是人类还是商业,都需要在流动中绽放活力。当流动的盛宴在2020年开年的新冠疫情下忽然停摆之后,一向火热的全球在线旅行业行情急转直下,哀鸿一片,即便是头部公司,亦"命悬一线"。

沧海横流,方显英雄本色。在一片暗淡惨绿之中,同程艺龙却亮出了火红色——2020年第一季度、第二季度和第三季度,同程艺龙分别实现7808万元、1.96亿元、3.73亿元的经调整净利润,即使是在受到疫情大冲击的情况下还能实现连续三个季度盈利。

逆风之下见真章。一枝独秀的背后,是同程艺龙近年来坚持不懈的差异化战略定位、对下沉市场的长期聚焦以及行之有效的成本策略、卓越的用户体验、灵活高效的组织文化、独特的创新打法和均衡发展的模式等"基本盘"在发挥作用。从2020年第一季度1.48亿的平均月活用户(MAU)到第二季度1.76亿的MAU,当别人还在疲于募集资金或徘徊挣扎时,同程艺龙快速反应、调整,出台各类措施,在很短的时间内就基本恢复了元气,并继续稳定推进价值创造和价值输出,赢得了用户最"实际"的选择。

逆风之下见机遇。2020年全年经调整净利润为9.54亿元,成为疫情以来全球唯一连续四季度盈利的上市在线旅游(OTA)酒店,进一步力证了同程艺龙价值战略的"硕果"。凭借巨大的流量池、有效的大数据沉淀、强劲的创新能力和聚焦客户需求的作战模式,同程艺龙继续深耕下沉市场,在智能化转型的道路上扎稳马步,提升体验,赋能产业,让世界见证旅行业的中国智慧和中国力量。

> 企业概况

数字时代的旅行"梦工厂"

作为中国在线旅行行业的革新先锋,同程艺龙的双总部分别位于江苏省苏州市和北京市。它在2018年3月,由同程网络与艺龙旅行网合并而成。2018年11月26日,同程艺龙成功在香港联交所主板挂牌上市,股票代码是0780.HK,为港股OTA第一股。

上市后,同程艺龙的发展更加快速——2019年平均月活跃用户超2亿、平均月付费用户2700万的傲人数据,让其成为名副其实的市场领先者,成为中国两大出行平台之一。

同程艺龙成功登陆港交所

一、错位竞争,长期布局

近年来,在一二线城市、国际市场主要采取跟随策略的同时,同程艺龙将更多的重心放在了"中国市场""下沉市场""年轻人市场"这几个关键词上,实施了一系列长期性的措施,争取以更低的成本、更优越的产品组合形式,满足用户出行及旅游需求,在与行业内其他企业布局国际化旅游、一二线城市、本地旅游住宿、团队游等形成明显错位竞争的同时，达到最佳价值战略的目标。

战略的结果呼应了企业的定位和布局的正确性。数据显示，2019年同程艺龙的年付费用户达到1.52亿，此外它还是行业中月活用户最多的公司。其用户群体具有庞大且多元的特征，超过一半的用户介于18岁到35岁，约86%的注册用户来自非一线城市（注：据同程艺龙2020年第三季度财报）。低线城市的用户对同程艺龙核心业务发展起到了巨大的支撑作用，并成为其疫情后能够快速恢复生机的重要原因之一。

从OTA（在线旅游平台）到ITA（智能出行管家）的转型也是同程艺龙成立之初即确定的长期战略。通过自有的移动应用程序、网站及微信在内的线上平台，同程艺龙全面发挥大数据及人工智能能力，在充分了解用户偏好和行为的前提下，不断向用户提供优异的精准的产品及服务。透过对用户体验及先进技术能力的深入了解，同程艺龙正不断改变消费者对在线旅行行业的期望，使得旅行过程更具个性化、更简单、更快乐。

随着深入挖掘各种出行场景的需求，优化产品及服务，实施有效的销售和营销策略，进一步扩大用户群，特别是非一线城市的用户，同时，也随着推出个性化推荐及定向的促销，以提高用户的购买频次和黏性，同程艺龙的营收逐年上升，经调整后的净利润也是逐年上升，2019年达到了15.4亿元。

"客户第一"的理念深入同程艺龙客服中心

二、凝心聚力，全面发展

"客户第一"的理念一直深植于同程艺龙的企业文化中。同程艺龙珍视每一位用户，为用户提供极致的出行体验一直是其最深切的追求与目标。在B端，同程艺龙深耕与供应商的关系，建立了长期且全面的战略合作关系，为公司的产品创新提供支持。

截至2019年年底，同程艺龙提供由400多家国内及国际航空公司运营的超过6800条国内航线及约140万条国际航线、超过200万家酒店及非标住宿选择、约34.6万条汽车线路、超过500条渡轮线路，以及约8000项国内旅游景点门票服务。

住宿预订业务及交通票务业务是同程艺龙的主要收入来源，其中，交通票务业务主要提供在线飞机票务、火车票务、汽车票务及船票服务。各项业务之间，通过大数据赋能和算法创新，形成了优质的交叉销售导流。在均衡发展的多条产品线中，有一个产品得到快速的发展，就可以拉动整体业务增长。

此外，身为在线旅行一站式平台，同程艺龙还提供包括景点门票预订、多种出行场景的产品和增值服务在内的几乎所有与旅行相关的创新产品和服务，如接驳车、机场接送机、机场VIP室、火车送餐、酒店餐饮、酒店周边用车、保险等，全方位多维度地满足用户在出行前、出行中及出行后的出行场景需求。

凭借与腾讯、携程等互惠的战略合作伙伴关系、与供应商经年累月的共生合作，加上自身有效的营销策略，同程艺龙以非常经济的成本触达广大而多元的用户群，尤其是低线城市的用户，在产品类型、服务方式、流量获取、产业链赋能等方面建立起一条护城河，并快速应对竞争的挑战和环境的变化，用单点突破式的创新开山辟路，内部各个部门协同发展，外部和用户、股东、合作伙伴共创共享，携手共建出行生态共同体。

创新解读

第一节 "旅行"新征程

伴随着大数据、云计算、人工智能、5G等智能交互技术的成熟以及城市化和消费需求的变化，以互联网平台为核心的在线经济也在不断演化，进入新的发展阶段，为各行各业的发展和人们的生活方式注入新的能量。

在这个历史性的进程中，在线旅行经济的新时代大幕也在徐徐拉开。顺应当下以及未来几年的时代大潮，精准把握时代脉搏的跳动韵律，很大程度上决定了在线旅行企业未来的命运。

一、下沉的蓝海

多种迹象表明，低线城市是蓝海市场，是在线旅行未来增长的动力引擎，拥有着无限的潜力。

未来几年，中国的城市化率将不断提升，基础设施将持续下沉。在政策推动和政府引导下，低线城市的发展不断加快，低线城市的经济增长速度或超越一线城市。同时，高铁、机场等交通设施也会进一步下沉到低线城市。目前，中国铁路营业总里程已接近15万公里（其中高铁已突破3.5万公里），覆盖约99%的20万人口及以上的城市。

从时间线上看，2010年到2015年国家基建主要建设的是"八横八纵"的高铁——主要连接的中大城市；但2016年以后，大部分新开的高铁路线都延伸落地到三线到六线城市。目前，很多县城都已开通高铁。根据国家《中长期铁路网规划》（2016—2030年），到2025年铁路网规模将达17.5万公里左右，到2030年基本实现内外互联互通、区际多路畅通、省会高铁连通、地市快速通达、县域基本覆盖。除了高铁，国内开始建设机场的低线城市也逐渐增多。通过铁路网络和"空中网络"的强化布局后，低线城市居民的出行将更加便捷。

此外，相比多数一线城市居民收入被房贷拖累的情况，低线城市居民收入受房贷、车贷等挤压影响较小，人均可支配收入相对较高，而且消费能力和消费意愿正迅速崛起，其中对旅行的需求持续攀升，对优质服务及优质用户体验的需求更是与日俱增。数据显示，相对于一二线城市，低线城市的出行及旅游行业的线上化率较低，但整体的消费规模在以较高的速度增长。低线城市的酒店预订在线化率约为20%，相当于一二线城市2010年前的水平。目前，一二线城市的在线化率已达到50%以上。30%的差距背后，折射的是低线城市的巨大机遇。对在线旅行企业而言，低线城市在线化率每提升一个百分点，都会释放出巨大的增量红利。只要深挖低线城市的用户需求，就能赢得一片广阔的市场。真可谓，得低线城市者得天下。

同程艺龙的多项数据也有力地佐证了低线城市的巨大潜力。财报显示，在前两季度的基础上，2020年第三季度同程艺龙的盈利能力进一步提升——实现营收19.15亿元，环比增长59.5%；经调整净利润为3.73亿元，环比增长89.9%。在下沉市场的战略布局，是同程艺龙2020年三个季度连续增长的重要因素。2020年第三季度，同程艺龙在微信平台上的新增付费用户中约67.2%来自三线及以下城市，较2019年同期的63.3%有所增加；在交易层面，其第三季度的酒店间夜量在低线城市同比增长近30%。

二、从OTA迈向ITA

随着新一轮信息技术革命的到来，人工智能、5G、物联网等新技术将为旅行行业带来颠覆性的影响。5G的大规模商用以及人工智能科技的应用将加速当前旅游和出行行业的变革。

源自一线用户的需求，也在推动行业的演变。无论是原用户，还是大量低线城市的新增用户，他们源源不断的个性化需求，需要更加快速响应的智能化推荐驱动满足。由此，直接推动了在线旅行行业向智能化时代迈进。

更重要的是，国家正在不断加大力度，陆续出台加快推进新型基础设施建设、促进线上经济发展等系列政策措施。当"新基建"成为未来经济社会发展的重要驱动力后，在线新经济的蜕变和爆发也成了不可阻挡的趋势，引导着文旅产业与数字经济进入深度融合的新阶段。早在2019年8月，国务院就印发了《关于进一步激发文化和旅游消费潜力的意见》，明确指出要推进"互联网+旅游"，强化智慧景区建设，优化旅游交通服务，提供智能化出行信息服务。

如果说2020年之前，从OTA转变为ITA，还只是传统OTA企业的一种尝试性选择，那么从2020年开始，向ITA演进则成了一个必选项。

新冠肺炎疫情让在线旅行行业加速洗牌，也让行业数字化、移动化、智能化的进度条向前拉动了一到两年。危中寻机，困中破局，整个行业变革的广度和深度获得前所未有的驱动力。

2020年11月，中华人民共和国文化和旅游部等十部门联合印发《关于深化"互联网+旅游" 推动旅游业高质量发展的意见》（以下简称《意见》）。《意见》强调，要坚持技术赋能，推动5G、大数据、云计算、物联网、人工智能、虚拟现实、增强现实、区块链等信息技术革命成果应用普及，深入推进旅游领域数字化、网络化、智能化转型升级；要坚持开放共享，将互联网作为旅游要素共享的重要平台，优化资源配置，加快形成以开放、共享为特征的旅游业发展新模式。

从前端看，ITA的核心是提升用户体验，即通过大数据深度了解用户的出行喜好，智能化地推荐产品和服务。从后端看，ITA的核心是赋能产业链，通过智能硬件和智能系统提升产业效率，借由"大数据+物联网"实现万物智慧互联，完善行业生态，共同为用户提供绝佳的出行体验。

5G与人工智能技术的大规模应用，将影响旅行服务的产出方式，例如，大量的酒店、景区等将会使用高度智能的机器人为游客提供服务，从而大大提高服务产出的效率和服务品质的稳定性，也有利于节约人工成本。VR及AR的大量应用，更将为景区及整个城市提供更加丰富的展示方式，催生全新的传播方式和旅行形态，孵化"网红"景点和城市级的旅行IP。对于在线旅行企业而言，低延时的高速网络将帮助企业在智能服务的实时性上实现大幅度的提升，并为企业创造更加丰富的产品和服务在线展示方式。

同程艺龙通过集成AI、大数据等智能化软硬件，为用户提供智能化住宿体验

5G与人工智能技术的大规模应用，也将影响人们的旅行消费方式，帮助人们在智能科技的支持下，降低时间及金钱上的机会成本，更快更好地做出决策。在出行过程中，人们将能够享受到多场景的实时服务并可实时分享，体验到无处不在的智能交通、智能住宿、智能购票等服务。

不难预见，在新基建逐步全面贯穿所有出行场景的时代，旅行行业将迎来根本性的改变，只有积极探索新技术与旅行的结合模式，对现有业务施以智能化的改造和升级，才可能开辟新的征程。

第二节 激活内生循环系统能量

古人有云，莫向外求。企业或一个细分行业获得持续性的生长力，必须向内求，靠自身发展凝聚核心能量，通过打造内生循环系统，建立与众不同、独特的战略运行环境。

从PC端到移动端超级App再到爆发式增长的小程序，同程艺龙都走在了行业的前沿。在移动互联网兴起之前，同程艺龙就意识到移动互联网的巨大颠覆能力，能够为用户提供更便捷更全面的产品与服务。

已在低线城市深耕多年的同程艺龙，持续不断地加大对低线市场的资源投入与创新探索，聚焦城市运营，持续创新产品与服务，不遗余力地赢得用户的信赖，逐步建立、夯实、巩固了市场领先的地位。同时，企业也在市场开拓中不断强化加深与上游服务供应商的合作关系，建立更加健康且可持续的旅行生态系统。

一、高效协同，轻装上阵

坚持用创新之法持续优化成本、提升效率，既是企业在多变的商业环境下活下去的重要基础，也是企业突破创新、勇立潮头的关键砝码。同程艺龙用自身的经历和战果证实了这一点。

新冠疫情暴发，各行各业大小企业都受到显著的影响，同程艺龙也不例外。2020年1月底到2月中旬，同程艺龙的业务量断崖式下降，几乎冰封。春节，本是中国在线旅行行业每年的业务旺季，但突如其来的疫情让巨量的订单变为巨量的退订，高峰时期同程艺龙和其他同业者每天需要处理的退订量几乎达到历史最高级别，客服部全体成员累计平均加班800小时/天。同时，疫情也对航空业造成了严重影响，2020年春节以来累计旅客运输量仅为1021万人次，比2019年同期下降了70%，平均客座率不到45%。

幸运的是，同程艺龙运营中采用"代理"的轻资产模式，不积压库存，所以当客户希望退订的时候，先用自己的资金为C端用户退款，再向供应商要求退款。这样，既没有影响用户体验，也不会危及企业的资金安全，可以充分实施灵活的运营策略。当海量退订来袭时，为了保障客户权益和客户体验，公司迅速启动上亿元应急危机保障金，在力所能及的范围内进行先行赔付。

所谓轻资产模式，就是不采取买断住宿间夜、存货的模式，采用分散式预订，酒店、住宿、火车票、门票等分开销售，因此没有太多负债和难以消耗的库存，同时也精准匹配了年轻客群的行为习惯——根据价格、时间等要素自行做出选择。

同程艺龙轻资产模式的"轻"，还体现在人员结构上。其员工以技术研发和产品人员为主，人均产值高，属于互联网和科技公司典型的轻资产结构。以2019年为例，同程艺龙这一年的成交总额（GMV）为1661亿元，而整个公司2019年年底约有5400名员工，人均产值约3000万元。放眼全球，3000万元的人效也是可以位居前列的。

在具体业务层面上，高度的自动化和高效的协同也体现了同程艺龙的"轻"。这是同程艺龙长期高研发投入的一个成果，也是其业务运营数字化的目标——与包括酒店、机票、火车票、汽车票等在内的B端供应链对接中，同程艺龙所有订单处理流程中95%的环节不需要人力触碰，订单的承接和取消、价格变化、库存变化等皆实现了自动化。

在C端，同程艺龙80%以上的消费者问询和投诉都能由机器人回答并解决。实现这么高的自动化率，和同程艺龙采用轻资产模式也有直接关系，轻资产模式下的产品都是一个酒店、一张票等，退改流程高度标准化，因此可以用人工智能来替代人工。

后台服务流程的高度自动化、智能化，也极大地提高了同程艺龙的整体运营效率。这也是从OTA到ITA的技术转型带来的效益——每增加1个技术人员，可以替代100个劳动密集型的人力。

在同程艺龙，酒店、机票、地面交通等事业群各自的产品和服务不断进行创新式开拓，同时相互之间的产品实现整合，将导流和交叉销售做到极致，持续创造新的增值消费机会。2020年以来，同程艺龙进一步提升交叉销售策略，将交通业务的高频流量更好地导流至住宿及广告等其他溢利较高的业务，鼓励交通产品用户尝试使用其他产品，提升用户价值，提高变现率。

二、大数据赋能大流量

在线经济或者说互联网商业领域，"流量即是王道"是一个普遍的认知。没有流量就没有用户，没有用户就像一座没有顾客的购物中心，即使装修得再好、品牌和产品再优质，也无济于事。深耕在线旅行市场的同程艺龙，其发展史也是典型的中国在线经济企业流量积累史。

在发展探索中，深知流量重要性的同程艺龙除了战略先导背靠"股东"均衡流量结构，也在实际运营坚持不懈，围绕两个"极致"——流量挖掘做到极致、向用户提供极致体验，并不断探索新的流量渠道，多样化流量平台，从各个可能的渠道，去触达中国的出行人群，不断获取新的用户，成就了自身在低线城市战略优势以及高效的获客渠道上的双重叠加优势。

早在2013年，同程就嗅到了移动互联网的流量机遇。当发现微信因自身的社交属性和使用属性，在低线城市拥有着庞大的用户基数和覆盖度并持续快速发展时，公司便加快了立足微信的下沉之路。2016年，在原合作基础上，同程取得了微信支付中"火车票机票"、艺龙取得"酒店"入口的独家运营权。2017年，同程与腾讯深度合作，在小程序还没有被市场完全验证的情况下，押注微信小程序，采取了"All In MiniProgram"的策略，携手腾讯共同打造微信小程序生态圈。随着微信流量的快速增长，这一合作让今天的同程艺龙更加高效且经济地触达庞大的用户，抓住了微信小程序用户爆发的红利。

作为一个国民级移动端应用，微信目前的月活跃用户数已超过12亿。同程艺龙的消费者端品牌——同程旅行的小程序在微信占据的这两个入口，成为腾讯生态建设的一部分，让同程艺龙借力实现了高用户渗透率和较低的用户获取成本——中国的手机用户只需要打开微信，就能使用同程旅行的一站式旅行预订服务。

同程艺龙获第三届阿拉丁神灯奖的"年度最佳小程序"大奖

2018年和2019年，同程旅行小程序连续两年荣登阿拉丁年度最佳小程序。2020年，小程序迎来爆发式增长。同程艺龙又一次站在了行业变革的前沿，借助在微信端积累的小程序运营经验与技术，携手其他流量平台，如抖音、快手、高德地图、百度地图等，参与这些平台小程序生态的打造，形成独特的竞争优势。

除了深耕微信生态，同程艺龙还通过加大低线城市数字化布局和线下流量获取，来推动低线城市的业务增长及可持续发展。

同程艺龙发现，国内住宿的供给侧其实是非常分散的，全国有50多万的住宿实体企业。交通方面，飞机票和火车票供给侧相对集中，汽车票则很分散。很多人可能会以为汽车票市场不是很大，但实际上汽车票市场的市场规模是火车票的三倍，在不同省份、城市、县城，存在大量的汽车运营公司，但是，其线上化率不足5%。线上化率的再次快速提升以及住宿的连锁化率提升，将是下沉市场的新趋势。

为了覆盖分散的酒店住宿市场以及汽车票市场，增加线下流量的导入，同程艺龙启动线下获客项目，推出工程生产管理系统（PMS）帮连锁酒店和中小酒店提供库存管理、收益管理等服务，在汽车站部署汽车售票智能终端。此举在赋能众多分散的中小酒店和部署汽车售票智能终端的同时，通过在线系统、智能设备等，把原本离线的酒店、汽车站等变成在线的、智能的实体，帮助同程艺龙在低线城市，通过线下票机和线下扫码，以相对较低的成本进一步开拓了用户市场。

引流只是第一步，让流量转为一个个实际的消费者和忠实用户，才是商业的价值与目的。

作为一家科技驱动型公司，同程艺龙投入大量资源组建经验丰富的技术专业人员团队，不断致力于开发及应用先进的信息技术。同程艺龙建立自有的高度可扩展的技术基础设施，支持各个业务的创新发展，适配快速增长的用户量和日益丰富的产品种类。通过云计算和存储，可在不降低准确度的同时，在毫秒之间向用户提供大量搜索结果。

在朝ITA转型的过程中，同程艺龙利用大数据和人工智能做出了不少创新型产品。例如，在前端推出了面向大众用户的"慧行"系统，在后端推出了处理交通、机票大数据分析的"如来"系统。在自主开发的"慧行"系统支持下，同程艺龙可以为用户在复杂出行需求中自动生成多种解决方案。当用户有从A地到B地的出行需求时，慧行系统可以根据综合研判，推荐相应的出行方案，如机+火联运、火+汽联运等，帮用户做最快捷、最实惠等出行方案的筛选，让出行更"简单"。

同程艺龙还基于用户出行场景的"痛点"推出了系列创新产品。例如，为了尽可能减少用户的机票退改损失，推出了"退改无忧"套餐产品；为了解决用户乘飞机出行的地面接驳交通问题，推出了接送机、机场引导、代客泊车等创新服务；为了实现住宿的便捷化，通过虚拟现实技术订房、刷脸入住、智能客房管家、一键离店等智能化服务，实现预订、入住、客房、离店等环节的全流程智慧覆盖。

三、保持"饥饿"，激活团队创新力

实干、冲在一线的精神和文化基因，深深地植入同程艺龙的企业文化中。坚持"让听得见炮声的人做决定"，秉持"有目的，敢想敢做，就有成功的机会"的理念，团队将互联网和旅行无缝对接，改变行业，改变世界，为客户、社会和国家创造价值。

在疫情中取得优秀的抗疫成果，在艰难的2020年能够逆风飞扬，与企业的战略储备和对战事的精准判断有关。但战略的正确不意味着战略的成功，要真正成功需要前行的方向和一定的资源，更需要团队能够面对突发状况具有高效灵敏的组织效率。

同程艺龙在内部资源调度、节奏调整方面的快速反应，离不开长远布局、技术转型等内功的支持，同时也和同程艺龙团队对市场的敏锐洞察、强烈的风险意识以及果断的决策力有关，多种因素结合在一起，形成了为人所津津乐道的猴子般高度灵敏的组织反应。

2020年1月23日，武汉封城当天，在大多数人对疫情的判断还不是特别明确时，身经百战的同程艺龙召开管理层会议，做出两个重要的决策：一是叫停了几乎所有的市场投放，二是向财务团队下了一个指示——要求做极限式的低成本运营计划和财务模型。

回头复盘，及时叫停市场投放，不仅显示了团队的果断，更是同程艺龙在大部分旅行同业持续亏损下，迅速调整，在第一季度仍然实现盈利的重要因素。

事实上，从一家企业的使命、愿景、价值观，就可以看出这家企业的文化和创始团队的特性。为加强公司文化与公司战略的融合，2020年5月同程艺龙对公司的使命、愿景、价值观进行了重塑和更新。有了明确的使命、愿景、价值观，组织的力量才能不断提升、持续进化，企业才能设定清晰的战略，让自己在行业内独树一帜。

使命是初心、是责任，是对于"有什么、要什么"的清醒回答，是企业成长发展的核心之本。同程艺龙将"让旅行更简单、更快乐"作为企业的使命，希望持续运用创新科技，提升用户体验，为用户提供简单便捷的出行服务。

愿景不是目标，而是关于未来五年、十年甚至二十年的设想和规划。以"成为最值得信赖的旅行平台"为愿景的同程艺龙，希望保持开放共赢的理念，深耕上下游产业链，推动旅行行业可持续发展。

价值观是企业文化的核心，也是企业和团队前进之路上行事做人的原则和方法。同程艺龙的价值观是：客户第一，创新进取，正直诚信，合作共赢。在此价值观的引领下，整

个组织和团队将随着公司的成长而成长，随着公司的蜕变而蜕变，坚持为用户创造价值，拥抱变化，勇于创新，坚守底线，简单正直，相信"独行快、众行远"。

疫情暴发后快速切换到低成本模式，恢复期迅速冲刺。疫情期间在人力有限的情况下快速推出视频客服等表现应对背后，是一个有爆发力和创新力的团队。

"心怀使命，激情飞扬，我们同程从这里起航。""激情勤奋，砥砺激扬，携手同程奔向新的远方。"如《一路同程》的歌词中所唱的，凝聚人心才能向死而生，激活使命担当才能征战沙场。

不断突破自己的舒适区，保持清醒，保持渴望，才能保持活力和创新，实现企业持续性发展。多年来，同程艺龙不断吸收热爱旅游行业、热爱互联网的人才，建立了相互信任的机制。有了信任和认同，才能目标一致，所向披靡。

为了给员工打造多元平等、内容丰富的学习环境，同程艺龙

同程艺龙一站式办公平台服务窗口

建立了完善的培训体系，整合内外部资源，鼓励员工自主参与各类培训活动，协助员工与公司共同成长。目前，同程艺龙已形成新人培养、管理学院、专业学院、通识公共和学习活动五大课程体系。截至2019年年底，公司超过87.90%的员工接受了培训，员工年人均学习时长达6.16小时。

为高效利用人力资源，建设专业化员工梯队，同程艺龙成立了职业发展委员会，负责员工职业发展管理方针、策略的制定和重大事项的决策，并制定了《专业序列职业发展管理办法》，明确各条线12个岗位职级的划分及具体能力项说明，公示各条线职级的晋升条件、流程、反馈结果，为员工建立公正透明的晋升渠道。

为更好地激发员工的创新创造能力，打造创新、敏捷型团队，同程艺龙专门推出了创新项目激励管理规范，用明确的机制引导并激励员工在各业务领域进行跨部门、跨事业群（部）、跨条线的专项协同创新。该规范对创新项目给出了清晰的定义，即在技术、产品、营销、服务和公共部分等方面，创新实施众多的能够为公司创造较高经济效益或对公司业务长远发展的项目。对于优秀的创新项目，公司会通过现金、非现金、晋级等方式予以激励。

长期持续鼓励、收集员工创意，并强化创意的商业转化，是同程艺龙激活内部创新核力的一大传承。每年，公司都会面向全体员工定期召开创新大赛。仅2019年就有近200个项目参赛。通过比赛脱颖而出的项目，可以融入公司或部门业务的发展中。员工不仅能获得比赛的奖金，如果项目成果应用到了业务中，员工还能直接获得业务提成。这种形式激活了公司内部的创业创新氛围，为"线上+线下+体验"的新旅行新科技的发展、变革，集聚起了新生力量，同时也实现了公司与员工的双赢。

在创新激励的氛围和机制下，同程艺龙内部诞生了智能航空收益系统、跨硬件架构模拟器、酒店分销智能调价系统、一码游、陆空交叉特价资源精准投放等具备专项创新功能的项目。

第三节　让旅行走向生活与生态

后退，有时是为了再次出发，跳得更高，跑得更远。训练有素的领先者总能在危险来临时，快速反应，并以更积极的姿态投入"生存"挑战。于同程艺龙而言，平静的海面下，闪烁着新赛道的信号。

两个月40多个低线城市的考察与测试，疫情下骤然而来的一二线市场全新洗牌的新形势，给同程艺龙带来新挑战的同时，也带来了全新的思考。面向未来，同程艺龙将进一步打通线上与线下，发挥自身流量和资源整合的优势，在智慧出行、生态打造等方面做出更多积极探索。

一、锚定新战略

变局之下，有人慌不择路，有人却成竹在胸，同程艺龙在实践中对自我和环境的认知却更清晰了。

2020年4月，同程艺龙宣布升级"同程旅行"品牌，同程旅游App及同程艺龙小程序更名为同程旅行，并发布全新的LOGO和品牌口号"再出发，就同程"，从而更好地聚焦服务年轻用户。从"游"到"行"，虽只有一字之差，但彰显了一种全新的思路和方式。

通过刻画用户画像、分析用户行为，同程艺龙发现以35岁为分隔线，上下两个年龄层次的喜好、品味大相径庭。从年龄结构看，目前同程艺龙的年轻用户更多，数据显示，

35岁以上用户占40%左右，剩下的则是35岁以下的用户。此外，在下沉到三线到六线城市的过程中，同程艺龙又发现低线城市的旅行需求大部分来源于年轻一族。

行业报告也证实了年轻用户市场的潜力。根据移动互联网大数据监测平台Trustdata发布的一份报告，2019年至2020年，三线及以下城市在线酒店预订的用户年轻化趋势愈加明显，30岁及以下用户在整体用户中的占比已超过五成。

因此，同程艺龙进一步聚焦年轻用户，实际是基于大数据做出理性战略选择。年轻就是未来，未来可期。

同程的品牌战略正在得到强化。亮眼的撞色，融合大鱼、飞鸟和飞艇的形象，同程旅行的LOGO包含了智慧、年轻、科技、梦想等多种元素，寓意既可以像飞鸟一样遨游于天空，也可以像大鱼一样畅游于海洋，亦能像飞艇一样，运载所有梦想。自2020年4月发布后，无论是在公司内部，还是外部品牌投放上，同程旅行的全新品牌形象都赢得了广泛的认可。

加强品牌渗透是同程艺龙新战略的重要一环，其下沉市场战略、酒店高增长战略、产业链赋能战略和目的地战略也在不断优化和加码，用更"年轻"的方式服务更多的低线城市用户，挖掘出针对目标用户的特殊需求，提供个性化、差异化的产品和服务，赢得市场，锁定市场。

2020年以来，同程艺龙继续深耕国内市场，陆续与各地政府或本地公司达成合作，持续将线上流量与本地用户有效整合，凭借更好的产品和服务以及丰富的用户体验打造全新的消费闭环，共同探索"互联网+产业"的发展新模式。例如，与淮安市达成多项战略合作，以"互联网+产业"形式共同打造"农文旅"产业示范区，通过智慧旅游新基建建设、多元化旅游产品体系打造、构建"高铁+旅游"市场营销格局等多种手段来推动淮安文旅产业升级；与专注于"文化+地产"精品项目开发的三湘印象达成战略合作，共同聚焦旅游目的地的打造，创造更多精品文旅IP。此外，同程艺龙还积极与宁夏回族自治区、内蒙古自治区、湖南省、江西省、湖北省深度对接，互相匡助、共渡难关，为各地文旅发展做出自己的贡献。

同程艺龙发布全新服务品牌同程旅行及LOGO

同程艺龙旗下同程文旅联合五洲文旅启动百城全域通项目

二、赋能产业链

在行业的垂直生态系统中，旅游服务供应商有着举足轻重的地位，通过大数据和技术赋能供应商，打造更加高效、可持续的旅游生态系统是同程艺龙从 OTA 转型 ITA 的重要组成部分。通过智能科技帮助整个产业链实现数字化，这不仅让旅行行业的商家得到了实惠和效率提升，也帮助同程艺龙自身收获了新的可观收益。

作为小程序的先锋，同程艺龙积累了丰富的小程序技术与运营能力，不仅为航空公司还为机场代开发小程序，助其效率提升。2019 年成功开发了适用于小型航空公司的收益管理系统，打破了该系统一直被国外公司垄断的局面，且成本远小于国外公司。

相对于航空和地面交通，住宿提供的佣金收益和数字化改造的空间更大。因此，各大在线旅行平台近年来都在积极押注住宿业，或自营，或合作，不断切入住宿的产业链。

住宿业务也是同程艺龙的重要"利基"业务，是公司能够持续盈利的关键，因此保持住宿业务的高增长对于同程艺龙未来的发展具有重要战略意义。为了更好地赋能住宿产业链，推动住宿业数字化转型，同程艺龙还将赋能产业链和供应链的使命延伸到更广阔的天地。2020 年年中，同程艺龙投资的住宿业一站式供应链平台——"同驿商城"正式上线，以全新的供应链思维赋能住宿业，并启动数字化平台系统，为全球住宿业态提供"智能化、数字化、平台化"的采购和供应链服务的能力。同驿商城严格甄选上千家优质品牌供应商和服务商，减少采购中间环节，保障产品和服务质量，实现从工厂到门店的集采直供，从根本上降低酒店商家的采购成本。

同驿商城只是同程艺龙赋能产业链的一个点位，最终，同程艺龙带动合作伙伴共同成长，建立更有效率、更好体验的旅行生态系统，实现生态内的互利共赢。

三、打通服务链

市场永远在变，用户需求永远在变，旅行消费的需求日益多元化。在活跃用户和高付费用户的基础上，同程艺龙正在不断尝试基于流量横向打通吃、住、行、游、购、娱，在旅途与目的地的碰撞中孕育机遇，开拓创新，力求在争夺流量、寻找增量的同时，将"流量"变为"留量"，为存量提供更多增值服务，让用户在生态里停留更多的时间。

在满足用户需求的征途上，同程艺龙的步伐从未停止。2020年10月，同程艺龙宣布进行一轮业务架构调整，文旅事业部旗下的景点门票业务与住宿事业部整合成为酒旅事业群，文旅事业部则变身为目的地事业部，在加强"酒+景"业务协同的同时，凸显拓展目的地服务的战略走向。

2020年下半年以来，同程艺龙旗下"全域通"项目开启规模化发展，大幅提速在三四

同程艺龙投放服务品牌"同程旅行"的机舱内广告

线城市乃至县城的布局。同程"全域通"旨在解决用户出行中各环节可能碰到的痛点，通过搭建目的地"全域旅游+智慧出行"平台，深入挖掘区域人文历史文化，整合目的地经典的景区、酒店、车站、乡村、美食、公共交通、人文等要素，为用户提供一站式优质出行乃至整个旅行生活的服务。

旅行行业外，同程艺龙也在与相同目标客群的其他行业企业互通有无，联手服务用户。例如，2020年11月，同程艺龙与快手达成战略合作，拟在供应链、用户流量、达人创作、内容营销、数据共建等方面展开深入合作，共同探索短视频直播场景下的旅行服务。

未来，同程艺龙输出的，不再局限于涉及交通、住宿和景区等的传统服务，而是借由打造行业生态，借助科技创新不断挖掘用户需求，为用户提供更多出行相关的产品和服务，改善用户的出行生活和目的地消费的全链体验。

企业家专访

务实的理想主义者

—— 同程集团联合创始人、同程艺龙CEO马和平

《样本》：由于众所周知的原因，2020年上半年全球在线旅行行业陷入了巨大的困境，而同程艺龙却实现盈利。在您看来，同程艺龙能够盈利，或者说近年来一路披荆斩棘，依靠的是什么？

马和平：作为一家上市公司，同程艺龙整体的模式比较"轻"，外部剧烈的环境变化给我们带来了一定的影响，但在快速反应及调整下，采取了极限式低成本方案，让我们撑过了最严峻的阶段。而且我们一直押注在国内市场和下沉市场，收入结构中，95%来自国内，5%来自境外。虽然2020年2月我们的收入几乎为零，但1月是盈利的，3月国内疫情有所缓解时，我们又迅速抓住了低线城市反弹的机会。从疫情期间蓄力，到恢复期冲刺的状态切换较为迅速。

新冠疫情让所有旅游企业承受了巨额损失，对我们来说，当然有压力，但更多的是一份责任。我们希望能优先做好服务，宁愿自己承担损失的风险，也要第一时间推出免费退改政策。

而且，疫情让我们的扩展节奏不得不暂停。我们有了更多的时间对企业内部结构，例如成本结构、人才结构等进行审视，让我们有契机也更有动力进一步优化成本结构、盘点人才结构，提升组织效率，让组织变得更强壮，让公司变得更"轻"。在需要起跑的时候，能够跑得比别人更快。

同程艺龙人始终认为，无论是顺境还是逆境，企业需要做的是从中发现机遇，精准判断，勇敢出击，抓住机遇。我们坚信，每一次退改保障的升级，是对用户的负责；每一次积极转型的探索，是对员工的负责。

我们将自己视为终身创业者。我们不惧风雨，同生共死，立志在在线旅行的跑道上，加速，起飞，追求一片更大的天空，满足更多人对美好生活的向往。

《样本》：在2020年这个特殊的一年里，最能触动您或者说让您最受启发的是什么？

马和平：我们团队一直以来，很能打仗，也很能打胜仗。战略再正确，没有我们这支

优秀的团队，没有灵活的战术，也是无法获得胜利的。

面对百年未有之大变局，最考验企业的还是组织的敏捷性和迭代能力。很多时候，中小企业强不强，能不能在市场瞬息万变的情况下扛过去，关键还是看组织能力是否足够强。要打造卓越的组织能力，企业文化和使命感非常重要。疫情期间，我们疫情的专题一个晚上就做出来了，有关的查询服务一个晚上也做出来了，是连夜做的，靠的不是命令，而是团队的自觉性。文化和使命能够让团队珍惜公司这个平台，共同协作，只为把事情做得更好、更出色。

《样本》：如何看待新冠疫情对未来几年行业的影响以及由此催生的机会？

马和平：有预测称，2022—2024年全球在线旅行行业才能恢复到2019年水平。如果将目光暂时放在国内，那么情况可能会更乐观一些。疫情引发线上化率暴涨，行业转型的动力更强了，所以我们认为总体是机会大于挑战的。

当别人相对悲观的情况下，我们比其他同行更勇敢，更懂得进攻。从2020年7月开始，我们就加大了品牌广告的投放力度，效果也非常显著。

未来，我们一方面要继续做好消费互联网，深耕下沉市场，为用户提供更好的体验；另一方面要进一步赋能产业互联网，对旅行产业的后端进行改造，降低产业成本，提高产业效率。

《样本》：大数据正成为越来越多行业转型的重要驱动力，对于数据化智能化与企业发展之间的关系，您有什么看法？

马和平：创新一直是同程艺龙的企业文化核心及发展驱动力。产品创新、模式创新以及新技术应用是同程艺龙创新发展的核心途径。人工智能技术的应用依赖于大数据的积累，没有数据的喂养和训练，很难实现真正的智能化。

换一个角度说，与过去相比，现在大数据应用更趋于事前和事中了，可以做预判了。以前算力跟不上的时候，只能做事后分析。当算力和算法不成问题的时候，数据的数量和质量成为数据应用和智能应用的关键。幸运的是，在保障用户大数据安全的同时，因为庞大的用户基础和位居行业前列的用户活跃度，同程艺龙在数据积累方面保持着独特的优势。

《样本》：在流量经济向单客经济转变的时候，同程艺龙会采取怎样对应的转变，以及创造怎样的发展空间？

马和平：无论是传统互联网，还是移动互联网，用户在平台之间的迁移成本其实都很低，没有形成强关联。为什么有人愿意在Costco交纳299元的年费买东西，每年还主动去续费？核心原因是Costco为会员提供了更多的价值。因此，不管现在还是未来，我们会不断地完善会员体系,将会员权益做到极致,提升用户留存率,提升会员的到访频次、消费频次,提高会员消费的平均单价。

其实现在大家都在做会员权益,但比较同质化。同程艺龙想要持续保持强劲的动能,必须有新的思考。我们正围绕整个产业建设完整的生态,让企业在不断地整合协同及创新探索里,在行业的突出环节有着自己的突出优势,真正发挥产业链的价值。例如会员权益系统建设,可运营挖掘的空间很大。我认为,它将是带领同程艺龙走向新的发展阶段的重要驱动力之一。

专家点评

在正确的赛道上敏锐前行

同程艺龙最令我印象深刻的是,他们能够始终坚守自己认定的道路和愿景,相信通过持续的奋斗和不断的突破,成为赛道上的佼佼者。

他们认定了互联网的价值和行业的前景,坚信基于互联网+、大数据、人工智能等带来的技术升级,不断迭代产品和服务,一定能够赢得广大用户的青睐,改变整个在线旅行市场的格局。事实证明,他们走在了正确的赛道上。

"心怀使命,激情飞扬。"相信和坚持,本身就是最大的战略。一群人因为同一种使命聚集在一起,并且认准一个方向,冲破一个又一个关口,从而登上更高的平台,用户的增长空间和服务的想象空间也愈来愈辽阔。

成功道路尽管曲折,只要目的地有光,就应勇猛精进。遑论同程艺龙对于路径的判断和选择,自有一套心法和做法。没有正确的走法,只有抵达的笃定目标。同程艺龙对趋势和差异化机会的洞察,及时且精准,从而能够预见潮水的走向。深刻的洞察和敏锐的响应,也正是同程艺龙2020年前几个季度成为行业内全球唯一盈利企业的核心缘由。

无论是移动互联网的兴起,还是微信小程序的爆发式增长,同程艺龙都没有错过,并且借着这两个风口趁势而上。如今,他们又看见了下沉市场的增长机遇,无论是高铁通车率、城市化率的提升,还是下沉市场隐藏的消费需求,都预示着这是一个巨大的蓝海市场——同程艺龙坚定地挖掘下沉市场的差异化增长空间,在未曾被别人发现或不被别人重视的地方创造机会。比如,对于酒店运营、汽车站票务等的赋能,不仅通过创造新的应用场景增加了客户黏性,也由此增加了新的流量获取渠道,构筑起了自己独特的市场竞争力。

财报显示,2020年全年同程艺龙约80.9%的平均月活跃用户源自微信小程序;据微信公布的数据,2020年微信小程序日活跃用户数量达4亿,小程序全年交易额同比增长超过100%。单单这两项数据的交叉印证,就能充分证明同程艺龙在趋势洞察上的正确性。

如果说洞察是一种能力和优势,那么将洞察落实为具体的行动,则是获得成功的最终法门。同程艺龙的技术实力和团队的灵活应变,让这家拥有数千名员工的企业,成为一个敏锐的行动者。

当别人勇敢时谨慎，当别人谨慎时勇敢。果敢的团队作战力和高效的组织文化，也是同程艺龙能够在行业里胜出的一把利剑，更是成就他在行业普遍沮丧之时一枝独秀的重要原因。疫情初期迅速停下所有市场投放，疫情期间创新推出视频客服，疫情有所恢复别人收缩战线时启动品牌升级……这些举措背后折射的是企业高效精准的决策力和高效彻底的执行力。

数字化变革已进入深水区，美好生活的需求也在逐步释放，新的机遇正在不断孕育和诞生。我们有理由相信，在长期主义的引领下，同程艺龙有机会在其赛道上跑到第一名。

王向阳　北京大学博雅教育研究院院长

第五章
人机协同的智能生态先锋
——云从科技集团股份有限公司

- **楔子：** 大风起兮云飞扬
- **企业概况：** 机"智"过人，"云端"漫步
- **创新解读：**

    第一节　人机协同新时代

    第二节　构建智能经济的AI闭环

    第三节　AI共生，人机协同

- **企业家专访：** 以梦为马，"定义"智慧生活
- **专家点评：** 奋力打造智能化生产力的模范生

楔子

大风起兮云飞扬

振翅飞跃世界最高峰珠穆朗玛,只有一种生物能做到——蓑羽鹤,借助喜马拉雅峡谷的上升气流,顽强地完成雄壮的生命迁徙。站在人工智能的时代风口,仰望理想之巅的流云。

云从科技创始人周曦到美国留学时,研究重心从语音识别转到了图像——师从计算机视觉之父黄煦涛(Tomas S. Huang)教授、先后在日本电气股份有限公司(NEC)美国加州研究院和中国科学院从事研究工作,他所在的团队曾连续九次获得世界智能识别类型的冠军:PASCAL VOC、IMAGENET、FERA……奖项拿到手软。

一次偶然的机会,周曦在游泳池发现有人尝试用摄像头监测溺水人群,并发出预警。那一瞬间令他震动:人工智能技术不是冰冷的算法,是有生命温度、可以帮助到人类和社会的"伙伴"。于是在26岁那年,周曦决心做一名科学工匠,把技术理论转化为能够造福社会的产品。

回国之后,这一萌芽的种子在沃土之上扎根、成长。"机器永远都无法取代人……我们要相信人的力量,将人工智能与人结合。人能够在很复杂的环境,很小样本的情况下,做出创造性的决定。"周曦坚定地认为。"天马踢踏/和所有以梦为马的诗人一样/我选择永恒的事业/我的事业/就是要成为太阳的一生。"2020年11月,云从科技公开了全球首个基于人机协同体系打造的AI操作系统——云从人机协同操作系统(CWOS)。云从计划,通过人机协同操作系统推动AI工程学,提升AI应用大规模普及的能力。

在人工智能产业,中国与大多数国家处在同一起跑线上,而人机交互、协同,站在数据优势和政策支持的基石之上则大有可为。

风已至,云从之。

企业概况

机"智"过人,"云端"漫步

云从科技集团股份有限公司(以下简称"云从科技")成立于2015年3月27日,是一家提供高效人机协同操作系统和行业解决方案的人工智能企业。目前,企业在广州和上海分别设立总部与运营总部,以实现珠三角与长三角地区的优势资源联通与互动。与此同时,在长三角地区的上海,构建人工智能与金融科技融合方面独具人才、技术与区位优势,筑就良好的产业生态。

坐落于上海浦东张江人工智能岛上的云从科技全球运营总部大楼

云从科技致力于助推人工智能产业化进程和各行业智慧化转型升级——一方面,凭借着自主研发的人工智能核心技术打造了人机协同操作系统,通过对业务数据、硬件设备和软件应用的全面连接,把握人工智能生态的核心入口,为客户提供信息化、数字化和智能化的人工智能服务;另一方面,基于人机协同操作系统,企业赋能智慧金融、智慧治理、智慧出行、智慧商业等应用场景，为更广泛的客户群体提供以人工智能技术为核心的行业解决方案。

一、十年一剑，累积机器智慧

云从科技汇聚了众多优秀人才组成人工智能研发团队，拥有自主可控且不断创新的人工智能核心技术，实现了从智能感知到认知、决策的核心技术闭环。

截至2020年6月末，员工总数为1746人，其中研发人员为873人，占员工总数的50%。公司自主研发的跨镜追踪（Re-ID）、3D结构光人脸识别、双层异构深度神经网络和对抗性神经网络技术等人工智能技术均处于业界领先水平。其中：跨镜追踪技术获得了首届全国人工智能大赛冠军；3D人脸重建、OCR、语音、机器阅读理解等技术在世界权威数据集刷新纪录；深度学习、视觉识别等领域论文在国际人工智能领域顶级学术会议与期刊上发表。

2020年11月，云从科技人机操作系统CWOS在世界互联网大会上正式发布

公司及核心技术团队曾先后九次获得国内外智能感知领域桂冠，并于2018年获得了"吴文俊人工智能科技进步奖一等奖"。公司受邀参与了人工智能国家标准、公安部行业标准等26项国家和行业标准制定工作，并同时承担国家发改委"人工智能基础资源公共服务平台"和"高准确度人脸识别系统产业化及应用项目"、工信部"基于自研SoC芯片的高准确度人脸识别产业化应用"等国家级重大项目建设任务。截至2020年12月1日，云从科技及子公司拥有专利142项，其中发明专利44项、实用新型40项和外观设计专利58

项。成立至今，云从科技从一级市场共获得了超300亿元的融资金额。在资本的加持下，云从科技将大笔资金投向技术研发。据招股书显示，2017年、2018年、2019年和2020年上半年，云从科技研发费用占各期营收的比例分别为92%、31%、56%和112%。高研发投入也带来了相应商业化成果。2017年至2019年三年营收平均增长率达358.47%，确认收入的项目数量由2017年的273个增加至2019年的2114个，处于高速增长状态。

2020年1月，云从科技跨镜追踪技术获得首届全国人工智能大赛一等奖

二、高效赋能，打造AI生态闭环

云从科技以计算机视觉、语音识别为代表的人工智能单点技术为突破，通过不断研发并优化人机协同操作系统和适配性强的AIoT设备，推动人工智能在特定场景的初步应用，并逐步形成人工智能综合解决方案，以实现对更广泛业务链条的AI赋能。

每次科技进步都是一次效率的提升，都是对人的延展。为此，云从科技通过横跨多个行业的智能应用到智慧城市的充分实践，致力于将人机协同"延展大脑"的理念付诸实践，将智慧渗透与助力各行各业，普及给每个人。此外，还以人工智能为纽带连接生态伙伴，创新推动人工智能产业化，激发智慧潜能，构筑凝聚之力，打造人工智能新生态。如今，通过多年技术积累和业务深耕，云从科技在智慧金融、智慧治理、智慧出行、智慧商业四大领域已逐步实现成熟落地应用，为全球数亿人次带来智慧、便捷和人性化的AI

体验。

未来，云从科技将坚持以"定义智慧生活，提升人类潜能"为使命，以"成为全球智能生态领军企业"为愿景，抓住国家深化实施促进新一代人工智能产业发展的良好机遇，深耕人机协同操作系统建设，深化人工智能解决方案行业布局，推进人机协同生态体系建设，努力推动公司核心技术与实体经济深度融合，推动人工智能产业化进程和各行业智慧化转型升级，助力"数据驱动、人机协同、跨界融合、共创分享"的智能经济形态建设。

> 创新解读

第一节　人机协同新时代

1997年，国际象棋冠军卡斯帕罗夫输给了"深蓝"——一台电脑。于是有人恐惧于"机器至上"的终局。八年后的2005年，两名业余选手配合三台笔记本电脑，在自由式国际象棋锦标赛上战胜了超级电脑与国际象棋大师。于是，有人惊喜于"机器至上"的成就。

其实就本质而言，人工智能就是智能化的一个灵魂，它重构人的大脑、对人的思维信息过程进行模拟；但主角与指挥官，还是人类。将人与人工智能的长处相结合，通过借力智慧机器，让人的能力得到百倍、千倍的提升，既达到科技与生产力的最大繁荣与自由，也给了人类完成更多梦想的可能性。

一、逐梦机器"智慧"

伟大的公司都在尝试无限延伸人的能力。

过去数百年，无数公司利用机器将人类从重体力劳动中不断解放出来——让机器成为人类大脑的延伸、拥有智慧，在提升效率的同时大幅度地解放人类的简单重复劳动，更是人类的美好梦想。

当今世界正经历百年未有之大变局，随着新一轮科技革命和产业变革深入发展，人工智能被赋予更光荣的使命——各国都意识到人工智能的巨大影响，纷纷出台政策，推动人工智能技术的发展和创新。正如俄罗斯总统普京所言："无论对于俄罗斯还是全人类而言，人工智能都是未来。人工智能蕴含着巨量的机遇，同时也隐藏着难以预料的威胁。谁能够在人工智能领域成为领导者，谁就能够成为世界的规则制定者。"自2015年以来，中国人工智能领域技术发展和应用逐渐上升到国家战略高度，人工智能等相关政策逐步深化、层层推进，为人工智能的发展提供了充分的政策与配套资源的支持。在我国的"十四五"规划中，"把科技自立自强作为国家发展的战略支撑"，规划列举的几大前沿科技中，人工智能被排在首位。初现繁荣的人工智能上下游生态，以及资本市场（科创板），进一步助推了人工智能产业在中国的发展。

而且，人工智能产业的崛起适逢中国人口红利削减之际，"智慧机器"的补位，助力经济产业深度挖潜，自身也迎来快速发展机遇期。伴随着技术和产业链的成熟，吸引了越来越多人工智能初创企业和传统厂商转型进入市场，并研发相关技术和产品。据中国信通院发布的《人工智能发展深度观察》报告预计，2022年国内人工智能核心产业规模有望达到1573亿元，复合增速58%，产业有望持续快速增长。国际数据公司（IDC）的一份报告也预测，到2024年，中国在物联网技术开发方面的支出将跃居世界首位，其份额将占全球开支的26.7%。

二、迎接人机"贯通"的新世界

2019年3月19日，中央全面深化改革委员会第七次会议上指出："构建数据驱动、人机协同、跨界融合、共创分析的智能经济形态。"同年，美国国家技术科学委员会发布的《国家人工智能研究和发展战略计划》中明确提出"开发有效的人工智能协作方法"的战略，反映出人机协同的理念在人工智能研究和发展的战略地位进一步提升。

显然，人和机器协同正作为人工智能的一个重要发展方向受到了广泛的重视。

2019年，高德纳咨询公司发布《2019年机器人流程自动化魔力象限研究报告》，这是全球机器人流程自动化（RPA）行业二十余年来的第一份行业魔力象限报告。同时，也意味着RPA行业经过多年发展终于初具规模并进入市场高增长期。在2020世界人工智能大会云端峰会上，也首次设立了一个AI+RPA分论坛。作为备受关注的人机协同系统，AI+RPA的热潮涌动预示着人机协同的新时代、新世界正在到来。

在人工智能前的启蒙时代，中国信息化、数字化发展产生了海量需求，形成了广阔的市场空间——计算机视觉、语音处理、自然语言处理等单点人工智能技术的突破开启了中国人工智能产业第一波的红利期，安防、交通、金融等领域在单点技术的应用下快速形成场景闭环，一批人工智能企业通过特定场景的应用部署成长起来。

高德纳咨询公司曾表示：两大趋势的核心让AI逐步走向产业：一是AI可以用规模化生产的方式来降低产业使用门槛，使技术成本可接受，即"AI民主化"；二是AI可以与具体的产业场景相融合，达成可靠、可见、可信的良性收益，即"AI工程化"。由此，人机协同的探索路径，摆在了许多人的面前，成为攻占市场、未来前进的一个"杀手锏"。

国际数据公司（IDC）曾定义表述人机协同价值：技术与智能机器将重塑现有工作方式，将可自动化的工作交由机器完成，让人类能够更好地着手于创新性工作，从而使得企业不断优化资源配置。因此有部分观点认为，从人工智能发展进度来看，人机协同也是在AI彻底替代人类工作之前必然要经历的阶段。在人机协同的工作关系中，工作进程是由人来主导与把控的。技术的发展与机器作业任务比重增加，促进人与机器的关系渐渐演变为人机融合，并进一步走向人机共创。

如今，社会生产力发展迎来了数字化技术的大爆发，尤其是疫情催化下，对更高效的生产工具的需求越发强烈，融合AI的各种智能化生产工具和产品逐步与人类社会协同发展，成了社会发展的一大主流趋势。这既是数字经济发展到一定水平的劳作产物，也是数字化社会发展必然经历的阶段。典型的市场例如安防，从金盾工程、天网工程，到雪亮工程，到立体防控体系建设，智能平台所占比例正在不断提升。大量感知、认知、决策数据与人工智能服务需要通过AI平台进行资源管理与任务调度，再利用5G和互联网去传输与分配。以往智慧城市平台的主要功能是设备管理，对人工智能技术的要求相对较低。未来，高度智能化的人工智能平台将成为新基建的"核心大脑"。

AI产业化的未来，将崛起于整个人工智能市场需求侧的发展，融合于"人机贯通"的智能化平台，这一崭新世界拥有着超乎想象的巨大市场空间。

第二节 构建智能经济的AI闭环

2020年5月22日，美国商务部工业和安全局（BIS）宣布将24家总部设在中国内地、中国香港和开曼群岛的政府机关和商业组织列入实体清单，其中包括云从科技。美国方面给出的理由是，这些机构威胁美国国家安全，所使用的美国商品和技术，存在被用于军事项目的重大风险。

至此，原只是"业界闻名"的云从科技，通过这样一种"被动式认同"的方式，快速走入了大众视野。在人工协同技术正逐步成为人工智能、新基建、产业落地乃至社会治理的需求趋势的当下，云从科技在不断的探索中找到了新兴生产力发展的新可能，逐步构建了一套全新的生态模式——自主可控、国际领先的人工智能核心技术，形成"感知（人脸、人体、物体、语音）—认知（语义、知识图谱、大数据）—决策（风控、推荐、画像）"的核心技术闭环，以提高企业在高度不确定和快速变化中的生存能力，以构建、展示自身对人工智能世界的认知和建设能力。

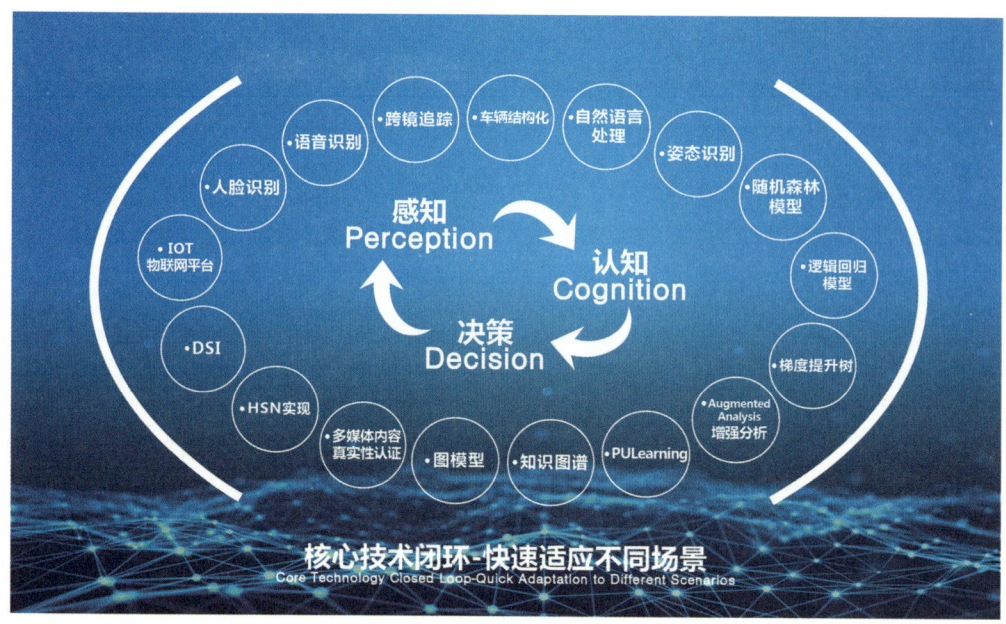

云从科技自主可控的从智能感知到认知决策的核心技术闭环

一、高标战略，精准护航生长

在以计算机视觉为核心技术的中国人工智能领域中，云从科技作为一家从学术进入产业、普及应用的典型企业，在图像识别上实现国际领先后，以人机协同落地为其核心战略，重新定义自身的整体战略定位。在人工智能领域，包括美国、欧盟、日本等在内的发达国家均高度重视人工智能标准化工作，均提出围绕核心技术、顶尖人才、标准规范等强化部署，力图抢占新一轮科技主导权，云从科技也不例外。创始人周曦博士创立初衷便基于"扎根中国、面向世界"的理念，核心创业团队均来自中国科学技术大学及中国科学院，在股东结构上更是兼有全内资与政府基金的背景。因此从诞生那一刻起，云从科技便带着"AI国家队"的标签。这也为企业的高标战略奠定了基础。

2017年3月，国家发改委为建设一个全行业可用的基础资源数据库，为人工智能生态体系开发与建设提供基础性、公共性服务，确定云从科技承建国家"互联网+"重大工程——"人工智能基础资源公共服务平台"。历时一年半后的2018年10月12日，云从科技建成该平台，面向全行业正式开放人工智能基础资源公共服务平台。这一平台整合了数据、智力以及算力资源，打造AI生态，实现人工智能应用的商业价值、产业价值和社会价值。"在全球人工智能领域深远持久的竞合态势下，数据的获取、处理和应用关乎公民个人信息安全甚至国家信息安全"这一点，也在成立之初便深刻在云从科技的基因中。

迄今为止，云从科技受邀参与了人工智能国家标准、公安部行业标准等26项国家和行业标准制定工作，并同时承担国家发改委"人工智能基础资源公共服务平台"和"高准确度人脸识别系统产业化及应用项目"、工信部"基于自研SoC芯片的高准确度人脸识别产业化应用"等国家级重大项目建设任务。为此，云从科技更是把数据安全作为首先要考虑的问题——不仅仅用技术手段去保驾护航，也在数据的使用制度上跟国家相关部委共同制订了切实可行的方案。

公司架构上，云从选择全内资架构，免去全球竞合过程中带来的资本背景问题。

数据技术上，云从的技术部署不会采集数据，所有数据都存放在客户私有云上，最后用于识别的数据是处理过后的编码，理论上不具有回溯性。

标准制定上，云从与公安部、中国民航局、三大运营商、四大行、证通股份等建立联合实验室，推动人工智能产品标准的建立，受邀参与多项国标和行标的制定，按照国家要求进行隐私安全规范。

"内外资"属性更多是外界的总结，在市场化的选择中还是靠实力和服务取胜。

云从科技以"定义智慧生活，提升人类潜能"为使命，以"成为全球智能生态领军企业"为愿景。这样的定位，一方面是通过信息化、数字化、智能化"三化合一"实现数量级的生产效率与产品品质的提升；另一方面是聚焦人机协同的核心人工智能落地战略，依托人机协同操作系统分别在应用、平台、设备侧构建起繁荣的智能化生态。

云从科技认为"可持续的人机交互、可信赖的人机融合并最终实现可期待的人机共创"是人工智能行业发展的主流方向和目标。智能技术发展的目的是更好地辅助人类而非取代人类，在由弱人工智能向强人工智能进阶的过程中，只有通过人机协同，以人类擅长的推理、创造和判断技能与机器效率、准确性和逻辑能力相结合，才能实现安全、可靠的智能化社会发展。并且，公司基于"多模态数据感知、多领域知识推理、人机共融共创、数据安全共享"四大核心技术突破，打造了人机协同操作系统，覆盖视觉、语音和文字的全栈感知技术，实现自然、便捷的人机交互，并提供基于自动化学习、行业知识推理存储的可信智能决策，搭载AI工程创新技术，具有整套智能应用集成开发环境，提升从算法到

云从科技人机协同操作系统CWOS的核心技术板块

应用开发再到部署效率,实现应用智能化快速落地。

这与国家层面的科技发展战略与市场方向高度一致。居高望远,脚踏实地,云从科技以高标战略、清晰定位严格自我要求,护航企业的成长发展与星辰大海。

二、核心矩阵,缔造技术引擎

斩获国际智能感知领域13次冠军;158次行业POC冠军;7大研发中心;横跨6大行业领域;服务400家银行近15万个网点;服务80余家机场……一连串数字的背后,是云从科技基于"智慧生活"理解下,在软硬件产品研发、核心算法领域不断深耕,构建的技术优势以及研发能力的显现。

"慧眼识人"——人脸识别最先落地,成为智能感知的一个入口,仅是云从科技基本的起步技能。以至于当人们普遍以中国"CV四小龙"定义企业时,云从科技自身并不完全认同。这与云从科技已经深耕推进的第二步和正在坚持不懈深耕的第三步息息相关——选择打造跨视觉、语音、数据技术的AI技术闭环,赋能金融、公安和出行、商业等行业,这是第二步;而第三步,则是通过人机协同操作系统建立各个行业大脑,引领行业智能化变革。因此,云从科技在视觉识别外,还与联合实验室、中国科学院做了语音识别,在决策方面做了很多模型,比如双塔神经网络。在五官感知方面,企业还通过感知技术做了统一大数据建模,通过机器人学习画像,得到策略推荐,再到执行、反馈。截至2020年年底,做了多种行业产品和解决方案的云从科技,在银行实现50多个解决方案落地,并通过感知技术做集成生物识别。

三步走战略,映衬出了云从科技已有的三级式火箭的整体架构,从操作系统到应用平台再到客户,客户结果再返回操作系统,"应用—平台—设备"三位一体。

支撑战略、构建核心技术引擎的背后,是作为人工智能产业领军者的云从科技,多年来坚持不懈地推进核心团队培养和建设的成果显现,而这也加码支撑了企业通过顶层设计与模式创新奠定行业领导地位。云从科技拥有一支世界顶尖的核心技术团队——拥有873名研发人员,占员工总数的一半;其中,硕士及以上学历占比达36.88%。这些身经百战的核心研发人员拥有丰富的行业经验和扎实的技术功底,研发团队结构合理、技能全面,形成了技术人才壁垒,有力地支撑了公司的技术创新和产品研发。

而且,云从科技在研发过程中还采用贴近需求端的策略,亦反向促进技术落地与迭代发展,进行技术探索,修炼云从技术矩阵的长短链条。尤其是可持续的"1-3-5"(一个前沿,三个支点,五大研发中心)三级研发架构,为云从科技技术闭环的高效实现奠定了基础。"一个前沿"是指掌握世界最前沿人工智能科技发展动态,得益于云从科技拥有国际顶尖的科学家团队;"三个支点"是指掌握基础核心技术研究能力,云从科技通过与上海脑科学与类脑研究中心、中科院联合实验室、上海交大联合实验室的紧密合作,持续推动基础研究的智慧碰撞与深化;"五大研发中心"则为云从科技提供核心技术产品研发能力,目前分布于广州、重庆、上海、苏州、成都五地。

除此之外,云从科技在企业内对外实施多项举措,打造人工智能人才高地,带动人工智能行业的发展后劲。云从科技认为,在人工智能的技术创新周期——中国有机会可以站在全球技术创新同一起跑线时,既离不开学研领域的博士、教授们,也离不开互联网浪潮中浸润的产品人才。因此,"既要有专家又要有行家",成了云从科技人才引入的理念。在此基础上,云从科技在人才队伍激励和稳定等方面实施多方位的举措。首先,强化与知名专业院校进行联合人才培养。其次,在内部整合主要职能部门,形成有机整体为业务保驾护航,并开启"1050"计划。2017年11月,云从大学成立,并在2020年成为AI行业首个中国示范性企业大学。

2020年12月,云从大学作为AI领域的企业大学代表入选首批"中国示范性企业大学"

三、深度融合,聚力智能产业链

面对人工智能的高峰,云从科技默默以努力和毅力攀登。与意志同样重要的,还有方法与路径。云从科技的"三个坚守"——"只接受内资资本"和"中短期只做To B与To G业务"决定了云从的发展速度,"走人机协同路线"则决定了云从的发展方向。

随着中国人工智能产业进程的快速发展,产业布局已基本形成。未来将向行业深入渗透,相比爆发式增长,行业渗透的模式体现出稳健的增长趋势。实现人工智能供给侧的升级,需要人工智能企业拥有长期的技术研发投入、深入行业的渠道和深厚的行业知识积累。

按照创始人周曦提出的"AI三浪叠加"理论,云从科技的发展路径正在稳步展开——不断发力人工智能技术的产业落地,切实将各项先进技术应用于各个领域,赋能各行业的智慧化转型,将技术成果转化为服务社会与人们生活的智慧力量。目前,企业已经发展到第三阶段,从项目制类型的公司,发展为平台型公司。"对云从科技来说,更应该把精力投在产业里面,一旦把产业理解透了以后,就可以切入客户最核心的业务板块中去。"这是技术与市场的召唤。通过技术闭环让 AI 能解决更广泛、更核心的问题，通过效率突破让更多的客户愿意用、用得起 AI。至此，人工智能的细分赛道越发明显——芯片、操作系统与平台、AIoT。

为跟上智能经济的快速发展，云从科技立足于做全产业链。云从科技认为，"因为与互联网创业快速占领单点技术的高地不同，人工智能是有门槛的，短期之内只要自己保持足够快的进步速度，就能占住风口"。第二个原因是人工智能目前还没有标准化。如果只做一个点就不能给用户最好的产品和体验。正因如此，要打造最好的产品，一定要做重度产业链，从 0 到 1 都要自己做，这样才能给用户最好的体验。

这方面的产业案例比比皆是。例如，云从科技反欺诈云为金融机构提供种类丰富优质全面的个人、企业相关第三方数据云端统一接口，为银行记录第三方数据调用量、数据计费及分析统计。这为银行低成本接入丰富全面的数据，及时洞察数据成本及数据质量，提高银行对接三方数据效率，从而实现降本增效。2020 年年初，云从科技在与中国银行共建首家银行业 5G 智慧网点；联合中国银联推出"刷脸付"——一次人脸注册，即可支持多个银行后，成功入围中国工商银行人脸识别产品引入项目，为工商银行全行超过 1.6 万个网点提供人脸识别算法、产品与服务，实现 AI 金融领域规模化示范应用。这是云从科技 AI 金融领域规模化示范应用的又一里程碑，82.8% 的银行市场占有率，更是巩固云从科技中国金融业第一大 AI 供应商的地位。截至 2020 年 6 月 30 日，在智慧金融领域，云从科技为包括中国工商银行、中国建设银行、中国农业银行、中国银行、邮储银行和交通银行等超过 400 家金融机构提供产品和技术服务，推动全国超过 10 余万个银行网点进行人工智能升级。

在智慧治理方面，云从科技服务并深耕于政府、公安、司法、应急等领域，全面助力社会治理体系和治理能力从信息化、数字化到智能化的升级转型。2020 年 5 月，云从科技推出智慧校园解决方案，以"1 张图+1 个平台+多项业务场景应用"，推动校园智慧化、精细化管理与运营，为学生们打造安全、贴心的学习与生活环境。智慧方案得到高校的认可，迅速在西安培华学院、重庆大学、西南大学、江西财经大学、陕西师范大学等全国各大院校落地。截至目前，云从科技产品及技术已服务于全国 30 个省级行政区政法、学校、景区等多类型应用场景，取得 50000+公安战果，位居行业领先地位。不仅如此，截至 2020 年 6 月 30 日，云从科技在智慧出行领域的产品和解决方案，已覆盖北京首都国际机场、大兴国际机场、上海浦东机场、上海虹桥机场、广州白云机场、重庆江北机场、成都双流机场、深圳宝安机场等包括中国十大机场中的九座重要机场在内的上百座民用枢纽机场，日均服务旅客达百万人次；在智慧商业领域，产品及服务已辐射汽车展厅、购物中心、品牌门店等众多应用场景，为全球数亿人次带来智慧、便捷和人性化的 AI 体验。

历经长期与各垂直领域重点客户的紧密合作，云从科技通过大量场景数据训练不断优化算法平台，培育出针对不同行业特有的数据分析和应用能力，积累了对行业的深度理解和核心服务能力，建立了较高的业务壁垒。而且，以"软硬兼备"的产品与服务切入细分行业，云从科技通过人机协同操作系统打通了多个专业行业的链条，以"感知—认知—决策"的 AI 技术闭环，为行业深入赋能，而这一策略也得到了市场的证明和回报。

第三节　AI 共生，人机协同

在人工智能技术领域，人机协同不仅是目前人工智能落地期的核心战略，也是技术和行业未来的发展趋势。

云从科技始终秉持战略坚定性——推进可持续的人机交互、可信赖的人机融合并最终实现可期待的人机共创，是人工智能行业发展的主流方向和目标。

一、无限延伸，三位一体共创路

如果说 4G 带来了移动互联网的繁荣，改变了人们的生活，未来 5G、物联网、人工智能等技术的发展，将推动社会加速进入万物互联新时代，呈现出泛在智能等特征。在智慧城市之下的居民，可以享受到泛在智能高效、主动、友好的智能城市基础服务；对政府而言，通过以 AI 人机协同技术为基础的人机协同智能可视化基础平台提供从技术到城市管理流程，到城市管理模式的转变，对提升城市运营效率以及居住环境有着重要意义。

作为更高效的人机协同解决方案提供商，也是国家新基建发展的中坚代表，云从科技始终践行人机协同在新基建中的创新探索应用。根据招股书（申报稿）显示，从 2017 年到 2020 年 1—6 月，云从科技主营业务收入根据业务类型分为人机协同操作系统和人工智能解决方案两类。且其中，人机协同操作系统的收入占比不断提升，2020 年 1—6 月达 46.61%。并且，随着"人机协同操作系统"业务收入占比逐年提高，带动毛利也稳步提升。

由此，云从科技开启了云边端泛在智能服务，逐步助力建设泛在智能的未来城市。在泛在智能城市基础设施上，云从科技建立"交互—融合—共创"层次化人机协同平台，汇聚产、学、研、用四方力量，具有多模态数据感知、多领域知识推理、人机共融共判、数据安全共享等关键功能，赋能政务管理、城市治理、民生服务、产业融合等领域应用，推动人机协同建设、引领全国人工智能产业。

在云从科技看来，泛在智能城市下的人机协同平台，将分为三个阶段，第一个是"人机交互"，首先让机器知道"你是谁"，以人脸识别、语音识别、OCR等计智能感知技术为基础。第二是"人机融合"。人与机器一起完成某件任务，提升服务效率。例如银行产品经理，只能设计十几种产品，但基于大数据和AI，则可以针对每个小微企业设计成百上千种AI的金融产品。第三是"人机共创"。创造一些新的场景、新的业务、新的服务、新的流程，提升服务体验，定义智慧生活。

锚定这一趋势，云从科技2020年7月在世界人工智能大会云端峰会上推出了新一代行业级人工智能产品和能力平台——"轻舟"平台。这一平台基于云从人机协同操作系统（CWOS）基础能力，搭建三位一体的松耦合技术架构，无论是生态硬件合作，还是业务合作伙伴，都可以在数据、算法、能力引擎、标准应用级四个层面，基于轻舟平台进行自由组合，完成对应的方案合作开发与生态搭建，最终形成更具有落地价值的"云—边—端"一体协同的解决方案。"小到一个基本场景的小平台，大到一个企业从总部到分部、多点部署式的混合构架，再大到某一个行业、某一个集团为全国性、全球性部署所需要的整个应用和数据中台，都可以基于轻舟生态进行横向、纵向的扩展，开拓AI的无限可能性。"

云从科技希望，搭建一个自上而下、横向纵向都可以无限集连的、有无限想象空间的智慧生态。为各行业用户深度赋能，提供适应多种需求的产业开发及生态搭建基础，将有效降低应用门槛、提升落地效率与质量。

通过打造城市级的人工智能基础设施，云从科技致力建设泛在智能的未来城市，帮助个体超越智力、体力、时间和空间的束缚，提升人、组织和社会的潜能。

2020年，在广州和成都，云从科技分别中标城市级重大标杆项目，向着成为"城市合伙人"的目标大步迈进。2020年5月，云从科技与广州市政府达成"数字基建"合作，重点在广州打造国内首个定位于人工智能基础设施的全国领先人机协同开放平台。共建的人机协同开放平台定位于广州新型智慧城市智能运行中枢，搭载了业界首创的AI工程技术，为广州市数字政府、城市大脑等新型基础设施建设提供支持，助力广州打造国家城市级新基建典范。2021年2月5日，《人民日报》头版发布《广州着力推动高质量发展壮大智能产业建设智慧城市》报道，充分肯定了广州的新基建建设成果。

人机协同的智能生态先锋——云从科技集团股份有限公司

广州着力推动高质量发展
壮大智能产业 建设智慧城市

本报记者 罗艾桦 董丝雨

广东省广州市经济发展充满活力,发挥粤港澳大湾区中心城市的带动功能,助推区域经济高质量发展,努力展现新的更大作为。

2020年9月,习近平总书记主持召开中央全面深化改革委员会第十五次会议时强调,要把构建新发展格局同实施国家区域协调发展战略、建设自由贸易试验区等衔接起来,在有条件的区域率先探索形成新发展格局,打造改革开放新高地。

2020年10月,习近平总书记在广东考察时强调,"努力在全面建设社会主义现代化国家新征程中走在全国前列、创造新的辉煌"。

"广州深入贯彻落实习近平总书记重要讲话、重要指示精神,坚定不移把新发展理念贯穿发展全过程和各领域,以更大魄力、在更高起点上推进改革开放,加快推动质量变革、效率变革、动力变革,努力在全面建设社会主义现代化国家新征程中走在全国前列、创造新的辉煌。"广东省委常委、广州市委书记张硕辅表示。

聚焦数字经济
构建发展引擎

发布政务民生应用平台,助力中山大学附属第一(南沙)医院建设智慧数字化医院,多项科技成果应用于南沙新图书馆……作为人工智能领域的创新企业,云从科技人机协同操作系统在广州南沙新区落地运用。2020年5月,云从科技与广州市政府达成"数字基建"合作,共建国家级人机协同开放平台,打造广州智慧城市智能运行枢纽。

广州正建设数字经济引领型城市,将人工智能与数字经济作为引擎工程。

目前,广州市承接人工智能产业区块共26个。其中被定位为粤港澳全面合作示范区的南沙新区,以南沙科学城为载体,以明珠科学园为重点,通过打造原始创新策源地、科技人才聚集地和创新创业新高地,成为广州人工智能产业的新兴聚集区。

在此基础上,广州加速人工智能技术与传统企业相融合,不断丰富其应用场景,加快智慧医疗、智慧政务、智能交通等领域的发展,逐渐形成较为完善的人工智能产业链。

腾讯觅影(人工智能复查筛选系统)在广东省第二人民医院等医疗机构进入临床试验阶段,辅助医生对癌症进行早期筛查,提升诊疗和科研效率;广州安望信息科技研发的智能机器人已成功为广州公安户政、12345热线等政务工作提供专业应用服务;佳都集团研发人工智能体温人脸追踪监测系统,支撑大客流疫情防控场景。（下转第十版）

2021年2月,《人民日报》头版发布云从科技的相关报道

在人工智能发展的"桥头堡"——上海,这个拥有着高度成熟的都市化、产业化体系的城市,为"人工智能+"实体经济的创新实践提供了适宜的土壤。云从科技则致力于布局加快人机交互等智能软件产品体系的建设,希望帮助上海打造成人工智能与实体经济融合的标杆区域。因此,上海云从在人才、科创试验和建设产业生态圈上正在做出更大胆的尝试。

二、协同开放,"云从式"生态圈

独木不成林,构筑富有生气和繁荣共生的整体生态,是人工智能产业的关键驱动力。作为人机协同理念的倡议者、践行者,云从科技深信,只有开放协同,才能促成人机协同生态体系的发展与完善,让 AI 技术真正改变世界。

随着人工智能技术在场景中应用的不断深化,单一技术实现的技术闭环难以满足复杂场景下的智能化需求。作为人工智能行业内的技术引领者,云从科技在实践探索中也发现,"人机协同生态圈"的建设将成为人工智能时代的流量入口,行业龙头企业提供技术能力输出,生态圈企业与行业专家共同参与共建生态。通过网络状的生态结构,人工智能的能力得以规模化释放,人与机器共同创造价值,最终达到人机协同生态模式的平衡。

为此,云从科技以人工智能为纽带,与软件开发商、硬件开发商、渠道供应商等生态伙伴积极链接、合作,向生态开放人机协同操作系统的 AI 能力,提供 AI 能力接入与技术支持服务,通过生态合作方式覆盖更广泛的客户群体,将人工智能以人机协同方式嵌入全业务流程,达成领先的人类及其职能的交互体验,实现用户体验的跨越式提升,打造人工智能新生态。

以落地北京大兴国际机场的"东航智慧出行集成服务系统"为例,云从科技鉴于航空出行全流程的智慧建设初衷,联手东方航空、华为、中国联通共同围绕"一张脸走遍机场""一张网智能体验"和"一颗芯行李管控"三个维度构筑立体化的智慧出行服务。基于人机协同发展及实践应用的探索,整个系统共涉及三大类 11 个场景化解决方案,具有智慧出行体系建设探索的无限可能。云从科技有着技术野心,更有"AI 本质上能够把稀缺资源,也就是我们顶级的服务以 10 倍、100 倍的量级扩展出去,让每个人享受更好的服务"的信念,去开启航空智慧出行的无限可能。于是,助力东航成了全球首家推广 5G、AR 眼镜等新技术在民航领域运用,全球首家推出刷脸值机系统、机舱口人脸识别系统等应用,以及全球首家推出无源永久电子行李牌服务的航企,让智慧出行又有了新的解读和可探索的另一种未来。截至目前,云从科技的生态圈包含了智慧金融、智慧治理、智慧出行、智慧商业等业务领域涉及的政、产、学、研、资、企的数十家单位。

不仅如此,为进一步强化生态圈建设,共同拓展人工智能创新市场,云从科技于 2020 年 12 月正式启动"人机协同·创新生态计划",招募 AI 合作伙伴——立足于人机协同平台"轻舟",提供人脸、人体、活体、OCR、聚类、分布式调度等几十款 AI 能力引擎,可满足各场景的 AI 业务需求,为渠道商和合作伙伴构建更丰富的产品核心。云从科技希望,通过以人机协同操作系统为基础的生态体系建设,巩固自身行业领导地位,实现公司业务持续健康发展。而这就是中国"十四五"规划和2035年远景目标中"智慧社会"建设的有机探索。

借助包括人机协同操作系统升级项目、轻舟系统生态建设项目、人工智能解决方案综合服务生态项目，云从科技构成技术护城河，形成独特的行业话语权。从2017年到2020年，云从科技主营业务毛利率从36.12%提升到52.87%。虽然目前仍在亏损阶段，但云从科技营收的年复合增长率达到253.70%，高增长势头强劲。

城市的智慧化最终目标是给社会带来价值。云从科技将随着国家新基建深入发展，始终践行初心，致力于人机协同的创新探索，定义智慧生活，提升人类潜能，为世界构筑和谐温暖的智能未来。

企业家专访

以梦为马,"定义"智慧生活

——云从科技集团股份有限公司创始人、董事长周曦

《样本》:您是AI领域的学霸和大牛。在"投身报国""投笔从戎"到现如今带领云从科技一步步走向规划目标的过程中,您面临的最大挑战是什么?又是如何克服的?

周曦:亲身实践告诉我,光有愿望是不够的,还应当行动。回国创业,既有机缘,也是扎根心底的执念。2011年,中国科学院拟在西南地区筹建研究院。当时的筹备人、现任中科院重庆研究院院长袁家虎三次赴美,与我详陈"国内需要这些高新技术"。祖国的召唤,袁院长的诚意和执着,以及自己心底的使命和挂念,使我最终下定决心回国推进科研并创业。

从实验室走向商业活动,最难克服的是对跨界身份的适应。市场并不是技术好就可以,一个好的产品和解决方案还包括很多因素。创业初期,云从科技有机会竞标一家银行的业务——参与人脸身份认证的业务。团队在一起讨论、推演、规划了好多天,写出了十几页的方案。我们自觉已经非常到位、详尽。但是银行告诉我们,其他供应商最少都是300页起。这让我意识到,团队对行业的认知存在很大的问题。要想把技术落地,就要扎根行业,与行业共同成长。科技创新不是仅仅在机房、办公室里就能完成的,闭门造车是万万不行的。因此,早期科创试点时,我们的科学家、工程师都必须做好最基础的工作——摄像头怎样安装、角度如何调试都必须一一结合实践,我们有的同事在东北的时候甚至还需要在冰天雪地里也这般坚守。只有脚踏实地、埋头苦干,才能得到业界的认可。很幸运地,云从科技就这样一步步扎根、成长。

《样本》:请您解读"创新"在云从科技发展过程中的意义?贵公司下一步还将从哪些方面着手提升企业的创新能力?

周曦:创新必须具有的实质或本质组成部分,包括疑问、设想、设计和实现。从我个人角度而言,我认为"创新"是人工智能企业行进中的主旋律。只有通过不断的创新和实践,我们才能研发更多领先的技术,并且形成产品,更好地赋能到各行各业,逐步实现我们"超人社会"的设想。

陀思妥耶夫斯基说："要想获得一种见解，首先就需要劳动，自己的劳动，自己的首创精神，自己的实践。"从学术走向应用，云从科技需要用现实生活的实践来验证、解决。未来，我们将进一步与各大机构共建战略实验室，并与更多的高校建立产学研相结合体系及联动机制。保持人才活力，吸收前沿思维，培育创新文化，建立鼓励创新的制度和机制。

《样本》：人工智能是中国新基建以及"十四五"规划的重点发展领域，目前中国这个行业的发展优势在哪里？云从科技在这一领域中将如何作为？

周曦：自2015年以来，我国人工智能领域技术发展和应用逐渐上升到国家战略高度，相关政策逐步深化、层层推进，提供了充分的政策与配套资源支持。初现繁荣的人工智能上下游生态，以及资本市场（科创板），进一步助推了行业在中国的蓬勃发展。

其实，机器就像人身体的四肢，而人工智能就像是人的大脑，两者之间互相配合和补充，才能发挥出最大的效果。我们要建的是数字人，是一个思维体系。现在的人工智能是基于深度学习所发展出来的，但深度学习无法真正给出解决问题的答案，必须要结合另外一条路——专家知识，即发挥人的作用。所以，我们应该想一个方法，能够让人的体力、经验和时间得到更多的释放。

老子说，道法自然。我们做人工智能不应该抛掉人的智慧来做，而要延展人类的智慧，这是人工智能想要发展的方向。所以，我们提出人机协同的理念，就是希望通过专门构建的人与计算机之间进行自然交互、协作完成复杂业务的系统、产品和解决方案，为更多开发者设计研发人机协同智能应用提供全面支持，降低人工智能应用门槛、提升人类与机器智能进行协作的效率和体验，为全社会提供人工智能基础资源服务。

《样本》：人脸识别技术涉及隐私保护与数据安全，社会也越来越重视这其中的缺憾。云从科技如何看待这一问题？

周曦：当前，人工智能的全球竞合影响深远。人脸识别技术数据的获取、处理和应用具有极强的隐私性与领域扩展性，因此关乎公民个人信息安全甚至国家信息安全。云从科技对此保持极强的敏感度。

其实，这也是一种优胜劣汰的过程，让更规范更优秀的产品和企业脱颖而出。在这一点上，云从科技可以说是走在政策前面的。我们提出的人机协同概念，就是考虑数据隐私和产权保护问题，考虑产品的人性化交互问题，更考虑弱势群体的公平性和易用性问题，将更有温度、更有价值的人工智能产品带给社会。

《样本》：您提出并要坚持走"人机协同路线"，理论依据是什么？人机协同的建设，将会为产业带来怎样的意义和未来？

周曦： 人工智能可以做什么、到底是好是坏，这不仅是科学的更是涉及哲学和伦理的思辨。人工智能如果做得不好，对我们的生命或财产或其他重大的事项将会是一个巨大的伤害。人工智能做得太好，我们也担心——如果什么事都被人工智能替代了的话，许多人是不是就会面临失业？人是不是会像《黑客帝国》中那样变成机器的宠物？

我们在不断奋力探寻答案。人和机器协同作为人工智能探索过程中提出的一个重要发展方向，让我们看到最好的未来。目前，这个方向也受到了国家的重视。2019年3月19日中央全面深化改革委员会第七次会议上提道："构建数据驱动、人机协同、跨界融合、共创分析的智能经济形态。"现阶段，人工智能技术存在一定缺陷，但人机协同能够同时发挥人和机器的长处，大幅提高生产效率与服务质量，平衡供需矛盾，普惠高品质生活，全面实现社会精准治理。

我一直认为，人机协同不仅是商业和社会的利器，也能以不可思议的"超能力"带给人类心灵以慰藉。2019年，CCTV1播出的一期《机智过人》节目中，人类与云从科技的灵鹊系统合作，通过多种方法，帮助叶晓东老人找到了70多年前就已经牺牲、未曾谋面的父亲。这说明，人工智能不是冰冷的算法，是有生命温度，可以帮助人类和社会的"伙伴"。我希望把人工智能变成一个发光的太阳，帮助人们和社会实现理想中的智慧生活。

《样本》： 作为长三角企业的重要一员，您能否谈谈长三角一体化建设为云从科技带来的机遇与挑战？

周曦： 长三角区域一体化发展战略的提出，对企业尤其是长三角地区的企业来说，是一个非常好的机遇。主要体现在以下两个方面：第一，一体化之后，企业可以把市场做得更大；第二，人才流动性将会加大，会为区域内的企业带来发展机遇。

云从科技身为长三角的一员，一直积极联动上海、浙江、江苏、安徽人工智能产业、科技、场景、数据、人才、政策等资源，期望建设、实现长三角人工智能协同发展的优质生态环境。以此为目标，云从科技积极参与长三角其他区域的数字化、智能化、智慧化建设，布局软硬件研发中心和业务中心，将人机协同的技术送到每一个角落，普惠政务民生，以梦为马，真正实现"定义智慧生活、提升人类潜能"的初心与使命。

专家点评

奋力打造智能化生产力的模范生

进入21世纪以来，全球新一轮科技革命和产业变革呈现出从蓄势待发到群体迸发的态势，人工智能作为新一代信息技术的代表持续快速演进。同时，广泛渗透于经济社会各个领域，抢占人工智能领域技术和产业发展的制高点已成为国家之间竞争的重要战略。以智能算法、智能工具为标志的智能生产力，已成为一种认识、适应和改造自然的新能力。云从科技作为一家提供高效人机协同操作系统和行业解决方案的人工智能企业，短短五年多的时间，先后九次获得国内外智能感知领域桂冠，2018年获得了"吴文俊人工智能科技进步奖一等奖"，跨镜追踪技术获得了首届全国人工智能大赛冠军的同时，还开发了全球首个基于人机协同体系打造的AI操作系统——云从人机协同操作系统（CWOS），正成长为我国人工智能特别是人机协同领域快速崛起的一匹黑马，成为数字化智能化生产力创新发展的模范生。

首先，以国家科技自立自强为己任。党的十九届五中全会提出，坚持创新在我国现代化建设全局中的核心地位，把科技自立自强作为国家发展的战略支撑，要强化国家战略科技力量，提升企业技术创新能力，激发人才创新活力，完善科技创新体制机制。云从科技的创业创新实践，生动诠释了我国有担当有抱负的企业在智能科技领域自立自强的奋斗精神。而且，正是在这样的背景下，云从科技抓住人机协同技术正在成为人工智能产业应用与社会治理需求最为强劲的机遇，逐步构建了一套全新的生态模式——自主可控、国际领先的人工智能核心技术，形成"感知（人脸、人体、物体、语音）—认知（语义、知识图谱、大数据）—决策（风控、推荐、画像）"的核心技术闭环，与国家层面的科技发展战略与市场方向高度一致。推进可持续的人机交互、可信赖的人机融合并最终实现可期待的人机共创，是云从科技的创新之路，也是人工智能行业发展的主流方向和目标。

其次，以创新链引领做强产业链。党的十九届五中全会通过的《中共中央关于制定国民经济和社会发展第十四个五年规划和二〇三五年远景目标的建议》和全国人大通过的《纲要》高度重视加快数字化发展，提出加强关键数字技术创新应用，打造数字经济新优势，催生新产业新业态新模式，壮大经济发展新引擎。云从科技创业成长三步走战略，正是体现了数字经济创新之道。从人脸识别最先落地,成为智能感知的一个入口,是云从科技发展的第一步;打造跨视觉、语音、数据技术的AI技术闭环,赋能金融、公安和出行、商业等行业,这是第二步;而第三步,则是通过人机协同操作系统建立各个行业大脑,引领行业智能化变革。云从科技三步走战略,实现了采用贴近需求端开展研发的策略,亦反向促进技术落地与迭代发展,进行技术探索,做强云从技术矩阵的长短链条。尤其是可持续的"1-3-5"(一个前沿,三个支点,五大研发中心)三级研发架构,为云从科技技术闭环的高效实现和产业链的做强奠定了基础。

最后,发挥智能化生产力中人的关键作用。人类社会已经进入了"万物智联"的时代,人们用以改造自然的生产工具、劳动对象以及人类本身都将被数字化智能化所武装,将人与人工智能的长处相结合,通过借力智慧工具,让人的能力得到百倍千倍的提升,实现智能化生产力的发展。云从科技正是紧紧把握住了这样的时代发展趋势,在加快人工智能科技与产业的创新发展中,充分释放人的积极性主动性。一方面在产品中致力于将人机协同"延展大脑"的理念付诸实践,将智慧渗透与助力各行各业,普及给每个人,构建人机协同生态。另一方面,打造一支核心技术团队,研发人员占员工总数的一半,公司高度重视年轻人才队伍培养,在激励和稳定等方面实施多方位的举措,包括强化与知名专业院校进行联合人才培养等,形成了技术人才高地,有力地支撑了公司的技术创新和产品研发。云从科技以"定义智慧生活,提升人类潜能"为使命,必将给人类带来实现更多梦想的可能性。

陈畴镛　杭州电子科技大学教授、博士生导师
　　　　　浙江省信息化发展研究院院长

第六章
中国生鲜电商领跑者
——上海壹佰米网络科技有限公司（叮咚买菜）

- **楔子：** 做时间的朋友
- **企业概况：** 做用户信赖的民生互联网企业
- **创新解读：**

    第一节　在线新经济新动能

    第二节　构建"叮咚式"生长逻辑

    第三节　以奔跑致敬美好生活

- **企业家专访：** 让美好的食材，触手可得，普惠万众
- **专家点评：** 本色通大道

楔 子

做时间的朋友

2003年,在推出"非典证实了数字移动技术和互联网的有效性,因此成为使互联网在中国崛起为真正的大众平台的转折点"理论的影响下,掘得第一桶金的梁昌霖,毅然决然地投入互联网大潮,成为一名为在线经济奋斗的先锋战士。

2014年,中国生鲜电商市场高速发展。中国的零售巨头们纷纷入局,并开始多元探索,将目光瞄准了"本地生活"和"社区零售"。彼时,在互联网大潮中浮沉迷茫的梁昌霖,带领着700人的团队开发了"叮咚小区"App,一头扎进了"社区服务"和"本地生活"的大海里浮与潜。

三年十个方向的探索,用脚步丈量着市场的梁昌霖和他的团队,2017年5月正式上线"叮咚买菜",正式发力社区生鲜电商。

用了三年时间确认了自身方向和模式的叮咚买菜,与时间、资本、资源、市场、模式等,或短兵相接,或和风细雨进行了一场场战役——由一个个的人,在解决一个个具体的挑战的过程中实现了"叮咚式"创新成长的真实场景。百炼成钢的队伍承受住了"挑战与机遇"的考验,在2020年新冠疫情下,在同行数据断崖式下滑的情况下,叮咚买菜逆势飞扬,以单月销售额突破12亿元的纪录(2020年2月),展现了自身超强的组织能力和韧性。

"干最苦最累最有积累的事情,这是叮咚买菜唯一的机会。"日拱一卒无有尽,功不唐捐终入海。事实证明,耐性和野心憋在胸口,一步一个脚印,奔跑在社区生鲜赛道上的叮咚买菜,坚持不懈,在岁月的不断更替中,蓬勃生长,开启新的征程。

> 中国生鲜电商领跑者——上海壹佰米网络科技有限公司（叮咚买菜）

企业概况

做用户信赖的民生互联网企业

"叮咚买菜"App由上海壹佰米网络科技有限公司研发运营，于2017年5月正式上线。截至目前，企业拥有员工超过4万人，2019年营收50亿元，2020年营收140亿元，2021年目标年营收300亿元。

一、前置仓卖菜模式开创者

企业通过"产地直采+前置仓配货+29分钟送菜上门"的运营模式，为用户提供健康便捷的买菜服务。截至2020年12月，叮咚买菜日订单突破90万单，次月复购率超过60%，产品的中差评率持续低于0.8%。极致的用户体验形成了"叮咚买菜"强大的口碑传播，在几乎没有任何线上广告推广投入的前提下，叮咚买菜迅速成为业务覆盖城市的消费者最信赖的线上生鲜服务平台之一。

作为前置仓卖菜模式的开创者，叮咚买菜开创了中国生鲜行业"共享冰箱"新模式，用"分布式仓储"取代了"集中式仓储"，即公司采购的产品运送到城市分选中心（总仓）后，进行初步分拣包装，再由总仓运送至各社区前置仓，进而使得平台离用户更近、配送更快，渗透率更高，实现了"即需即点、所见所得、即时送达"的三大优势特色。与此同时，叮咚买菜自主研发智能调度和末端配送系统，"家门口最后一公里"的独特配送模式，以"29分钟抢鲜送达"满足用户的即时需求，进而形成企业强大的核心竞争力。在此模式下，叮咚买菜每个前置仓均能够覆盖周边2~3公里范围、5万左右的住户，渗透各

2017年3月第一个前置仓测试站员工合影

业务城市核心小区、办公楼，以及位置相对偏僻、难以购买到新鲜蔬菜的小区住宅，有效地解决了用户买菜难的问题。

截至2020年12月，叮咚买菜服务范围覆盖北京、上海、广州、深圳、杭州、南京、成都等近30个城市，前置仓近千个。

二、同生共长，万物并作

作为生鲜电商，叮咚买菜平台上目前有2500+种品类的产品，涉及各种蔬菜、水果、肉蛋禽、鲜活鱼虾和日配（米面粮油、调料）等。为减少中间物流环节、有效控制成本，最大限度地保障产品的品质稳定和货源稳定，企业一方面深入源头，以良好的供应结算机制与政策和供应商形成同生共长的价值认同——目前阶段，叮咚买菜原产地直采产品占平台产品85%以上，且比例正快速提升。原产地直采已成为叮咚买菜从源头保证产品质量、积极建立叮咚食品追溯系统的重要手段和方式之一。另一方面，叮咚买菜产品采购端优先与品牌供应商洽谈直供，形成产品品类上的稳定、可控竞争能力。截至目前，叮咚买菜在全国合作的直供基地已经达到610多个，能够将各地应季优质的农副产品源源不断地带到城市居民餐桌上。保障源头的同时，企业还建立了行业内独具特色的"7+1"品质监控流

2020年疫情期间保供

程，即从产品生产到用户餐桌，全链条、系统化的严格质量监控体系，真正确保产品质量的稳定性和可靠性，让消费者在平台上吃得开心，吃得放心，吃得安心。

2020年年初疫情暴发期间，叮咚买菜因出色的供应能力、组织能力，获得了上海、杭州、深圳、苏州、无锡等各地商务部门出具的民生保供资质证明，积极参与民生保供工作。因在抗疫期间突出的保供贡献，国家商务部2020年6月对公司出具感谢信，肯定和鼓励叮咚买菜在抗疫保供工作中作出的努力。此外，企业还获得上海市最美退役军人（CEO梁昌霖）、上海市电子商务示范企业、高新技术企业、上海供应链创新与应用示范企业、上海民营企业100强、上海服务业企业100强等各项荣誉。

供应链能力、数据算法能力和以用户需求为先的服务品质保障了叮咚买菜的核心竞争力和行业优势，让中国生鲜新零售达到了更大范围的实现和用户生活品质的不断升级。叮咚买菜一步一个脚印地在关乎民生的事业中踏实前行，为所有用户提供简单极致的生活体验和无可替代的商品服务，以实现"让美好的食材像自来水一样，触手可得[①]，普惠万众"的使命，成为上海等多个一二线城市消费者最信赖的线上生鲜服务平台之一。

[①] 触手可得：来自叮咚买菜企业使命"让美好的食材，像自来水一样，触手可得，普惠万众"原句，文中为表达需要，保留原词。

> 创新解读

第一节 在线新经济新动能

2020年的新冠疫情，给全球造成的经济损失在5.8万亿美元至8.8万亿美元，致使全球经济呈现严峻状态；但在中国，在线经济飞速崛起，如同驶入了"快车道"，为这个特殊的年份添上了一抹温暖的亮色。

2020年4月，国家发展改革委、中央网信办印发的《关于推进"上云用数赋智"行动，培育新经济发展实施方案》一文中提出，支持在线消费、无接触配送、互联网医疗、一站式出行、"宅经济"等新业态，拓展经济发展新空间。在内需推动及政策支持的双重助力下，在线经济成了当下和未来发展的战略必争领域，深刻影响和改变着生产和消费模式创新、生产能力以及行业领域等的创新拓展。以上海为例，疫情发生以来把在线新经济作为重要发展方向，全力支持新生代互联网企业发展壮大，推动在线新经济成为全市经济发展的强劲"新动能"。数据显示，2020年上半年上海在线零售额1227亿元，同比增长5%；在线信息消费增长50%，在线数字内容产业增长20%，新一代信息技术逆势增长10.5%，为上海经济稳增长作出了重要贡献。生鲜电商，成为其中的一股重要力量。

一、万亿市场的"卖菜"生意

根据艾瑞咨询估计，按亿元以上食品交易市场摊位分类成交额口径统计，我国主要生鲜食品品类成交规模由2014年的2.1万亿元增长至2018年的2.6万亿元，年复合增长率为5.5%，中国人对生鲜的需求不容小觑。但由于非标、运输要求严格等原因，生鲜线上渗透率一直远低于其他品类。传统菜市场和超市依旧是我国居民购买生鲜的主要渠道，占比超过90%，电商渠道占比则不到10%。

突如其来的疫情，为生鲜电商行业带来需求侧红利。"订闹钟买菜"成了2020年年初中国都市人的集体记忆。在众多行业面临因疫情带来的巨大压力时，生鲜电商频传爆单，增长惊人。根据Mob研究数据，2020年1月生鲜线上平台在装量达2745万，较2019年同期新增约1060万。因在家人数增加而需购买更多食材，同时也因担心货品短缺，消费者倾向一次性大量采购；调研显示线上平台客单价普遍从疫情前的60~80元急升至120元以上。即使如此,生鲜线上渗透率依旧占比不高。据Fastdata分析,2020年上半年,超25%的消费品购买是通过电商平台完成的,但线上生鲜消费的比例不足5%。据艾瑞咨询相关数据显示,2021年中国生鲜电商市场规模预测将达到3117.4亿元。

旺盛的线下需求,激发了疫情下亟待寻求突破的互联网巨头,传统零售商蜂拥而至。

2020年4月,滴滴下场,成立生鲜电商部门。

2020年6月,国美电器入场。

2020年7月,美团入场。

2020年8月,拼多多入场。

2020年9月,阿里巴巴入场,副总裁侯毅直接任负责人,被CEO张勇定为阿里的1号项目。

据"电数宝"电商大数据监测显示,2020年1月至11月底,国内社区电商领域共发生了九起投融资事件,融资总额超33.6亿元。除此之外,大公司也纷纷自建平台投入这场战役,社区生鲜成为又一资本争夺的新领域。尤其是社区生鲜团购的兴起,让生鲜江湖竞争风云更加波云谲诡。

正当众人忧心于"烧钱换市场"的招数再一轮灼烫中国生鲜电商市场时,2020年12月22日,市场监管总局联合商务部组织召开规范社区团购秩序行政指导会,发布"九个不得",要求积极回应社会关切,加强调查研究,研判掌握社区团购市场动态,针对低价倾销、不正当竞争等问题,创新监管方式,加大执法办案力度,依法维护社区团购市场秩序。这个万亿元市场的"卖菜"生意,在诸多致力于民生经济服务有志之士的共同努力下,正积极协同建设、探索、实践更美好的食材品质、更成熟的供应体系、更具价值的服务等,走出"菜贱伤农""低价竞争"的恶性竞争循环,日益步入协同高质量发展的轨道。

二、下沉,再下沉

生鲜电商的探索,一直是中国零售行业近年来的"热点"。

2016—2017年,国内大量中小型生鲜电商或倒闭或被并购,市场遇冷迎来洗牌期;与此同时,随着线上流量的红利衰退,巨头们发掘了线下市场的新赛道——即使是如此狂飙猛进的移动互联网时代,在2019年线下依旧占据近70%的总交易额。由此,阿里、京东等巨头陆续入局生鲜领域,不断加码供应链及物流等基础建设投资,为行业带来了线上线下融合的新零售模式。2018年,中国生鲜电商市场交易规模突破2000亿元。

随着用户互联网购物习惯的养成以及对即时消费需求的增加,作为生活必需品的一日三餐食材,尤其是蔬菜类食材因其具有刚需、高频和高毛利等特点,成为生鲜电商的新入口，在生鲜电商产品品类中占比有所增加。据艾瑞咨询2019年调研数据显示，每周购买1次以上的生鲜网购用户占比达63.8%，其中每周购买2～3次的用户占比为28.6%。从购买生鲜品类来看，72.0%的用户网购蔬菜的频次在每周1次以上，远高于整体购买生鲜频次。与之相对应的是，生鲜电商领域里的创新探索，前置仓等模式的优势开始凸显，发展越来越火热，呈现多业态共存的局面。

得益于互联网的普及，以及拼多多等电商平台通过低价策略吸引了大量低线城市的低收入人群，三线及以下城市的电商用户截至2018年占比高达50.6%——电商用户中低线城市居民占比已经超过了高线城市居民占比。下沉市场，成为生鲜电商未来主要的发展方向之一。尤其是目前一线、新一线和二线城市常住人口占比为35%，新零售生鲜品类的商品交易总额（GMV）占比达到84.3%；而三线及以下城市尽管人口占比更大，但生鲜电商的GMV占比却明显低于高线城市。

2020年的新冠疫情，催化且促进了生鲜电商行业下沉竞争的情势。根据Fastdata相关调研数据，2020年6月，一线城市和新一线城市生鲜电商用户渗透率分别为33.4%和18.8%，而二线及以下城市仅为1.4%——疫情期间，生鲜电商的消费人群发生了很大改变，大量45岁以上的中老年人群、低线城市人群第一次频繁通过线上买菜。而此前，他们是生鲜电商渗透率最低的人群。可见，生鲜电商在低线城市还有巨大的拓展空间，市场下沉是必然趋势之一。

不管趋势如何，在生鲜电商领域，下沉还意味着强化供应链管理，深度介入产地直采。逐步强化的市场竞争，让众多的平台发现，供应链管理仍是生鲜电商发展中最突出的一环，也是企业在未来竞争中突围制胜的关键——生鲜食材供应具有时效性强、配送要求高的特点，在采购、仓储、配送、销售的任何一个环节出问题，都会直接导致经营失败。于是，各平台都在加大力度，与尽量多的产地农民签订供销合同。在合同之后，平台的执行能力就成了关键。因此在大数字时代，运用大数据、人工智能、物联网等先进技术，追踪用户行为、精准预测市场需求、把控生鲜产品质量，以及通过向生产端延伸，以缩短供应链条、降低运营成本、提高供应链管理能力等都将是未来所有生鲜电商的共同出路。

生鲜零售，是一项与时间赛跑、与时间相伴的"长跑"生意。只有在实践中真正学会"与时间相处"，秉持"美好"理念，坚持不懈细致耕作的长期主义者，才能真正牵起"美好食材"，链接通往美好生活的道路。

第二节 构建"叮咚式"生长逻辑

数据显示,2020年第一季度上海市生鲜电商销售额达88亿元,同比增长167%,订单量同比增长80%,每天订单量达50万份。此外,客单价从40元增加到100元以上,活跃用户同比增长127.5%。其中,叮咚买菜2月的单月销售额就突破12亿元。

2020年五一期间,上海消费者在叮咚买菜上购物热情高涨,叮咚买菜的促销补贴金额达到2000多万元,拉动消费超过1.5亿元,上海地区每日交易额超过3000万元,比平时增长近40%。飞扬的数据,得益于叮咚买菜在发展中探索构建了独有的生长逻辑,让自己把握时代的机遇,恰如其分地站到了聚光灯下,成了这个行业的"明星"。

2020年5月2亿补贴五五购物节

一、自来水哲学

叮咚买菜的自来水哲学,释义为"让美好的食材,像自来水一样,触手可及,普惠万众"。在这个使命里,"美好的食材""自来水""触手可及""普惠万众"都是核心要义,意味着在叮咚买菜的商业模式里，对源头、品质的把控，对供应链、前置仓的建设都要一一确定并强效执行。

"自来水无色无味、不刺激、不昂贵，但却是生命之源。其实吃菜也一样，不分高低贫富，人们都希望吃得好、吃得健康，也希望有很多新奇和变化。卖菜是社会基础设施，满足所有人对美好生活的追求。"这是叮咚买菜对美好食材的初衷。为了践行这一使命，叮咚买菜严把食材品质，深入源头直采，并在探索中建立了行业内独具特色的"7+1"品质监控流程，即从产品生产到用户餐桌，全链条、系统化的严格质量监控体系，真正确保产品质量的稳定性和可靠性，让消费者在平台上吃得开心，吃得放心，吃得安心——平台的食材送至用户家中前，一共要在企业的各个仓库经过七道核验工序，最后一道才交给顾客。而且，顾客如果觉得菜品不好，还可以秒退。与此同时，叮咚买菜坚持在前端探索前置仓模式，以时间、品质和品类三大确定性，构建自来水哲学的整体思路。

踏实、平凡地做好每一天的确定性工作，是叮咚买菜的特性。于是，有了作为国内首家出售活鱼活虾的生鲜电商平台，发明了自带输氧和温度调节装置的水产配送箱，保障鱼虾到用户家中时都只只鲜活的消费亮点；于是，有了为践行"上叮咚，送小葱"的承诺，坚守让消费者"即使拿到的是赠品也必须是高品质"的信念，把葱的产地布在云南、贵州，甚至计划在长三角自建小葱基地。

今天，叮咚买菜的大规模采购团队蹲守在全国各地的产地。他们和农业企业打交道，用什么种子，打什么农药，从前端下功夫，解决品质问题。而且，遍布全国的供应基地，让消费者一年四季都能吃到保供的、优质的生鲜蔬菜。叮咚买菜希望，通过加强过程管控，让农民根据叮咚买菜的标准进行生产——通过结合大量的用户数据，把供应链标准带到田间地头，让生鲜商品像标准品一样流转。截至目前，叮咚买菜生鲜直供基地超350个，产地直供供应商超610家，生鲜农产品产地直采比例达85%以上。

源头直采减少了中间商的各种中转环节，最大限度地减少损耗，保持新鲜的同时，也降低了成本，提高了企业的核心竞争力——"采购—分选中心—前置仓"三段运输到家模式，减少中转环节，构建并保证了叮咚买菜32%的高毛利率——从产地采购获取6%的毛利率；从大仓的加工、生产、运输获取8%的毛利率；从前置仓获取18%的毛利率。

2020年6月1日，丹麦驻沪总领事馆与叮咚买菜开展战略合作，多渠道增强对丹麦当地产品的竞争力。这意味着叮咚买菜的产地优势构建，开始从中国逐步走向世界。

自来水哲学最核心的一环就是"前置仓"模式——极致便利、位置无关、区域内的前置仓及全覆盖模式，让叮咚买菜的运营成本、经营模式以及市场拓展在竞争中体现独有的优越性。每个前置仓布局在供应链末端最靠近消费者的一个节点——以能够覆盖周边2～3

2020年深入基地保证供给

公里范围、5万左右的住户为基本标准,带来了选址成本降低及选址位置依赖降低的巨大优势。每个前置仓300平方米左右,近2000SKU,商品聚焦买菜场景——严控SKU数量,并坚持以相对较窄的品类结构切入,抓取购物频次最高、导流优势最强的"黄金品类",提高用户的购物体验,保持了仓内生鲜的高速周转,让叮咚买菜得以快速实现一个区域内的全程覆盖,快速完成对区域及市场的跑马圈地。对比前置仓的数量,叮咚买菜前置仓的密度一直领先于同行。

前置仓模式的运行,让叮咚买菜最大限度上确保了"时间的确定"。为进一步保障服务高质量,叮咚买菜组建了自己的配送团队,采取"单点到多点"这样容易并单的配送模式。数据显示,叮咚买菜配送员日配送单数达70+单,比平台模式下"多点到多点"的配送效率更高。而且,叮咚买菜保证了每个点位配备2∶1的配送员和分拣员,用运营效率的不断提升,确保到家的时间确定从而促成良性互动,反向拉动用户需求。

"自来水哲学"的力量在这次突如其来的疫情中也得到充分展现。疫情期间,叮咚买菜率先推出"过年不打烊""无接触配送""与餐饮企业共享员工""集约式电动车送菜"等各项创新举措,承担起了为数千万市民送菜上门的重要工作,保证家庭用户足不出户就能吃上新鲜菜的需求,成为"保供应、保民生"的重要力量。

二、复购率建设体系

复购率,是叮咚买菜企业生长逻辑的另一大核心要点。对叮咚买菜而言,吃菜做饭,本来就是老百姓生活的日常,是细水长流的服务,复购比做某一时段的峰值更加重要。因此,叮咚买菜尤其看重用户的长期留存,提出了"复购率为王"的打法。

叮咚买菜有一个计算营收的公式:

$$V = (a + b + c + \cdots\cdots) \times d^n$$

V是规模、营收,$(a + b + c + \cdots)$是流量,d是复购率,虽然是0.99和1.01的差距,但随着消费者线上买菜习惯的养成,n会越来越大,V的差距将是天差地别。所以,在品质、时间、品类确定性的前提下,叮咚买菜围绕复购率进行了包括留存策略、供应链优化、服务体系强化等在内的一系列建设方案探索,逐步构建并确立适合自身发展的复购率体系。

作为垂直类生鲜电商代表的叮咚买菜,很早意识到互联网流量红利衰退的事实,采取了与阿里系、腾讯系等App错开流量思维的方式,通过多渠道精准获客——叮咚买菜在线下通过扫码、优惠券等多种方式获取新客后,再通过线上"老拉新"等方式进一步获取新客。在新客户进入平台后,叮咚买菜开始利用独有的菜谱推荐、做法推荐等功能及直播为亮点,大幅度的新人福利和邀请有礼的老带新方式来获取大量的用户;再通过签到领积分和浏览商品送积分等方式来提高用户的活跃度以免用户流失;在通过各种提醒功能和绿卡会员的六大专享权益来引导用户,从而提高购买率。数据表示,叮咚买菜通过线下引流所获新客占比过半,通过邀请有礼所获新客与自然增长各占约1/4。目前业内默认,互联网流量获客成本为150元+,而叮咚买菜获得一名新下单用户的成本为50+元,获客成本优势明显。

关注复购,也意味着关注存量用户的潜力挖掘与更高频次的拓展开仓。为此,叮咚买菜紧紧围绕着家庭的一日三餐所需设置——水果蔬菜、肉禽蛋、米面粮油、调料品、水产活鲜、豆制品、奶制品等一应俱全,就像一个手机上的菜市场,以"三个确定"的持续稳定确保,掌握市场的主动权。专心专注的深化、细化运作,使得用户数据和口碑的累积成为平台最关注的核心。目前,叮咚买菜库存量单位(SKU)中生鲜占比高达75%~80%,其中活鱼活虾送到家成为客户对叮咚买菜最深刻的品牌认知。目前,随着城市运作的深入,叮咚买菜复购率得以增长,客单价也在逐步增长:2017年,客单价是30~40元;2018年前期,客单价达到50元左右;2019年7月,在上海部分区域做了客单38元以下收5元配送费的测试,客单价上升至60元。

复购率的背后，是叮咚买菜对自身盈利模式的深刻理解——叮咚买菜希望通过复购率体系的探索建设，在规划的时间内，提高不同地区前置仓订单量触发规模总量，以触达更合理的盈亏平衡点，找到更好的盈利模式。相关数据显示，以地推为主要推广渠道，以"低门槛客单+高复购"为特点的叮咚买菜，第31个月长期留存率翘尾到38%，其周人均单量超2.0次，周复购率超过52%，老用户月均消费6.5次，处于行业领先地位。

三、大数据驱动大后台

2020年6月叮咚直播项目开启

生鲜电商建立行业壁垒的关键，是对行业的重度参与和深度感知，并且将其转换成可持续的数字化运营能力，回归业务场景，激活交易效率，降低成本，从而真正提高收益。

在"供应链"时代，只有凭借科学的系统力量才能够从整体的角度对每个节点做出最合适的决策。技术驱动零售端升级，供应链的数字化，让中间环节被优化，供应链运作更加精细化，效能不断提升，促使整个产业循环系统的良性运营——这是叮咚买菜大数据驱动大后台建设的基本逻辑。由此，叮咚买菜将大数据技术贯穿于整个产业链——在后台，根据用户的消费数据、社区用户画像，进行选品优化，精准预估客户采购量，以减少损耗，提高库存周转；在末端配送时，通过线上智能调度系统，实现最优路线匹配和最优区域派单，提高配送效率；利用智能技术，强化自主客服服务能力，提升用户体验等，以此让叮咚买菜每个前置仓更精准地满足附近小区的需求，实现精准化的丰富选择，也让前置仓更好地控制损耗。以疫情期间的配送调整为例，彼时不少用户为了抢购囤菜，会在午夜提前下单。但午夜时分新鲜蔬菜没有货，客户下单只能买到调味料等标品，这会导致次日清晨新鲜蔬菜上线时，用户又会再下一单蔬菜，无形中增加了运送成本。算法发现这个问题后，管理层做出决策，统一将系统里的可下单时间提前到6时，有效集约了用户的下单时间；如此，配送方式也发生了变化，由原来依赖配送小哥个人能力，变成按照小区区块化调度，用系统进行路线集中分配，集中分拣。

凡事预则立，不预则废。因此，叮咚买菜的系统在不断的实践里不断得以升级的同时，也不断推进、升级预测性的系统开发。叮咚买菜希望，以此指导整个供应链运营的科学决策及上下游供应之间的动态平衡。"例如长三角城市各地对不同品质的番茄、小白菜喜好和需求量不同。这就需要以精细的颗粒度来进行数字化，通过算法有效匹配供需，真正实现科学预算的动态平衡。这种算法能力超越了农民的个人经验，并且可以扩展到其他品类和地区，潜力巨大。"据悉，目前叮咚买菜的损耗率低于1%，远低于行业水平。在供应链端，叮咚买菜通过走向原产地，进行源头集中采购，减少中间环节，利用技术降低成本，降低损耗，使得生鲜的价格进一步降低，真正实现普惠的目的。

"未来，数据算法的不断升级将对叮咚买菜的四个环节，包括订单预测、末端配送调度、用户画像识别和供应链透明化，起到越发重要的推动作用，叮咚买菜利用数据算法，全面提升运营效率，降低损耗，让用户体会到生鲜电商的美好便利。"叮咚买菜的创始人如是说。

通过对"三个确定"的深刻认知、复购率的追求及拥抱大数据，叮咚买菜破解了生鲜电商"低毛利"困局的同时，也让企业把握住了时代给予的课题，逆势而上，从而在生鲜零售市场的百舸争流中脱颖而出，高扬风帆，破浪前行。

第三节　以奔跑致敬美好生活

叮咚买菜董事长发起创建了一个跑步社团——"叮咚 Run！"社团成员们每天坚持跑步，跑成了上海张江地区长跑的主力队伍，也跑过很多城市，甚至跑出国门。更重要的是，在日复一日的坚持不懈中，"叮咚"精神像一粒种子一样开始在团队里生根发芽。"创业是一场马拉松，长跑是一种修行。公司里的同事，一起做过很多事、经历过各种艰难，相互之间的接纳和信任就会高很多。"

如今，这股成长在叮咚买菜血液里的简单、坚韧，转化为企业蓬勃生长的气质和强组织力，引领着企业继续奔跑在生鲜零售的赛道上，致敬更美好的生活。

一、立足上海，遍地开花

前置仓模式、大数据驱动后台，这样的小前台大后台方式，让叮咚买菜的线下成本控制得以保障；对区位优势的不敏感，让叮咚买菜的模式更便于复制扩张。

2017年5月上线后，叮咚买菜深耕上海市场三年并逐步拓展至杭州、苏州、宁波等长三角城市，共建立500个前置仓，实现了模式盈利的第一阶段探索，更实现了创新模式在长三角的落地深耕。

2019年7月，叮咚买菜从长三角向深圳扩张，完成全国性布局的第一步。46天内，叮咚买菜团队完成了前期用户调研、供应链后台的搭建、总仓和前置仓的开设、一线人员配置等准备工作。同年8月24日，叮咚买菜首批15家前置仓开业，覆盖龙井、蛇口、梅林、八卦岭等区域。此后仅用七天时间，叮咚买菜在深圳的订单量就已近3万单，每天新增用户数都在以70%的速度增长。

2019年9月，叮咚买菜的运营主体"上海壹佰米网络科技有限公司"完成了注册资本扩张，由原来的1061万元增长至15亿元，增长幅度达14137%。新增的资本将极大加强平台的综合实力，也意味着公司有了更高的目标。

2020年4月，叮咚买菜首次尝试进军北方市场——首批开设18个前置仓，分布在北京的回龙观、双桥、青年路等社区；截至2020年8月，前置仓增至100多家，未来还将不断开设新的前置仓达到全城覆盖。

与此同时，叮咚买菜基于市场下沉趋势及市场机遇的考量，在短短一个月内，进军布局南京、扬州、马鞍山、廊坊、佛山等十余个城市。2020年11月底，正式宣布进军西南，首站入驻成都。截至目前，已在全国覆盖30多个城市，日订单量达90万单，服务全国近3000万用户，业务范围由一二线城市向三四线等更多具有消费潜力的城市下沉。

区域不断拓展，实现南北市场捷报不断之时，叮咚买菜总部的整体体系支撑也是战绩不断。截至2020年12月，叮咚买菜的SKU（品类）实现2500+，是普通社区团购SKU数量的6~10倍；主菜渗透率为70%左右，而行业的平均水平在50%左右；平均每个用户的订单里会有七件商品，平均客单价在70元左右；用户复购率达70%，其中购买五次以上的普通用户就有可能去选择购买会员绿卡；购买绿卡会员的用户每月下单次数平均增加两单，目前绿卡会员的消费额已经占到了整体消费额的40%~60%。

二、像"种子"一样生长

叮咚买菜提倡"生长"哲学——企业的人才体系、运营体系、执行和供应链建设体系乃至企业的文化价值体系，都应与社会、时代同命运共呼吸。

叮咚买菜认为，使命即商业模式——一个商业模式的真正生命力，在于它的基因和生长能力。换言之，一棵好的大树苗子，给予合适的土壤，就可以长成参天大树；但一棵草的种子，再怎么浇水施肥，也只是一株草。叮咚买菜认为，企业能长成什么样，关键在于究竟是一颗什么样的种子。于是，当同行通过扩大区域、增加业务形态来增长业绩规模的时候，叮咚买菜只在很少的几个城市运营前置仓，并且强调做透做深，要像种子一样，深深扎根。在业绩方面，同行一般会制定单量目标、营收目标，而叮咚买菜特别强调复购率和用户的月均单量，围绕消费者生鲜购买痛点，积极寻找最佳解决方案。

因此，在叮咚买菜上了一定规模之后，仍强调保持创业初心——最在意商品的品质和服务的优劣。

为强化服务品质，叮咚买菜推出了三大措施，即响应时效制度、用户感知评估和全过程内部推广。例如，在响应及时性系统中，叮咚买菜明确定义了首次连接率、客户投诉首次响应率、权利保护首次响应率和退款及时性的时间。此外，内部培训和竞赛分阶段、分岗位进行，不断提高客服人员的业务能力。在2018年11月，正式成立高管中差评学习班，直面用户反馈，推动关键问题高效解决。在2020年9月初，在上海市消保委组织的"2020年上海线上生鲜平台消费评价"活动中，通过对运营能力、品控能力、客服能力三个维度的评价，在全国16家有代表性的线上生鲜平台中，叮咚买菜的综合评分最高，位列行业首位。同年10月，北京市消协公布的生鲜电商消费调查报告显示，叮咚买菜、天猫生鲜、多点和美团买菜等四个平台的综合评价最高，优质的服务和良好的用户体验，达到了五星水准。

如此成绩来自叮咚买菜的互联网企业背景，团队身上有着难得的自由创新和高效严谨这样有机糅合的气质。叮咚买菜的团队有个可爱的称呼，叫"铁军"。源于企业CEO部队出身的职业渊源，更展现了团队简单、高效执行、能打胜仗的作风要求。目前，公司里有近600名退役军人，高管中有四名是转业军人。在企业总部，叮咚买菜要求的是更宽松的氛围，强调协同力，释放创造力——"轻等级，重职责，无边界"，尊重专业，信任同事，也就是企业日常所传达的"前线像军队，总部像乐队"，充分碰撞思想，达到刚柔相济、相得益彰的效果。在人才体系建设上，企业建立了叮咚大学，CEO梁昌霖亲自挂帅任校长。每一次结业课，梁校长再忙也会坚持参与，与员工们面对面聊一聊工作心得与体会，将企业的使命和文化揉成最朴实的语言进行传达。

"不会让优秀的人离开，平庸的人留下"，是叮咚买菜的人才培养目标。叮咚买菜为此根据自身需求和业务特色打造了一整套专业且先进的人才培训体系，让员工的专业技能以及综合实力得到迅速提升，培养出更多拥有足够职场竞争力的人才。但与一般的生鲜公司不一样的是，叮咚买菜在人才选用上不以同行业公司的工作经验作为唯一的标准，更青睐于在校大学生的发展与培养，尤其是供应链端岗位人才的培养。企业希望以最简单、朴素的理念和人才，介入整个大供应链的改造过程中，改善供应链上不合时宜的"陋习陈规"，以自己坚守的"星星之火"，不断影响并助力整个供应链的科学化建设。除了完善的人才培训体系，叮咚买菜还设立了丰厚的期权激励计划，确保每一位优秀的员工都能共享叮咚打下的成果，以2018年6月发放的员工期权为例，如今已经有了十倍左右的增长。

在人才建设和管理机制上是如此，在对行业的整体发展及产业的变革上，叮咚买菜的思考更为深刻。叮咚买菜始终认为，生鲜的品质即为核心竞争力。因此一方面继续开仓布点；另一方面，花了巨大的精力去打造上游供应链。数字化建设、农业技术示范园建设、机制建设，是叮咚买菜率先作出的尝试。

以数字化建设介入种植过程的监管，食材的回溯，让整个产业链过程相对透明，达到了真正改造农业生态的目的。机制建设则是利用平台不断扩大的规模效应，不断影响并实现供给侧升级，例如强化对食材检测标准的制定，影响田间农药更合理、科学地使用等。农业技术示范园建设更是叮咚买菜深入上游产业链的创新探索。2020年9月7日，叮咚买菜的智慧农业示范园区项目在金山区廊下镇正式签约。据悉，叮咚买菜智慧农业示范园项目建设时间为2021年到2025年，三期总投资近20亿元。后期，叮咚买菜还将在廊下构建丰收联盟和打造人才学院，建成科教培训中心，培育更多菜农，同时带动廊下其他农产品种植和管理更新升级，构建叮咚丰收联盟，实现农业产业链集聚，促进农民就业增收，推动农业产业升级。同年12月10日，叮咚买菜与柘林镇新寺经济合作社签署合作意向协议，在奉贤建设叮咚买菜智慧农业示范园。项目拟种植在叮咚平台排名前十以内的畅销品种。一期计划将形成自有示范基地体系、中外农业科技成果转化体系；二期推动形成更多产业链，带动周边相关产业发展。

一切围绕"美好"为核心进行种子成长培养，让叮咚买菜在市场竞争的风雨里，锤炼出了坚强的意志、强大的抗力和生长能力。在突如其来的风暴下，根基深扎，反应快速，仍旧保持自身持续的生长。以疫情期间为例，大年初七，企业推出了"大份简装"等新品类，平均价格下降30%。在平台运营压力巨大的前提下，依然坚持在放假期间成立100多人的保供应小组——从除夕夜开始，就将全部采购员派到合作的云南、贵州、山东等农业产地，协调产地人员复工，保障疫情期间的产品供应。

2020年9月第一个自营蔬菜种植基地正式落定

路漫漫其修远，雄关漫道真如铁。以高度敏锐的战略前瞻意识、坚持不懈的意志、强大的组织能力和果决的执行力，辅以数字化建设的叮咚买菜，正以谦卑之姿态、昂扬之斗志，不断学习不断开拓，领跑中国生鲜电商发展。

企业家专访

让美好的食材，触手可得，普惠万众

——上海壹佰米网络科技有限公司（叮咚买菜）CEO梁昌霖

《样本》：叮咚买菜致力于成为"全球最大最值得信任的食材食品运营和销售商"。为实现这个目标，叮咚买菜正在做和准备做哪些事情？

梁昌霖：中国人重视"一日三餐"。生鲜，是民生工程重要的组成部分。我们认为用户的需求是叮咚买菜创业的价值，有品质才有尊严。这是叮咚买菜一直坚守的底线。所以才有了我们的品质、时间、种类三大确定性核心逻辑。这就是叮咚买菜现在、未来得到更多用户信赖的基础。

其次，我们一定要逐步地改进和完善供应链。改善供应链是我们持续赢得客户，走向未来的基础。做生鲜零售，一定不能只是做食材的"搬运工"。所以，我们介入上游源头，帮助建立更科学的农业种植体系，以科学的准确的市场数据指导生产供应，致力于供应链整体提升建设，才能真正实现推陈出新，赋能农业，促进整个产业的健康发展。我们一定要让农民有好收入，让市民有好菜品。我认为，一定要坚定地做时间的朋友，耐得住寂寞。一件好的事情一定会做对，但需要时间慢慢来改变。而且，我们也慢慢将自己定位为社区的"邻居"，花时间花功夫把事情做好，不偷工减料，不急功近利，把一日三餐这件事情变成一件很温暖的事情、很有良心的事情。

《样本》：就在线经济企业而言，叮咚买菜做农业示范产业园、深入源头基地、成立研究院等，一直在加码"加重"自身的商业模式。对此，您的规划初衷和理念是怎样的？

梁昌霖：水善利万物而不争，叮咚买菜作为民生互联网企业，希望通过自己的努力，像水一样，通过自己默默、坚持不懈的努力，一点点成长，以使命和行动，做好自己的同时，润物细无声一般影响更多的人，从而为产业、社会、国家带来更多的价值。

老子说："居善地，心善渊，与善仁，言善信，正善治，事善能，动善时。"中国农业目前有个很大的问题："好货无好价。"导致劣币驱逐良币，同时无法形成规模带动效率提高、成本降低的正循环。而且，中国的生鲜零售要想做好，很难将模式变"轻"。只有深入源头、积极改善农业技术水平，切实改进生产方式，才能真正达成有品质的服务。所以，我们在源头尝试开发了一些新产品，舍弃了毛利率等考核；也自投资金，组建科学家团队指导种植，推进农业科技的进步；还与更多的地区合作，建立农业产业示范园，希望能够携手更多的种植户、同行、机构部门带动农业走向更加良性循环的未来。

《样本》：叮咚买菜从2019年下半年开始，向深圳、北京乃至西南拓展，门店数量也从500家增长至800余家。这么高频次的拓展行动，会对整体运营带来怎样的压力？

梁昌霖：实际上，叮咚买菜在上海市场已经深耕运营三年多了。在这三年时间里，叮咚买菜初步探索形成了模式盈利的体制，与此同时，培养储备了大量的领导者，形成了拥有一定作战能力的组织体系以及相对成熟的数字化建设系统。

2020年，是生鲜的春天。第一个机会在于，中国农业正在变化——农村土地扭转，越来越多的大型、现代化农业企业出现了，而大规模农业有能力提高技术、提升农产品品质。第二个机会在于，生鲜零售迎来了低毛利率的红利期。低毛利率就是其护城河，它更为刚需、持久、抗周期性，更需要比拼硬功夫。只要你把产业链条里重的、深的、难的事情做好，就能成为护城河，与零售巨头站在新的水平线上竞争。

其实，相对于零售巨头们的全国跑马圈地，叮咚买菜的市场拓展区域相对集中。一方面，我们基于长三角城市成熟的老仓，进行分拆和裂变；另一方面，在集中于东部沿海一线城市以及西南的重点城市进行市场布局的同时，在特殊市场行情下，集中精力做好跨区域供应链和迭代能力建设。

《样本》：在您心中，创新于叮咚买菜的意义与内涵是什么？

梁昌霖：真正创新的背后，是由一万件和惊天动地完全挂不上钩的小事构成的。叮咚买菜作为一个平台，在成长过程中需要无数人去完成这些小事。我们希望和更多坚持不懈去奋斗，有梦想，怀着谦卑之心以及爱学习的人一起走向更美好的未来。

要保持创新的状态，我认为首先要承认不确定性，要对未来保持适度的期待——以上帝思维去规划未来，会扼杀创新的产生。其次，一定要相信团队的力量、群体的力量。要给团队足够的空间去表达，有足够的机制让员工去质疑、去挑战权威，才能在实践里发掘创新的力量。

《样本》：作为长三角一体化建设的一员，您认为叮咚买菜参与国际化竞争还需强化哪些方面的建设？

梁昌霖：叮咚买菜诞生于上海，将会一直坚持专注做自己擅长的事情。目前，我们已经在杭州、苏州、宁波等长三角城市积极布局探索，计划三年内，在长三角地区实现1000家前置仓。不同的时代不同的业态对组织要求都不一样，我们将保持高度的敏锐性，让组织的韧性和灵活性在发展中不断生长，保持企业参与市场竞争的生命力。未来，叮咚买菜在持续推进组织能力建设的同时，将不断强化对供应链的改造与建设，也将尽自己的绵薄之力推进对农业的科技赋能及科学化建设指导，共建美好未来。

《样本》：如今，社区生鲜赛道竞争如火如荼，叮咚买菜将如何应对？

梁昌霖：叮咚买菜这么多年来始终坚守初心——在巨头林立的行业情势下，选择了不站队；在大打价格战的情形下，坚守服务品质的提升；在行业追求轻资产模式为主流情形下，坚持持续"加码"上游。

《论语·尧曰》曰："因民之所利，而利之。"《论语·尧曰》里还引用周武王之言说道："虽有周亲，不如仁人。所重：民、食、丧、祭。宽则得众，信则民任焉，敏则有功，公则说悦。"叮咚买菜既以"让美好的食材，像自来水一样，触手可及，普惠万众"为企业使命，则踏踏实实以实际行动践行自己的诺言，时刻将"因民之所利，而利之"的民本思想浇筑于自己擅长且力所能及的"民生"实践中，以运营规模、科技赋能、大数据建设等影响终端的服务品质提升建设，强化对上游产业链的可持续性、科学性建设探索。在时光里一步步推进，真正实现供给侧改革，真正影响中国农业走向更科学更美好的未来，实现真正的"惠"万众。

对于叮咚买菜来说，现如今情势下社区生鲜赛道的竞争是残酷的，但也是一场对企业组织意志力、能力避无可避的考验。叮咚买菜从前、未来，还将继续接受这样的考验。或许我们的手法、模式、路径需根据情势不断进行创新，但我们永葆初心、底色赤诚。

> **专家点评**

本色通大道

在线新经济代表着未来的趋势和方向，是加快新旧动能转换的重要动力。

2021年3月3日，上海市委书记李强在召开的在线新经济发展座谈会上指出，在线新经济具有改写传统的颠覆力、裂变增长的爆发力、突破区域的整合力、跨界融合的穿透力，兼有创新型经济、服务型经济、开放型经济、总部型经济、流量型经济的特点，有助于提升供给与需求的适配性，在更大范围打通经济循环的堵点和断点，推动国内大循环和国内国际双循环互相促进，有利于优化全市产业结构，为产业转型升级全方位赋能，助力传统支柱产业焕发新的生机活力。

近年来消费互联网的崛起发展，倒逼着国内乃至全球的产业互联网进行改造与升级。尤其是新零售时代的到来，让在线经济企业对供应链体系建设的认知不断强化，持续通过生鲜数字化建设推动农业供给侧升级，加速中国数字经济的腾飞。而随着数字革命加速发展，大数据、云计算、5G、人工智能等新一代信息技术将为在线新经济发展注入更充足的燃料、更澎湃的动能。

在新商业时代，围绕消费者为核心进行一系列商业模式、服务的创新，是互联网企业的"必修功课"——为了消费者的体验越来越好，更为了核心竞争优势的探索与构建，企业开始基于挖掘沉淀的大数据价值，积极推进设计研发生产消费者真正需要的、适销对路的产品，以确保形成大数据驱动的、智慧品牌引领的、快速柔性供应链为支撑的、线上线下全网全渠道融合的、端到端全链路高效精准匹配的新商业要素构成和生态——用算法算力来驱动整个商业发生根本性改变。这是全行业的共识，叮咚买菜身在其间，亦不例外。

疫情冲击下，在线经济数字化建设的构建及市场竞争格局导致互联网企业分化——有的企业因预判不到位，在突如其来的"黑天鹅"事件下措手不及，自顾不暇；有的企业积极拥抱变化，激发、强化组织能力，转危为机。叮咚买菜作为互联网+新零售商业模式的后起之秀，是其中的佼佼者。

但真正体现企业"引擎能量"的是埋藏在这些战略战术之后的"本色"。这种"本色"就是多年来坚持以前置仓模式不断探索，精耕细作，并切实把消费者当作"好友近邻"的服务态度和温度；也体现为多年来坚守着"让美好的食材像自来水一样触手可得，普惠万众"的理念，不断向上向下强化供应链建设，并让流通领域产业链与供应链互联互通、协同协作，只为让食材更加可控、美好的朴实理念。也因为这样，才会有了2020年上半年短短时间内，企业每日订单量超过70万单，服务用户超过2500万，在国内10余个主要城市开设超700个前置仓，在活鲜配送、配送速度、用户口碑和美誉度等方面，均处于行业领先水平的"理性"成绩。同时，也出现了叮咚买菜的骑手们在2021年元宵节后，挨家挨户为客户送手写道歉信、致歉小礼物的感人一幕，只因当天下雨和爆单导致上海部分客户收货略有延迟。

现代商业，从来不缺精彩的战术案例。尤其在零售行业，谁把布局重心从榨取上游利润获取价值转移到依托产品和服务创造价值，谁就掌握了未来战局的方向。唯其勇毅笃行，方显英雄本色。尤其在以国内大循环为主体，国内国际双循环相互促进新发展格局的背景下，叮咚买菜的真实难得，不在规模不在流量也不在高速强执行的运营团队，而是不忘初心与本色，在很多垂直细分领域电商向综合平台电商转型的当下，成为在线经济的先锋兵，依然坚守民生服务的初衷，大巧若拙，踏踏实实把"卖菜"这件关乎老百姓一日三餐的"小事"做好做大。而这，也是叮咚买菜的"成大道"的核心秘密所在。

沈桂龙　上海社会科学院世界中国学研究所所长

第七章
中国大数据信息安全领军者
——上海观安信息技术股份有限公司

- **楔子：** 贴近现实，护航未来
- **企业概况：** 大数据安全整体解决方案提供商
- **创新解读：**

    第一节　数据社会的安全命题

    第二节　战略制胜，重构产业价值

    第三节　专注深耕，护航数字经济

- **企业家专访：** 助力中国大数据+
- **专家点评：** 主动融入产业，筑牢网络空间安全屏障

楔 子

贴近现实，护航未来

志之所趋，无远弗届。

这是一个千帆竞渡、万马奔腾的时代。漫卷全球的互联互通掀起深刻的政治、经济、社会和技术变革，重塑着当今世界。

随着数字经济发展，企业生产经营和市场需求对互联网的依赖进一步增强。对产业数字化而言，运用大数据、云计算、人工智能等新一代数字技术为实体经济、传统产业赋能，可以提高生产效率，是实现中国产业升级发展及方式转变的新路径。数字浪潮风起云涌，一切皆可编程，万物均可互联，数据成为最重要的生产要素之一，每个设备都可能成为攻击点，每一个数据都有可能成为窃取的对象。基于此，安全便成为国家、城市和企业数字化转型、发展数字经济的先决条件，没有科学的安全体系规划和安全能力建设，数字化相当于"裸奔"。

工欲善其事，必先利其器。作为国内大数据安全治理领域的领军者，观安信息把握信息革命历史机遇，凭借在大数据安全及泛安全领域出色的产品研发能力、技术创新能力及完善的安全服务体系，深入运营商、能源、金融、政务等领域深度钻研与解读，贴地运行，率先在领域内构筑起大数据安全治理及信息安全建设的"护城河"和"城墙"，引燃数字经济建设新未来。

> 企业概况

大数据安全整体解决方案提供商

上海观安信息技术股份有限公司（以下简称观安信息）成立于2013年，是上海市高新技术企业、软件企业及"小巨人"培育企业。

一、观大千数据

大千数据无穷尽，技术创新无止境。作为一家市场估值近35亿元的混合所有制企业。企业以"助力中国大数据+"为愿景，坚持以"做一家值得尊敬的企业"为使命，以"睿智谦和、运筹帷幄，立足中国，放眼全球"为主导价值观，不断在数据安全、大数据分析及人工智能等核心领域进行突破创新。在顺应现代化的发展趋势下，公司全力打造业界领军的品牌形象，力争成为新一代网络信息安全产品和服务提供商。

截至目前，公司拥有员工近千名，含有国内外高端信息安全、大数据分析顶尖人才，并在全国设立七个实验室或重点联合实验室，在全国20多个省份设有技术支撑中心，具备强大的技术开发和自主创新能力。截至2020年11月，公司拥有已授权发明专利权17项，受理过程中的发明专利70余项，软件著作权72项，掌握了包括"基于访问特征的webshell检测技术""用户风险行为智能洞察引擎""基于数据分析的欺骗防御技术"等30项原始创新的核心技术，在部分细分领域达到技术领先地位。

此外，公司拥有中科院反黑小组原成员、留美信息安全专家等一大批行业领军人才，在数据安全、态势感知平台建设等多个领域始终引领行业发展，是多个行业标准的制定者；拥有业内领先的核心技术，是工信部、网信办、公安部的技术支持单位，是上海市院士专家工作站，先后荣获2019年世界人工智能产业安全十大创新实践（唯一入选两个方案的企业）、吴文俊人工智能科学技术奖二等奖、上海市科技进步奖、2019年网络安全创新产品优秀奖、5G创新企业、2019中国能源企业信息化产品技术创新奖等多项国家级荣誉。

公司还进入了中国网络安全产业联盟（CCIA）联合数说安全发布的"2020年CCIA中国网络安全竞争力50强"榜单，是工信部威胁信息上报协议单位，并凭借在大数据安全及泛安全领域出色的产品研发能力、技术创新能力及完善的安全服务体系入列本次榜单第20名（前20名仅华为和观安信息为未上市企业）。在国内数字产业第三方调研与咨询机构2020年6月29日正式发布的《中国网络安全能力100强》中，观安信息凭借在大数据分析技术及综合安全技术领域的杰出表现，位居总榜第20名——领军者点阵，身列非上市专业安全企业第一名。

观安信息近年来所获荣誉及资质

二、安无尽网络

观安信息以大数据分析为基础，筑牢无尽网络安全"防护网"。公司着重向数据安全领域、安全攻防领域、工业互联网领域、泛安全领域深入拓展，并将紧跟时代步伐，在"云、物、5G、AI"等各类新技术、产品和服务领域不断深化发展。公司也将积极参与并推进网络安全国产化建设，坚持建设完善的自主可靠可控知识产权体系，为运营商、政府、公安、金融、能源、交通、互联网等行业用户提供全面的信息安全解决方案，保障用户单位业务的可持续性健康发展。

致力打造"精通大数据的安全公司、精通安全的大数据公司"的观安信息，聚焦企业级信息安全服务，强化市场开发能力、创新项目管理能力与新技术研发能力，在大数据安全、工业互联网和工控安全、网络安全、信息安全、业务安全（风控）和公共安全几大核心方向主动焊牢网络安全，为用户提供全面数据安全解决方案中所需的各项安全产品和技术服务。同时，观安信息建立了覆盖全国的安全应急响应团队，提供全年7×24小时快速响应的服务能力。

截至目前，观安信息硕果累累——既具有公安部网络安全保卫局授予的"国家重大活动网络安全保卫技术支持单位"，也是连续三届进博会的网络安全保障的牵头组织单位，先后为G20杭州峰会、党的十九大、博鳌论坛、上合峰会等国家级重大事件提供网络安全保障，多次被评为上海市网络安全工作先进支撑单位，每年积极参与公安部组织的攻防演练行动，以优异的演练成果受到相关部门的高度肯定。2019年，观安信息参与上海市大数据中心、一网通办、一网统管的建设，为政务系统的平稳运行提供安全服务、安全咨询和安全保障工作；为上海市委网信办建设监管机构安全态势感知平台，为上海市智慧公安建设提供专业技术支撑服务。观安信息还是联合国驻亚太地区唯一的培训基地，每年配合商务部为"一带一路"沿线国家的首脑政要进行信息安全方面的专业培训。

保障网络安全要"硬实力"，更需要家国情怀和社会责任的主动承担。自成立之日起，观安信息高度重视对社会尤其是社会贫困地区人民的反哺和帮助，先后在贵州省、四川省、西藏自治区等地区开展教育、医疗多类型公益支持活动。

观安信息开展"雪域义诊"公益行动

> 创新解读

第一节　数据社会的安全命题

大数据时代，数据的挖掘、处理、运用，在给社会带来便利的同时，也造成了数据的不合理使用和对个人信息的威胁。越来越多的事实表明，安全威胁已经从网络空间蔓延到大型制造、电力、交通、医疗等现代社会的命脉行业中，而且这些行业无不关系到国家的稳定和群众的利益。

没有网络安全就没有国家安全，没有信息化就没有现代化。如何利用大数据、人工智能等数字技术提升社会治理现代化水平，更好地服务社会经济发展和人民生活改善，建设网络强国，已成为重要的时代命题。

一、自主可控，国产化战略升级

信息化建设成为国家战略，数据安全已经与政治安全、经济安全、国防安全、文化安全共同成为国家安全的重要组成部分。人们的正常生活越来越依靠这些关键基础设施的正常运转。

从计算机行业来说，我国在芯片、基础软件等战略性产业核心技术上的差距仍然较大，短板亟待补齐，但国内应用软件和基础硬件与世界水平的差距正逐步缩小，尤其近年来随着中美贸易摩擦逐渐由经贸领域向科技领域延伸，全球贸易新秩序在竞合中正逐步建立，"自主可控"成为关键要素，促进、激发了我国发展信息技术应用创新（以下简称信创）的决心，以推动全产业链发展。

在我国正加快核心技术突破，推动国产基础软硬件持续迭代升级的当下，尤其是2020年，在复工复产与"新基建"全面启动的背景下，各地信创项目如火如荼铺开，信创产业出现了一个现象级的风口——国内IT厂商以前所未有的联合创新力度，在信创的生态建设方面投入了大量精力和时间，共同研发和适配产品，不断推出解决方案，为基础软硬件及产业链带来基础性、底层技术的变更，切实提高我国核心技术的创新能力的同时，共同建立了信创生态体系，切实推进网络强国战略使命达成。

信息安全因自身性质需求，天生带着信创要求的各项属性，助力数字经济发展的安全、自主可控。不仅如此，近年来信息安全领域开始从大安全领域逐步深入各个行业领域，结合行业企业探索新模式，助力打造信创产业链，推动信创产业产值朝着百亿级、千亿级目标迈进。以观安信息为例，自2019年8月积极融入信创生态体系至今，已与兆芯、申威、麒麟完成互认，并得到公安部第三研究所安全可控产品资质查验与认定，且目前已有三款产品完成全部检测，并入围中央国家机关2020—2021年信息类产品（硬件）和空调产品协议供货采购。

未来，围绕"新基建"的国产软硬件全面规模化应用进程将逐步加快，信创产业面临加速发展的黄金机遇期——继续突出新技术供给和新产业发展，做强集成电路等信息技术领域的核心产业，强化人工智能、区块链、量子通信、5G移动通信等技术攻关，促进新兴产业培育。此外，也要强化新技术新业态新模式对生产、流通、分配等经济活动的改造，支持建设若干数字化转型促进中心，推动新一代信息技术与实体经济深度融合，使数字化的研发、生产、交换、消费成为主流，形成数字经济发展新动能。

当人工智能、5G技术等越来越广泛应用于各类应用场景，相比以往，信息系统和互联网产品向智能化的转变更加具有颠覆性，给信息安全建设带来了更大的挑战。尤其能够直接影响人和信息之间关系的变化、信息生产方式的改变，并直接传导给信息安全领域，从而从多个维度重塑信息安全理论与实践，给信息安全建设提出了时代的新命题。

二、新技术、新场景催生新需求

从整体趋势而言，抓住机遇，加快推动数字产业化，不断催生新产业新业态新模式，加快利用互联网新技术新应用对传统产业进行全方位、全角度、全链条的改造，提高全要素生产率，做大数字经济红利，前景将不可限量。而在这场数字化浪潮中，网络空间日益成为现实空间博弈的辐射和延伸，在未来数字化社会的利益拉扯中，网络的主导权站在了最前线。抓住新一轮的技术革命机会，快速开发出更先进的网络安全技术与体系显得越发重要。相关数据显示，在人工智能、5G赋能下，关乎网络安全的市场规模将会再次增量。

历史表明，网络安全威胁随着新技术的进步而增加。以人工智能为例，中国信息通信研究院安全研究所发布的《人工智能数据安全白皮书（2019年）》指出，人工智能自身面临的数据安全风险包括：训练数据污染导致人工智能决策错误；运行阶段的数据异常导致智能系统运行错误（如对抗样本攻击）；模型窃取攻击对算法模型的数据进行逆向还原等。2020年，世界互联网大会上发布了由中国网络空间研究院编著的《世界互联网发展报告2020》和《中国互联网发展报告2020》。两报告均认为，线上服务陡增，加剧了网络安全威胁态势。疫情客观上加速了传统线下业务向线上转变的进程，促使云办公、云医疗、云教育等新业态新模式的快速发展。不过，云端业务相关网络安全防护措施如果未及时跟进和完善，远程在线服务管理机制和远程环境下的网络安全防御体系较为薄弱，就会给网络黑客以可乘之机。中央针对网络空间与数据安全，在《中共中央关于制定国民经济和社会发展第十四个五年规划和二〇三五年远景目标的建议》中提出多项部署，包括"全面加强网络安全保障体系和能力建设"和"建立数据资源产权、交易流通、跨境传输和安全保护等基础制度和标准规范"。

值得警惕的是，人工智能与实体经济深度融合，医疗、交通、金融等行业对于数据集建设的迫切需求，使得在训练样本环节发动网络攻击成为最直接有效的方法，潜在危害巨大。与此同时，在人工智能的推动下，信息安全不仅仅成为保障信息系统、抵御外部风险的手段和措施，更与信息化发展融为一体，影响并推动着整个领域的安全和发展。科技企业基于技术的变化趋势、情势政策的变化及自身核心优势，快速定位、多元布局，投注于各个领域。以观安信息为例，在2020年世界人工智能大会上发布了由观安牵头的人工智能数据安全风险评估平台。它的问世，预示着观安信息在人工智能大数据安全领域建设上迈上了新台阶。

作为新一代信息基础设施之一，5G成为我国经济高质量发展的重要引擎。由它提供的超强的、极高密度的接入能力和高速上传能力将为国内物联网的发展提供强大推力。但同时，它给网络安全建设带来的不是单纯的技术问题，而是涉及技术、管理、流程、团队等方面的系统工程——5G时代更需要加强网络安全管理。例如，5G的虚拟化和软件定义能力以及协议的互联网化、开放化也带来了新的安全风险，使网络有可能遭到更多的渗透和攻击。而且随着5G技术推动AI和IoT发展为AIoT，并使得语音和人脸识别及变脸应用逐渐平民化，信息安全问题面临的挑战更加复杂。市场规模扩增，需要信息安全领域的企业驱动技术前行。以观安信息为例，基于认知基站及空口为5G网络的边界在安全上至关重要，且其将对核心网安全、边缘计算安全等产生直接的影响。因此，在业界亟须研究5G基站安全评测相关的方法及工具，用以检测5G基站安全性的需求下，企业提出了5G基站安全评测思路，研发相关基站安全测试工具，研发空口攻击测试工具，研发信令加解密一致性测试的工具，助力数字经济建设。

根据赛迪顾问预测，未来几年，随着5G、物联网、人工智能等新技术的全面普及，网络信息安全市场规模将会稳定上涨；到2021年我国网络信息安全市场将达到926.8亿元。网络信息安全正在迎接全新的黄金时代。

第二节　战略制胜，重构产业价值

美国知名智库新美国安全中心发布报告称："在人工智能方面，中国相对于美国不再处于技术劣势，而是已经成为真正的竞争对手，甚至在某些方面也许有能力超越美国。"

新一轮科技革命和产业变革，推动人类走向数字化新时代。近年来，大数据的实践从最初的互联网科技行业，正逐步向金融、公共事业、零售、生产制造等传统行业渗透。在这样的背景下，把"信息科技与各种安全需求的满足相融合"的"泛安全信息化产业"成为关注的焦点。观安信息身处其间，凭借自身精准定位，重构了价值壁垒；通过持续创新，提升了核心产品在市场上的竞争能力；采取顾问先导模式的推进及标准优势的构筑，高举高打的市场策略，成为网络安全领域一股不容小觑的创新力量。

一、精准定位，重构价值壁垒

管仲说："利出一孔者，其国无敌。"大数据安全治理和数据安全领域占地浩大，观安信息必须明确优势，集中力量全力推进，才有可能在国际竞争中"弯道超车"，在未来占据一席之地。于是，基于对自身价值的深刻认知，有了国有资本占比40%，安全行业里的"国家队"标签；有了锚定"大数据+泛安全产品与服务"的坚决；有了"精通大数据的安全公司、精通安全的大数据公司"的精准定位；在创业初期更有了始终坚持"一主两辅三区域"的经营政策，即一个主要行业（运营商行业），两个辅助性行业（政务、金融），三个重要区域（上海、北京、成都）——观安信息上海总部发挥技术资源和本地化服务优势，并持续扩大公司在上海地区的业务规模，在大数据治理走在前列的城市里尽全力参与创造更多的创新场景，辐射全国。北京是观安信息在研发、标准、行业等深入构筑优势的高地，与上海在商业及研发上双向呼应，与此同时管理辐射带动我国北方地区的公安、医疗、汽车、工控安全等项目；成都则建立了非法集资和金融反欺诈的监控中心，深耕金融与安全的大数据治理，与政府相关金融部门、公安部门紧密合作，以业务为导向，规划打造成为公司的金融业务中心。这样"1+2+3"的模式，让观安信息团队在行业内脱颖而出。

经过了十几年的演进，我国大数据技术向数据治理、数据分析应用和数据安全流通延伸，不断为数据资产化和要素化提供先进的生产工具。尤其是"十三五"期间，我国大数据融合应用能力不断深化，大数据创新应用场景快速兴起迭代，工业、电信、互联网、金融等重点领域优秀大数据产品和解决方案加速涌现。观安信息，成长于斯，以自身精准构筑的优势，成为发展的标杆。

以大数据治理为例，观安信息从早期的数据动态脱敏系统起步，逐步深入大数据安全分析和数据安全领域，陆续研发了观安观鉴安全态势分析系统、用户异常行为系统、业务风控系统；观安观智数据静态脱敏系统、数据库审计系统、敏感数据发现系统等多个系列产品，同时在网络安全威胁防御领域研发了观安观镜WEB应用安全防护系统、观安魅影威胁检测系统等产品，以价值优势构建品牌优势。

2020年12月11日，数世咨询《蜜罐诱捕能力指南》正式发布。观安信息以观安魅影威胁监测系统的优异产品表现及在蜜罐诱捕领域的深切影响力获得数世咨询的高度认可，在"蜜罐诱捕能力点阵图"名列前茅。这款系统通过设计好陷阱并引诱攻击者上钩，及时发现未知威胁，从而精确地感知攻击者行为，收集和捕获攻击行为，方便管理员做出及时的安全响应。当攻击者或者蠕虫病毒突破边界网络进入内网之后，必然会为了横向移动而嗅探内网（使用黑客工具或者看到了沦陷主机上的诱饵），从而触碰到诱捕节点，攻击者流量被转移到蜜网中。由于蜜网中是高交互蜜罐，所以可以延阻攻击，同时产生告警，并对攻击者所有的行为和动作进行分析形成攻击行为画像，而后作为威胁情报输出到其他安全系统形成联动防护。目前，"观安蜜罐"已成功在部委、运营商、公安、金融、电力、医疗、教育等多个行业用户应用，并取得了显著成效。

近年来，随着智慧城市、5G、物联网、工业互联网、人工智能等技术的兴起，观安信息加快了在新兴技术领域的布局，推出工业互联网态势感知系统、工控流量监测和审计系统等产品，从整体上形成了以大数据安全分析平台系列、数据安全系列、威胁防御系列、工业互联网安全系列产品为核心的多层次产品体系，为客户的网络安全筑起一道坚实的壁垒。同时，也通过构建新型智慧城市态势感知平台，加速推进实体基础设施和信息基础设施相互融合、构建城市智能基础设施，以5G安全态势、物联网安全态势、云安全态势等平台在城市经济社会发展各领域的运用为主线，以开发、整合和利用城市信息资源为核心，通过智慧的应用和解决方案，实现城市管理的精细化、公共服务的便捷化和生活环境的宜居化。

从运营商行业切入并深耕的观安信息，构建了一套具备观安特色的技术产品体系、行业项目体系以及极具影响力的观安品牌。同时，股东架构的设置，将其在运营商体系内关于技术、标准、案例经验的优势体现得淋漓尽致。通过这样的优势组合形式，观安信息在百舸争流的信息安全行业奠定了自己领先者的地位。随着需求推动通信大数据价值的进一步发挥，政策铺垫为工业大数据提供发展机遇，金融大数据应用成为行业核心竞争力，数据治理的重要性在这些领域愈加凸显。观安信息提前布局，以信息安全角度切入政务、金融领域，助力智慧城市安全建设和行业发展。

观安信息产品与服务

二、持续创新，锻造产品核力

互联网技术已取得一项又一项颠覆性创新，更需要价值理性的升腾。

观安始终重视技术研发创新工作，一直保持较高的研发投入。与此同时，紧跟全球信息技术发展趋势，贴近用户需求，不断更新迭代既有产品和解决方案，孵化培育新兴产品及服务。

观安信息的管理层成员均来自行业内知名企业或科研机构，且拥有20多年高端客户信息安全服务经验、安全专业技术经验及大数据分析经验，是国内外高端的信息安全、大数据分析顶尖人才。从2017年至今，随着企业规模的不断扩大，经营业务的不断增长，公司员工从200多人增长到了800多人，近70%员工具有本科及以上学历，科研、技术、项目管理等人员继续在人才团队结构中保持80%以上的高占比，保证公司各个产品、服务的日趋完善。公司员工共计拥有352个各类专业资质证书。

为持续强化创新能力的建设，观安信息设立了创新研究院、产品研发中心、质量部及产品委员会，明确了研究开发到产品落地的路径，建立了自上而下、互相协同的产品研发管理体系。与此同时，公司成立四大实验室——"尽藏""自现""无相""无限"实验室，分别进行大数据收集与存储应用研究、大数据分析与展示应用研究、安全防攻及数据分析、安全软件及技术研究。截至目前，观安信息建立的三大重点联合实验室——车联网联合实验室、智能电网联合实验室、工业互联网安全实验室，分别与中国信通院、安吉星、国家电网全球能源互联研究院等单位进行"大数据+车联网""大数据+工控安全""大数据+工业互联网态势感知"等前沿研究，并已取得重要成果输出。例如公司建立的"无相"安全攻防实验室，已经完成基于网络欺骗技术的主动防御系统——观安魅影产品，基于数据动态脱敏技术的数据库安全产品，基于大数据、机器学习及深度学习的统一安全态势感知平台等拳头产品的开发工作。"无相"实验室还在2017年国家互联网应急响应中心主办的网络安全攻防大赛中排名第一。

随着信息安全市场的进一步成熟以及新兴产业、技术的不断涌现，网络信息安全建设需求逐渐升级为安全产品、集成、服务相互交织的综合解决方案。观安信息是国内首家提出数据安全动态脱敏技术概念并验证的厂商，至今在全国保持技术领先地位，并且是同行业唯一实现大规模应用的企业。该技术具有智能容错的深度语法分析系统，可以提供对数据库访问行为的深度解析，具有业内领先的分析精确度，产品已经在电信、金融和税务系统落地实施，技术层面在业界具备足实的领先度。由此，企业在大数据分析技术和安全态势感知领域，积累了多项技术专利储备，主要产品在运营商、证券行业等多个大型客户应用。目前在中国移动各省公司安全态势建设中，观安产品所占份额排名第一。

企业建设的网络安全智慧中台，依托云原生技术、大数据技术、AI技术的融合，逐渐成为公司目前各类安全产品的统一云化PaaS平台、统一运行数据的处理分析平台、统一AI智能模型平台。该中台率先应用于政府、公安、金融、医疗及运营商等行业，无缝对接企业私有云资源平台，通过和云资源平台适配接口，利用云原生技术天然优势，提供风险识别、威胁监测、安全防护、应急响应一体化的安全服务链编排能力，实现企业自适应威胁检测和防护。同时公司通过网络安全智慧中台技术优势及生态优势积极和运营商、云服务厂商、云IaaS厂商合作，共建"云安全SaaS市场"，为公有云租户提供在线订购、弹性扩容、计量计费等全品类安全SaaS服务产品；并为云上租户提供满足等级保护三级要求的安全防护能力。以智慧中台为抓手，公司还同步大力拓展云安全服务市场，通过"平台+产品"的模式，大力拉动目前公司各类标品的销售和市场拓展，力争成为国内主要的公有云安全服务提供商。

此外，基于网络生态综合治理，观安信息还强化了在数据治理安全防护上的建设，深入各个领域形成各个解决方案。以数据安全治理平台为例，观安实现了以数据安全防护为核心，以数据安全治理基础框架为基础的一套全生命周期数据安全治理系统。并基于该数据安全治理框架，设计并实现了一个综合性的数据安全治理平台——基于人工智能的车联网平台，即利用车辆的各类传感器数据服务行业客户，从车内安全管控、车外场景抓取、车辆工况数据及驾驶数据分析等角度，形成多款标准产品及行业解决方案，开放式地为交通主管部门、城建主管部门、安全主管部门、保险公司等各类机构提供应用服务，助力城市智慧交通的建设。

除此之外，观安信息持续融入新技术，有效提升业务风险控制水平，打好主动战。随着技术的发展，黑客的攻击手段也不断升级。观安信息一是实时风控与离线分析风控同步推进，防范实时风险的同时，深度防范持续深度攻击；二是从机器行为分析、异常检测、异常行为分析、用户画像、关系分析等多方面，深入开展机器学习和算法设计，整体提升风控水平和能力；三是在现阶段运营商风险控制、重点电商风险控制的基础上，将图分析和深度学习等运用起来，从深度和广度两个方面提升业务风险控制产品能力和水平。

对科研不遗余力地投入与不懈坚持，让观安信息七年时间构建并形成了四大类14个产品线，并通过对创新研发的大力投入与储备，及对市场的深耕和快速反应，形成了持续创新并对市场保持高度敏锐的竞争能力，逐步建立了自身特色的核心产品体系，构建了自身的核心优势。

三、顾问先导，构筑标准优势

调查显示，目前大部分的工业互联网企业缺乏安全监测能力，95%以上的企业只能通过外部通报或是看到显著的损失后才能发现其自身正在面临的网络威胁。作为市场的开拓者，观安具备成熟的技术研发与项目执行机制，具备响应特定行业客户定制化需求的项目研究、开发和实施能力，通过始终密切追踪下游应用领域的技术动态，并不断挖掘潜在客户行业的安全需求。观安在长期的项目执行实践中积累了丰富的业务经验和能够完成各类安全服务项目设计与执行工作的能力，但也在不断的锤炼下，观测到了行业的基本特性——需求方与服务方的理解不对等。于技术而言，实战是最好的"开刃"神器。

在第一线经受多年洗礼的观安信息，将自己定位为客户亲密的产品领先型公司，探索出了一套独有的服务模式——秉承"不离不弃"的企业文化，在业务前期实行顾问先导模式，并强化客户体验流程，完善产品、销售、交付的完整体系，建立健全运营模式。这套服务模式的核心在于，观安信息需要介入更多元场景的市场教育建设，以更自然亲和的方式和品质服务，让自己与客户形成"亲密有间"的合作关系。

在这套服务体系下，企业加强顶层设计，积极参与行业标准的制定，构建技术、产品标准体系及行业协作模式。公司的技术优势、产品和解决方案得到了国内各级政府的肯定和支持，目前已承担17项国家级、省市级重大科技计划项目，参与了38项网络信息安全国家、行业技术标准的研究制定，积极引领技术标准在网络信息安全产品中落地。公司产品在技术持续领先、功能不断丰富的同时，全面符合国家规定以及行业内部的技术规范——深度参与并联合多个权威机构、行业伙伴发布了诸如《人工智能安全标准化白皮书（2019版）》《工业信息安全标准化白皮书（2019版）》《中国网络安全产业白皮书（2019年）》《金融业网络安全白皮书》等白皮书，从金融业网络安全、数据安全、IPV6安全、工业信息安全、人工智能安全、网络安全产业等新技术、新业态、新视角，发挥公司独有的技术优势，助力信息安全产业发展，为国家网络安全健康、稳定发展贡献力量。在标准落地应用、平台助力建设，以及数字监管强化的同时，也促进了观安相关技术、标准、研发、应用等方面的产业合作不断增强，对制造业数字化转型和实体经济高质量发展的支撑作用日益显现。

通过标准优势的确立，观安信息为业务前期的另一个核心环节——顾问先导模式打下坚实的基础。在观安信息内部，会专门培养具备专业能力的顾问，并根据业务特性配以不同领域的专家、技术人员及管理干部互为支撑，积极参与到每一场业务洽谈、学术研讨或培训等活动中，在市场上展现整体专业能力形象。与此同时，观安信息通过对"不离不弃"的文化坚守、"铁三角"的交付体系在客户心中树立良好的品质服务形象，以口碑+顾问形式，强化市场对企业服务的认知与认可。2020年12月16日，由联合国训练研究所上海国际培训中心主办的首届"大数据安全总裁研修班"，由观安信息承办。会上，10多位来自各个领域的企业总裁及高管参与，观安信息调动自身专家资源及企业项目负责人开展城市"智"理框架下数字化转型之路的系列安全培训。通过这样认可与科学的规划设计，观安信息制定了"体系化""多维度""多场景""泛安全"的大数据安全培训纲要，与企业用户共同构建数字化行业发展新高度，助力和保障数字中国建设进程。

第三节 专注深耕，护航数字经济

经过近年来的快速发展，我国已成为名副其实的数字经济大国。观安信息的成长，实质上是我国"十三五"期间数字经济建设成果的一个缩影。把握数字经济战略机遇，助力加快推进"十四五"数字经济发展，是以观安信息为代表的数字科创企业的共同期待。发挥自身优势，深入领域运作，加快促进完善数字治理探索，为建设数字经济强国提供保障，则是企业们共生共荣的历史使命。

一、不离不弃，共生共长

人工智能产业的兴起，一方面深刻地影响了数据行业，另一方面更凸显了数据安全的重要性。尤其是，网络安全习惯于采取"事后补救"的措施，已经越来越无法满足新型工业互联网的安全需求。

观安信息在市场探索中，越来越深刻地意识到单纯销售产品盈利模式短期或许能够迅速实现盈利，但此模式单一且薄弱，并非长久之计。由此，企业构建服务客户全生命周期体系，与客户不离不弃、共生共长，不仅建平台，也建生态，更好地满足客户要求，为客户提供更有品质的服务。

在长期的探索与运营中，观安信息形成了自我特色的"不离不弃"文化——与国家安全不离不弃，与奋斗者不离不弃，与客户不离不弃，与创新不离不弃，与合作伙伴不离不弃。"我们一直倡导的是生长理念，跟着客户需求一起生长，跟着市场的变化一起生长，跟着国家建设一起生长。'与天下同利者，天下持之；擅天下之利者，天下谋之。'"观安信息如是表示。

如今，"不离不弃"文化潜移默化地内嵌于企业的方方面面，支撑着企业的整体战略发展。以技术和创新为例，观安信息充分发掘人工智能的优势，重视对网络安全技术的研发与创新发展，致力推动我国网络安全技术领域在快速发展阶段能够实践性落地及规模性应用。信息时代进入数据时代，数据的价值正在进一步地凸显和被挖掘，数据已经成为企事业单位的核心资产。相应地，以数据为目标的网络攻击已经成为数据时代新的安全威胁。观安通过观安魅影与NTA等新一代产品线，增强安全探测能力是提前防范网络攻击的重要手段，并通过赋能安全态势平台等平台类产品，实现对网络安全的可视化与溯源分析。2020年9月，由上海市经济和信息化委员会组织，中国工程院副院长陈左宁院士带队，28名院士及专家组成的"中国工程院信息与电子工程学部上海市院士科技行专家团"与观安信息技术专家团队就人工智能算法安全相关技术课题展开深刻探讨。一桩桩、一件件事件的推进与促成，观安信息通过在各个技术领域的全局落子，进一步布局助力整个数字经济网络健康发展。

除了常规的业务支撑，在新冠肺炎疫情期间，观安信息还依托互联网、大数据、人工智能等新一代信息技术发展起来的数字经济，在疫情防控、稳增长、促消费、保民生、提升治理能力等方面发挥了不可替代的作用。在疫情初期，观安信息就启动战"疫"行动应急响应计划，抽调各线网络安保技术专家成立战"疫"网络安全应急小组，免费为国内所有疾控中心、医疗机构、一线相关单位及全体客户提供7×24小时安全应急响应、威胁情报及网站安全监控服务。与此同时，观安信息还向上海市委网信办提供了《关于新冠肺炎疫情防控期间及疫后网络与信息安全工作的建议》，获得相关部门领导的认可与感谢。

28名院士及专家莅临观安信息考察人工智能领域安全的研究

此外，在安全威胁情报监测工作开展期间，观安信息研究院威胁情报小组了解到国家及某些省份疾控中心、多个地区三甲医院存在数据泄露安全漏洞，小组第一时间将隐患情况反馈给相应安全监管部门，及时报警，并为两家单位出具了详尽的网络安全高风险问题汇报。据统计，疫情期间观安信息共监测806家医疗机构的在线互联网服务业务网站，在检测中发现25家医疗机构的36个安全漏洞，其中高危漏洞占比达80%，弱口令、敏感信息泄露、网站存在getshell漏洞等成了医疗行业中主要的网络安全问题；观安威胁情报中心共发布网络安全威胁告警通告六份，并及时告知主管单位，确保第一时间开展安全维护工作，让企业免受安全事件侵害。同时观安研究院威胁情报小组还受托定期向工信部威胁信息共享平台报送威胁情报信息——自疫情暴发以来，共计在工信部平台上报534个高危漏洞，报送有威胁的IP信息151041个，风险域名40916个。

另外，观安信息作为"东数西算"产业联盟成员及重要安全伙伴，与甘肃省信息中心（甘肃省数字化转型促进中心）等五家企业、单位联合签订了"关于全国一体化大数据中心省级节点"的战略合作协议，助力打造"甘肃省数据大脑"。

2020年，观安信息入选工信部第一批网络安全卓越合作伙伴名单，助力共建网络安全

观安信息连续四年独家冠名支持ISG网络安全技能竞赛

验证示范环境、共搭行业应用模拟场景、共订网络安全解决方案、共建安全测试人才队伍、共研安全技术标准规范。2020年，电力行业网络安全攻防邀请赛在大连、珠海等地举办，观安信息及其创新研究院团队为比赛出任裁判委员会组长单位一职，并全程为赛事提供平台支持及比赛技术支持。观安信息还连续四年冠名举办"观安杯"ISG网络安全技能赛，并受上海市委网信办特发2020国家网络安全宣传周上海地区活动"优秀支撑单位"荣誉。

重视网络安全赛事支持与举办的观安信息，希望通过系列赛事进一步促进网络安全技术人员人才技术理论与实战经验的有效落实，并借以观安信息在网络安全领域丰富的技术底蕴和实战经验，助力推动我国网络安全技术人才培养体系建设向完善、成熟发展，实现行业发展的共生共荣。

二、融合开放"中国方案"

2019年岁末，中央将数据纳入生产要素，国家数据战略进入深化阶段，重新定义了数据价值。与此同时，世界主要国家也同步升级数据战略——2019年年底以来，美国、欧盟和英国相继出台《联邦数据战略与2020年行动计划》《欧洲数据战略》《国家数据战略》等，将数据作为战略资源开发。尤其是2020年新冠疫情期间，大数据在疫情监测分析、人员管控、医疗救治、复工复产等方面发挥积极作用，并为疫后经济建设探索提供有力支撑。世界的数据化建设探索，逐步迈入新征程。

2020年10月发布的《全球数字经济新图景（2020年）——大变局下的可持续发展新

动能》报告显示，2019年，德国、英国、美国的数字经济占GDP的比重位列前三，分别为63.4%、62.3%、61%。美国劳工部劳工统计局分析指出，数字经济在美国GDP中的比重为6.9%，在美国职位中占比3.3%。同一年，中国数字经济占GDP的比重为36.2%，同比增长15.6%。

拥抱数字化，坚持创新驱动，是中国经验，也是中国方案。随着中国数字化经济建设的深入，观安信息与各重点行业客户的合作也日趋深入，由单产品、单层级、多平台逐渐转为多产品、多层级、全平台合作。

2019年，观安信息凭借《基于知识图谱与机器学习的互联网业务风控及经济安全防护应用系统》和《自然语言处理与图分析相融合的网络舆论安全分析》分别获得世界人工智能产业安全十大创新实践案例奖和世界人工智能产业安全十佳优秀论文奖。同年，观安信息发布了《人工智能数据安全治理报告》，从数据生命周期的视域，针对数据采集、数据处理、数据流通和数据使用阶段，重点聚焦并梳理了人工智能发展中较为独特或更突出的数据安全问题；并从人工智能发展战略、安全倡议和伦理规范、数据安全法律法规、相关行业标准、全球数据安全前沿技术和企业实践等维度，全面分析了当前全球人工智能数据安全治理的主要现状和最新动态。

在技术、学术、理论层面上逐步拥有"一言之地"的观安信息，在国内构建相对完善的运营能力基础上，凭借在数据安全、大数据分析及人工智能领域的技术储备及业界的口碑与影响力，不断扩展在各垂直领域的良性合作，并借助逐步积累且不断深化的金融领域治理案例，尤其以外资银行在中国的信息安全和大数据治理合作案例为优势基础，力争向海外市场适当拓展。目前，观安信息计划在北美市场建立实验室，力争将产品竞争力提升至更高层次。携手共建，方能乘风破浪。观安信息希望，在不断地创新场景实践中，为推进全球网络安全治理体系变革提供"中国方案"，更以实际行动为世界网络安全和发展贡献中国企业的力量。

企业家专访

助力中国大数据+

——上海观安信息技术股份有限公司联合创始人兼首席顾问张照龙

《样本》：在行业内，观安信息为自己设定的定位和"角色"是什么？

张照龙：5G、大数据、物联网、人工智能等新技术不断发展，一个"万物生辉"的时代迎面而来。每一个人，都是新时代的见证者、开创者、建设者。观安信息通过五年多的创新发展及摸索，自我定位逐渐明确，要做"精通大数据的安全公司和精通安全的大数据公司"。为此，我们坚持不懈地进行技术投入和行业深耕，建立护城河——物联网将使得传统安防催生出更多新型细分门类，也促进了安防向更多应用领域迈进，因此我们促进"大安防"概念的逐步落地，也将重点聚焦在数据治理建设上，并且更侧重于数据跟业务安全。因此，与传统安全公司相比，我们的安全能力体系建设理解在一定领域或者一定程度上比他们更深刻；而跟一般的数据治理公司相比，我们用安防的理念指导数据治理，理解角度上则更多元。

观安信息希望做一家值得尊敬的企业。我们可能不是行业里面最大的安全公司或者最赚钱的公司，但我和我的团队都希望，我们的企业能获得每一个人的尊敬，包括我们的竞争对手、客户、合作伙伴等。

《样本》：您如何解读创新于观安信息的意义？公司为持续推动自主创新做了怎样的努力？

张照龙："苟利于民，不必法古；苟周于事，不必循旧。"自主创新就要敢于创新，敢于"杀出一条血路来"。创新是观安信息的常态，已经深入观安的基因中。观安信息一路走来就是在创新创业中发展，在创新中新生，在创造中追梦。

创业初始，团队仅12人，其中就有三人专注研发。每年，我们的研发投入占全年收入的30%左右。截至目前，我们一共拥有四大类平台、14个产品线。为进一步强化体制内的创新活力，2020年我们成立了技术管理委员会，助力更科学、更规范地推进技术的转移转化。诸如这样的机制，我们在探索中不断建立。未来，我们会持续把研发目标聚焦在人工智能、5G安全、工业互联网等方面。

创新不是一场短跑，拼的不是爆发力，而是续航能力。观安信息正在探索建设如何利用已经构建的技术产品体系，联合整合形成更大的行业优势，并在一个领域深耕，找到自己的专属"蓝海"。

《样本》：作为技术密集型企业，观安在人才队伍建设与技术创新上是如何做到双管齐下、兼收并蓄的？

张照龙：求贤若渴、惜才如金，是观安骨子里的性格，也是观安得以迅速发展的秘诀。我们每年投入大量的费用在技术创新及研究上。除了常规的人才招聘、培养外，我们每年还会跟上海交通大学、复旦大学等高校以及大数据、信息安全等专业培训机构合作，专项挖掘、培养人才。与此同时，我们积极主动承担承接更多的社会活动。例如2020年12月16日，我们承办了由联合国训练研究所上海国际培训中心主办的首届"大数据安全总裁研修班"，助力和保障数字中国建设。

此外，观安还设立了创新研究院、无相实验室、自现实验室、尽藏实验室、无限实验室等，紧紧围绕国际趋势、国内政策以及公司战略规划，从前瞻性研发到不同领域的深度研发一一布局，让企业人尽其才、才尽其用，让技术创新发展生生不息。

《样本》：面对百年未有之变局，国家构建全国统一的数据要素大市场，提出了"东数西算"工程。您如何解读这一工程之于行业及观安的意义？

张照龙：早在2016年3月，我国就发布了《中华人民共和国国民经济和社会发展第十三个五年规划纲要》，其中第27章"实施国家大数据战略"提出：把大数据作为基础性战略资源，全面实施促进大数据发展行动，加快推动数据资源共享开放和开发应用，助力产业转型升级和社会治理创新。

在这么多年的探索和共同努力建设下，数据作为一种资产的重要性越来越强，成了一种资本。要让数据发挥其资本化要素的价值，必须要平衡其开放性与安全性。在这方面上海走在了前列——政府与企业就数据共享与数据保障建立起互动机制，许多新的人工智能场景需求与应用随之发展。快速的发展，让算力基础设施资源紧张的问题日渐明显。与之相对应的是，西部地区有能源、有土地，算力资源丰富。通过构建类似于能源领域"西气东输"的"东数西算"，把东部的数据流动到西部存储、计算，能够改善东中西部数字新型基础设施不平衡的布局。目前"东数西算"产业联盟在有力保障东部地区数字化发展的同时，也将在中西部地区打造新的数字经济增长极，有助于形成以数据为纽带的东中西区域协调发展新格局。观安也将以此为契机，加快融入"东数西算"产业链体系，为加快推动数字产业化和产业数字化，培育新产业、新业态、新经济，持续不断地提高在大数据安全和新基建发展方向的自主创新能力，为国家网络安全行业的发展贡献全部力量。

《样本》：观安信息规划如何融入服务长三角一体化建设，参与国际化竞争建设？

张照龙：长三角一体化发展是新时代党中央、国务院确定的重大战略。一年多时间以来，长三角区域经济的一体化和高质量发展紧紧把握数字"新基建"融合发展的契机，以数字化转型推进一体化整合，以智能化融合带动高质量发展，培育壮大新动能，激发创新驱动力，引领区域内产业结构的高端化、现代化升级，在全球价值链的阶梯上持续向中高端攀升。

观安作为上海市一家高新技术企业和软件企业，会继续稳固地立足上海，把观安信息打造成样板，为新时代的智慧城市建设和数字经济发展作出积极的贡献，为共建安全韧性的长三角添砖加瓦。一方面，我们要提高在国际上的竞争力，比如，我们在海外建立实验室，对接国外人才和技术。另一方面，我们始终要有担当社会责任和国家责任的决心。从上海到长三角，再到整个中国，观安信息将共建共享数字长三角带来的新的重大机遇，为长三角的"数智"转型保驾护航。我们积极参与商创院发起的长三角数字联盟，积极发起投入长三角公共数据治理的地平线计划，就是一个生动的例子。

> 专家点评

主动融入产业，筑牢网络空间安全屏障

网络与信息安全是未来创新发展的重要产业支撑。

当前，新一轮科技革命和产业变革深入发展，5G、人工智能等新一代信息技术与实体经济加速融合，新模式、新业态不断涌现，在带动经济社会全面创新发展的同时，网络安全风险挑战也随之而来，对网络安全产业发展提出了更高的要求，也提供了新的机遇和更广阔的空间。据统计，2020年中国网络安全产业规模超过1700亿元，较2015年翻了一番，增速领跑全球。在工业互联网和5G作为去年整个工业与信息化的两大抓手的当下，数据作为工业互联网的核心要素，安全的重要性更加突出。

中国网络安全产业高速发展的背后，核心技术支撑是关键。因此，国家出台政策大力支持原始创新，持续优化创新模式，积极培育创新主体，打造若干领军企业、发展一批"高精尖"优势特色企业。网信事业代表着新的生产力和新的发展方向。观安信息深谙其中真味，积极探索、定位明确，聚焦于数据安全治理；强化创新驱动，推动网络安全技术突破，并在实践中形成独有的研发及产品商业转化模式——构建了产学研一体化平台，设立了创新研究院、产品研发中心、质量部及产品委员会等，发挥其在所属领域的知识经验和资源优势，形成一系列重量级的创新成果。在技术上，已掌握了包括"基于访问特征的webshell检测技术""用户风险行为智能洞察引擎""基于数据分析的欺骗防御技术"等30项原始创新的核心技术，在部分细分领域达到技术领先地位。

安全是发展的前提，发展是安全的保障，尤其在新基建的环境下，更要强调安全发展标准先行，标准化工作是保障网络数据安全的重要基础。于企业而言，强化顶层设计，参与多领域行业标准的制定，是主动发展中的市场需求呼唤，更是企业长远发展的竞争力的重要构成要素。观安信息作为行业的领军企业之一，积极参与了数据安全、态势感知平台建设等多个领域行业标准的制定。这其中，标准化工作包括了网络安全的标准体系建设、基础共性标准建设、关键技术标准建设、安全管理标准建设以及重点领域的标准建设等。这些基本标准建设将会为我国网络安全企业总体能力的增强，以及在国际话语权中处于领先地位甚至是引领地位，起着非常重要的作用。

从市场发展来说，网络安全产业的发展需要市场主导。观安信息深刻体悟，网络安全技术迅速迭代的基础是市场需求方的及时反馈，没有市场的需求互动，供给就缺少针对性和有效性。为此，在实践发展探索中，不断强化市场运作及文化体系的融合发展——构建了服务客户全生命周期体系，与客户不离不弃、共生共长，不仅建平台也建生态，为客户提供高质量的信息产品和安全技术服务。同时，观安信息针对不断开放的中国市场和全球竞争环境，树立全球视野和开放心态，加强技术、管理模式创新，安全可控地利用世界范围内先进信息技术和产品，朝着更高、更深、更广的方向发展。

产业互联网发展加速推进，新的安全特性不断融入。提升产业互联网整体安全能力，需要政府、网络安全企业、第三方机构等共同构建安全生态。期待观安信息和其他网络安全领域的相关方一起努力，促进网络安全产业健康有序发展，为中国的数字化建设添砖加瓦，为数字世界良性发展贡献新的力量。

吴柏钧　上海长三角商业创新研究院创始理事
　　　　　华东理工大学副校长

第八章
中国智慧医疗造路者
——浙江和仁科技股份有限公司

- **楔子：** 心高天自远
- **企业概况：** 智慧医疗整体解决方案提供商
- **创新解读：**

    第一节　新时代，智慧医疗按下"加速键"

    第二节　创建中国数字医疗共同体和健康服务生态圈

    第三节　同创共建济时康

- **企业家专访：** 为健康中国夯实"数字底座"
- **专家点评：** 初心与创新

楔子

心高天自远

突如其来的新冠肺炎疫情让奋进的时代短暂地停下了舞步，同时也进一步强化了"健康中国2030"的意义。特殊的2020年，使医疗服务插上科技的翅膀，成为战"疫"中的强劲助攻者，让人们更加深切地体验并见证了科技的力量——在疫情防控和健康中国战略交叉构成的大幕下，在以互联网、大数据和人工智能技术为代表的第四次工业革命大潮下，智慧医疗方兴未艾，不断变革和重塑着中国的医疗服务体系。

2020年1月，为辅助武汉华中科技大学附属同济医院加强疫情防控管理，一家来自杭州的高新技术企业积极响应号召，参与抗"疫"战斗——克服材料缺、施工时间紧等问题，抢工完成了对武汉同济医院光谷院区的病房分隔区域改造工作，并驻守中法新城院区提供场景数字化改造等疫情防控技术响应服务。2月，疫情蔓延加剧，为疫情防控需要，杭州市卫健委与公安系统通过这家企业参建的杭州"城市大脑·卫健系统"，快速对接建立了"卫健警务·新型冠状病毒防控系统"，为疫情防控工作提供更实时、更精准的参考与指导。从单体智慧医院延展至城市级智慧医疗的探索及实践，也由此得以向前迈进了一大步。

心高天自远。"在寻求人生定位时，不应该仅仅想着满足于个人经济上的富足，而要为这个世界、这个社会、这个时代做一些有价值有意义的贡献。像我们这批人，即使转换航道创办企业，也是以国事为先，利国利民之后再利自己。"这家杭州企业的创始人如是说道。

成立十多年来，这家名为和仁科技的企业始终秉承"科技服务健康"的使命，埋头智慧医疗领域，提倡领先一步，凭借国际化视野、开创性精神与前沿技术水平全力为行业和城市赋能。

企业概况

智慧医疗整体解决方案提供商

浙江和仁科技股份有限公司（以下简称和仁科技）成立于2010年，总部位于浙江省杭州市。作为一家专注于为医院、政府提供智慧医疗整体解决方案的高新技术企业，和仁科技业务覆盖医院临床信息化、医院临床数据场景化、城市智慧医疗云平台、医共体等，提供基于大数据和"互联网+医疗健康"的创新服务内容和服务模式，实现智慧医院、医院集团、医联体、医共体建设，以及城市的数字治理、数字民生，促进数字经济。2016年10月，和仁科技在深交所创业板成功上市，股票代码为300550。

作为中国领先的智慧医疗整体解决方案服务商，和仁科技认为，只有通过数字化改造，深度重塑医疗健康服务体系，才能真正为服务终端的患者输出智慧医疗带来的变革成果，创造价值、分享价值，打造"全域、全员、全程、全息"的医疗健康服务应用场景和生态圈。

一、钻精研微，深耕智慧医疗

秉承着"科技服务健康"的使命，和仁科技始终以客户需求为中心、以临床为核心、以数据治理为手段、以用户满意为最终目标，持续积累和发挥丰富的规划经验与专业能力，围绕"健康中国"和"数字中国"两大国家战略，为医院和城市的智慧医疗建设提供坚实的技术支撑，实现企业与社会共同可持续进步。

多年来，公司注重产学研合作和国际技术交流，在发展探索中逐渐形成了云架构HIS&EMR一体化的新一代医院信息系统、医院综合运营管理中心、医疗大数据中心、医院集成平台等核心产品，为用户提供"产品+服务"模式的专业化、定制化服务。同时，公司积极投入城市级智慧医疗服务平台、互联网医院等产品的研发，形成了一套独特、先进、完善的智慧医疗解决方案。

目前，医疗信息系统收入和场景化应用系统收入是公司的主要收入来源。凭借开拓式的创新和良好的行业口碑，公司赢得了诸多知名医院和大中型城市抛出的橄榄枝，持续不断地为智慧医院和健康城市赋能。截至目前，和仁科技的医院合作客户超过300家，包括中国人民解放军总医院（301医院）在内的军队系统医院、武汉同济医院、湖南湘雅医院、浙江省人民医院、浙江大学医学院附属邵逸夫医院、浙江大学医学院附属第二医院、天津市第一中心医院、江西省妇幼保健院、江苏省中医院等知名三甲医院都已跟公司建立了持续深化建设与服务的长期共建合作关系。

在城市级智慧医疗赋能方面，企业从杭州起步，携手创新探索并构建了和仁式的"全市业务协同、全域数据共享、全程智慧服务"数字健康城市服务体系。2019年，由和仁科技负责承建的"杭州城市大脑·舒心就医平台"正式上线；2020年，该项目成功入选《2020年浙江省软件产业高质量发展重点项目》，并荣获浙江省数字经济"五新"优秀案例（"新治理"案例）。截至目前，和仁科技在全国开展合作建设的城市已超过10个地市。

二、技术为先，赋能美好生活

以技术为先导，通过系统开发，让业务服务能力更高效、患者就医更便捷、临床医疗更安全、政府管理更精细，最终实现健康美好生活，这是和仁科技始终坚守的初心。

多年来，和仁科技不断吸收高质量优秀人才进行前沿共性技术创新研发，凝聚了一支包含医疗健康服务及医院管理专家、信息技术专家、国内国际一流科研院校专家顾问等在内的复合型团队，从而确保了技术创新和成果的领先性。公司先后通过了ISO9001质量管理、ISO14001环境管理、ISO45001职业健康安全管理、ISO27001信息安全管理体系认证，并于2014年9月通过了CMMI5资格认证。

目前，和仁科技600多名员工中，研发及技术人员约占75%。同时，公司每年以超过营收10%的研发投入，实施技术研发和针对性的技术攻关。多年来，公司逐渐拥有了多项行业领先的核心技术。截至2020年12月，公司共取得2项授权发明专利，1项实用新型专利，3项外观设计专利，209项计算机软件著作权，96项软件产品登记，6项科学技术成果鉴定证书，其中4项被认定为国内领先水平。

与此同时，公司先后获得国家高新技术企业、国家规划布局内重点软件企业、浙江省重点企业研究院、浙江省博士后工作站、计算机信息系统集成资质（一级）、浙江省级企业技术中心、浙江省高新技术企业研发开发中心、浙江省软件信息服务业重点成长性企业、建筑智能化工程设计与施工资质（壹级）等资质认定。

2020年10月，和仁科技完成上市四年以来首次非公开发行，募资5.07亿元。此次非公开发行，旨在引入着眼长远的战略投资者，优化公司的股东结构和公司治理的体制机制，为公司的下一步发展奠定财务和战略协同基础。募集的资金将围绕公司"基于物联网及大数据技术的智慧医院一体化建设项目"展开，通过与全国各地医疗机构合作，投资建设并不断完善一体化系统平台。

创新解读

第一节 新时代，智慧医疗按下"加速键"

这是一个新需求和新变革不断涌现的时代。过去几年来，无论是来自行业和企业，还是百姓的需求，都在强烈并持续地呼唤提升电子病历、分级诊疗、精准医疗、医养护一体化、城市一体化等的发展。由此，在市场与价值双重加持下的医疗数字化革新，催生出了一个新的赛道。

当下，我国深化医药卫生体制改革的重点工作已从战略层面的设计转变为战术层面的执行落实，进一步树立大医疗、大卫生、大健康理念，并从以治病为中心转变到以人民健康为中心，不断提高医疗保障水平，统筹推进医疗、医保、医药"三医联动"改革，以及县域医共体、城市医疗集团的"分级诊疗"改革。

一、新需求激发新赛道

比照过去，尽管我国医疗卫生服务体系日益健全，百姓健康水平和身体素质持续提高，但工业化、城镇化、人口老龄化以及疾病谱、生态环境、生活方式的不断变化等给健康领域带来了新的挑战，健康服务供给总体不足与需求不断增长之间的矛盾仍然亟待解决。

为了充分覆盖医疗的服务需求，各级医院以及整体的医疗服务体系正在新的赛道上用力奔跑。尤其是随着城镇化进程的加快，2000年以来许多大医院逐渐从单体大医院演变为覆盖不同区域的超大医院集团，医疗资源越来越呈现集中化态势。随着"大医院"体量的不断增加，医院的业务范围也在不断扩大，多院区协作、一体化发展势如破竹，风生水起。

2018年，国家卫生健康委员会发布新规，再次强调医院评级要过"电子病历关"。按照新规，2019年所有三级医院电子病历要达到分级评价三级以上；到2020年，所有三级医院要达到分级评价4级以上，二级医院要达到分级评价三级以上。从实际的进度来看，这个要求无法在规定的时间内完成，但这一关必然要在一定时间内闯过去。

电子病历级别的提升仅仅是医院数字化转型的一个核心侧面，对于医院来说，更重要的是通过临床业务系统完整记录医疗业务流程，将各系统的数据和流程与电子病历系统按照对应流程与数据逻辑进行集成融合，按照标准化、结构化、以病人为中心一元化的原则实现各业务系统数据的实时互联互通，形成院级临床数据中心，建设信息共享服务平台支撑数据应用。这给医疗服务数字化能力建设提出了更高的要求。不仅是大城市大医院如此，县级医院的数字化建设需求在政策及市场的双重加持下也快速爆发。近年来，国家及各省市县区陆续发布政策推动县级医院的医共体建设，通过紧密型医共体建设，构建县域医疗服务共同体，同时一些县级医院也将有机会升级成三甲医院。

医疗数字化的建设浪潮更不止于医院。为满足康复护理、医疗养老、家庭病房等健康管理和康养管理的需求，各级医疗卫生机构的业务服务能力需要更高效，卫生健康的监督和管理需要更加精细化。城市级、省级乃至全国一体化的智慧医疗时代正在阔步走来。

二、医疗数字化转型提速

20世纪90年代开始，医疗行业逐步释放出信息化建设的需求。早期的医院信息化建设的核心是财务信息化，主要功能是财务记账和收费。之后，医院信息系统又扩充了药品信息，建立了医生工作站，开展了医嘱驱动收费业务和药品库存业务。

随着医技部门的发展和医技设备的普及，影像存档传输系统、放射信息系统、检验信息系统、超声信息系统等陆续扎根于医院的日常应用。但是，国内大部分医院的各类信息系统之间相对独立，未能实现数据的共享，难以保障全院有效地按业务流程进行协作，支撑需求性越来越高的医护人员的临床业务能力——医患人员急需能够帮助提升临床服务水平、减少临床差错、提高工作效率的信息化工具，而基本上国内医院的信息科技力量，不足以完成这样的使命。进一步融合外部专业的数字化力量，成为必选项。

进入21世纪，尤其是2003年非典后，电子病历、集成平台和临床数据中心逐渐融入医疗的数字变革进程中，成为医疗数字化的重要内容。医疗信息系统逐步衍生出互联网医院、医院集团解决方案、医联体和医共体解决方案，同时行业开始探索基于大数据的临床和管理应用。

近年来，医疗数字化随着大数据、云计算、人工智能、物联网等技术持续向行业渗透，医院和政府持续加大投入拓展服务内容和服务模式，进入了发展快车道。尤其在2020年应对新冠肺炎疫情的过程中，智慧医疗的威力得到充分展现，远程诊疗、AI分析技术、远程资源调度、监督防控等得到快速普及。

《2020年国务院政府工作报告》提出，重点支持"两新一重"建设。其中，作为数字化转型的新兴力量，新基建将极大地推动医疗供给侧改革，引导和激发中国医疗行业的又一轮变革，加速医疗健康行业的数字化转型，从而提升全社会医疗体系资源的配置效率，优化社会健康服务水平。

不容置疑，当下患者及行业的新需求、持续深化的医改政策和日益成熟的互联网科技已合力孕育出一个巨大的智慧医疗爆发点。

据相关报告预测，2023年智慧医疗的市场规模将达到近800亿元。增长中的巨大市场空间，相当于智慧医疗解决方案提供者的增长空间，让智慧医疗或者说数字化医疗成为一个名副其实的朝阳产业。这也给行业内拥有核心竞争力和深厚行业积累的公司，带来了一个可以持续发展的增长空间以及在智慧医疗中乘风破浪的新机遇。

第二节　创建中国数字医疗共同体和健康服务生态圈

自然界有共生现象。一些科学家认为，身在同一个世界的人类某种程度上相互之间也是共生关系，所有人构成一个巨大的共生有机体。2020年11月10日，习近平总书记在上海合作组织成员国元首理事会第二十次会议提出，上合组织要弘扬"上海精神"，携手构建卫生健康共同体、安全共同体、发展共同体、人文共同体，为推动构建人类命运共同体作出更多实践探索。这些内容在极大地丰富了"人类命运共同体"内涵的同时，也传达了在当今多变的经济和社会发展环境下，携手合作、一体化发展创造和维护共同利益应是世界的正确选择和理念探索。尤其是2020年新冠疫情下的中国精神、中国经验与中国成果，让中国声音在地球上铮铮作响。

世界尚且需要如此，何况一个国家；各行各业的发展尚且需要如此，何况一个医疗领域。医疗的数字化、网络化、智能化，最终是要共享、共建，形成数字医疗共同体和健康服务生态圈，实现多层面多维度的共赢。在"健康中国"和"数字中国"的背景下，人民群众多层次、多样化的健康需求不断增长，医疗的数字化转型也迎来新机遇；同时，国家和政府也在大力推进数字城市、数字政府、数字治理，鼓励和推动服务模式与数字经济。

不积跬步无以至千里。要创建中国数字医疗共同体和健康服务生态圈，需要所有参与者的认同和协作。作为其中的一分子，和仁科技在过去的10年里，积累了大量的大型三甲医院、医共体、医联体以及数字健康城市等的建设经验，在"智慧医院"领域和"城市级智慧医疗（数字健康城市）"领域持续发力，以构造生态的多方共赢方式实现商业模式创新，帮助行业提升医疗健康服务效率。

一、潜心10年，探索中国式"智慧"系统

"和仁的诞生是偶然因素和必然因素结合的结果。"和仁科技的创始人如是说。"必然"，指的是中国医疗的数字化变革是大势所趋；"偶然"，则是企业创始人因工作原因去日本学习，以及此后组织团队参与301医院数字化医院建设，才有机会发现智慧医疗的独特魅力，不断研发攻坚，不断实践积累经验，一步步探索直至今天。

可以说，和仁科技创始团队是和中国医学信息学一同成长起来的。

中国早期的医疗信息化只是大众化的信息化手段与医疗行业的嫁接。作为一个交叉学科，医学信息学在中国起步较晚。国内院校开展的医学信息学多半是脱胎于图书馆情报学、信息管理学等，不是真正意义上的医学信息学。盖一座大楼，需要用到建筑学、结构力学和建筑材料学；医学信息学可以看作大健康领域结合了建筑学、建筑材料学、结构力学等的综合学科。

20世纪90年代，浙江大学和日本京都大学启动了一项联合培养计划，浙江大学一批自动化设计、人工智能专业的学生由此接触到了当时国内尚属空白的医学信息学，看到了临床信息化产业的价值，走进了一个新天地。之后，浙江大学整合计算机学院、信息学院、医学院和生命仪器工程学院的能力，组建了医疗数字化工程研究中心——这也是当时国内高校最早围绕该领域启动专业研究的研究中心。

进入21世纪，部分来自浙江大学医疗数字化工程研究中心的博士和硕士，成为和仁科技创始团队的成员。他们从学习、模仿中积累经验，开启并逐渐探索出了中国式的医疗数字化模式。

这是一个需要沉淀的行业。在纯粹的互联网行业，员工通过一两年的培训和实践，可以实现快速成长；但在智慧医疗行业，懂互联网信息技术的同时还要懂医学信息学，否则在与医院合作时，可能连客户的诉求都无法充分理解。客观地说，智慧医疗的研发人员需要5～10年的积累，才可能真正融入行业。

虽然和仁科技2010年才成立公司，但创始团队早在2005年就已开始自主研发医疗数字化的关联系统，包括医院管理信息系统（HIS）、电子病历系统（EMR）等。深厚的积累和实践经验，让和仁科技从诞生那一刻开始，每一个选择、每一步战略就与众不同。

临床业务是医院的核心业务，也是最为复杂的业务，涉及医院的不同部门和科室。如门诊、住院、手术、急诊、ICU，涉及全院几乎各环节的人，如医生、护士、麻醉师、药

剂师等。和仁科技创始团队一开始，就选择从最复杂最难的地方进行攻克，研发临床医疗管理信息系统。

和仁科技团队认为，临床医疗管理信息系统以电子病历为核心，借助多种软件应用系统，整合患者临床诊疗的庞杂数据，达成数据的采集、集成、共享和应用，通过信息终端浏览辅助诊疗路径、发送医嘱、接受诊疗结果、完成分析，构建临床医疗行为的完整记录、医疗数据的实时互联互通，可以实现全院级别的诊疗信息与管理信息集成，并在此基础上，不断延伸出各类信息应用系统。这是对团队能力最全面、最彻底的历练方式，也是构建未来竞争的最坚硬的壁垒。而参与中国人民解放军总医院（301医院）数字化医院建设，是团队的第一次大型实践历练。"实时、不错、不漏"的系统建设原则，亦源自此次大型实用性医疗信息系统的建设经验。

创建于1953年的301医院，是集医疗、保健、教学、科研于一体的大型现代化综合性

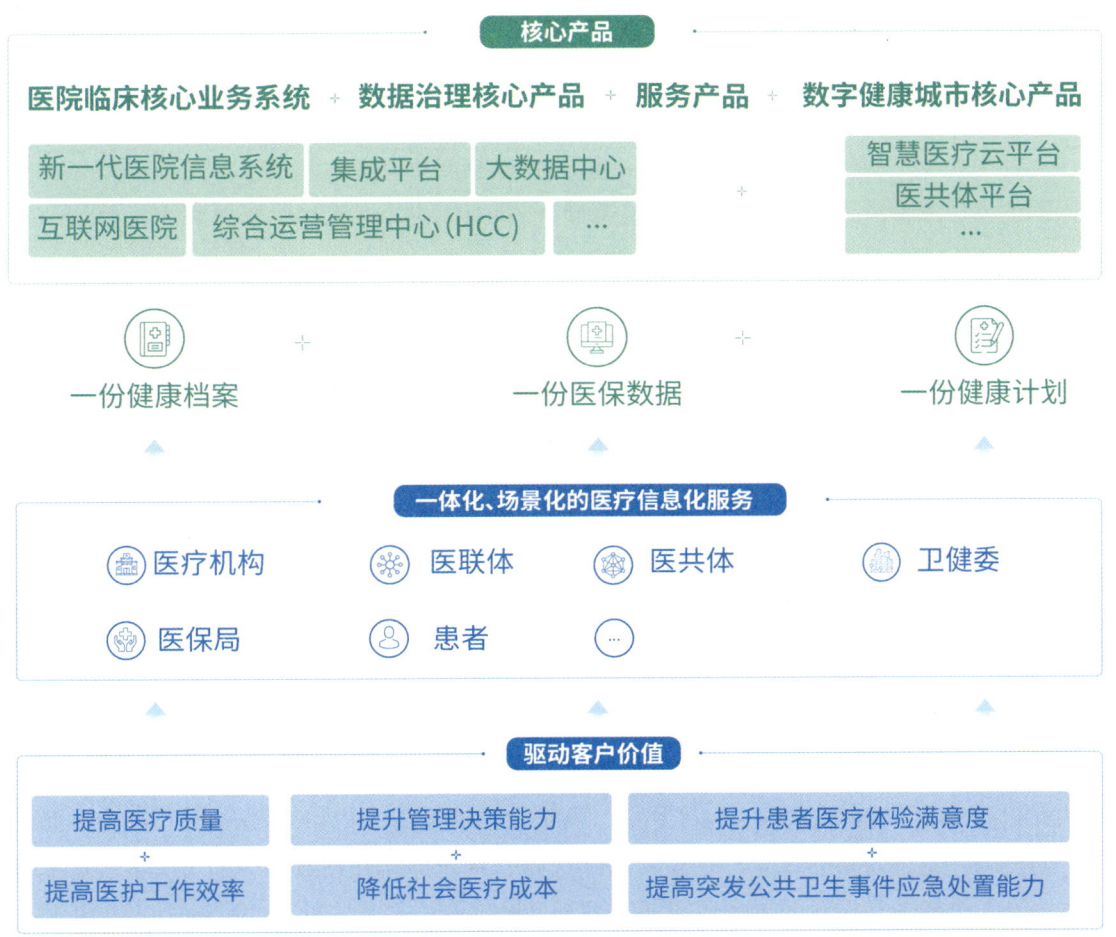

和仁科技产品体系图

医院。和仁科技为301医院提供了多院区持续的一体化智慧医院建设与服务——为其两地三院区（西院、东院、海南医院）提供一体化建设，为其下属的各医疗中心提供一体化服务，陆续完成医院各新建楼宇的场景化、物联网建设，提供持续的智慧医院建设和运维服务。

从301医院开始，和仁科技积累了更多与全国大量知名医院的合作经验。这种"高精尖"的技术积累和经年累月式的实践，让和仁科技取得了超前的"卡位"优势，构建起一支具有丰富项目实施经验和复合专业背景的产品研发团队、解决方案咨询团队和现场实施团队。

2011年开始，和仁科技开始了下一代次级产品的研发和投入，以行业内少有的耐心，10年来持续精心打磨这套系统。这套系统的前瞻性、领先性，使得它在业内独树一帜，赢得了全国顶级医院的高度认可。

二、高举高打，重塑医疗信息化建设

从中国医疗信息化行业的进程看，和仁科技并非是最早的一批先行者，但却是对产业研究和信息化建设做得最透，眼光最长远的企业。智慧医院是一个庞大而又复杂的系统概念，需要系统建模、IT运用、医疗信息学等多方面的知识，就好像建造房子，砖头、水泥、木材都得齐备且基本精准到位，否则必然无法支撑。

2018年10月，基于和仁科技在行业内多年的探索实践案例及科研力量，浙江省人民医院成为和仁科技"新一代医院信息系统"的首个典型用户。作为集医疗、科研、教学、预防、保健、康复于一体的大型综合性三甲医院，浙江省人民医院拥有朝晖、望江山、富阳三个院区，同时全面托管海宁市中心医院、淳安县第一人民医院、天台县人民医院、桐乡市第一人民医院和湖州市南浔区人民医院等五家县级医院。

基于需求的把握、实践运用、技术能力等多方面的综合评估，和仁科技针对浙江省人民医院提出了一整套的信息化建设解决方案——承建了包括朝晖本部、望江山等院区的信息化建设。在这个方案里，和仁科技自主研发的新一代医院信息系统，实现了医院HIS&EMR一体化、院内和院外一体化、线上和线下一体化的全新业务模式。

2017年12月，基于大数据、互联网+、云部署等技术手段的"新一代医院信息系统"正式在浙江省人民医院上线。上线至今，该系统在浙江省人民医院的应用一直在不断迭代，对场景业务流程进行优化与创新，辅助医院管理者提高管理效率，助力医护人员提升工作效率和准确率，帮助患者享受更为便捷规范的诊疗。

在"新一代医院信息系统"的基础上，和仁科技配合浙江省人民医院扩大智能互联范围,以设备智能物联一网化为基础,建设全院患者生命体征数据及监护中心,将生命体征监护逐步延伸到社区居家受众,形成院内院外监护一体化管理信息网络。2019年7月,浙江省人民医院"借助信息技术,规范临床诊疗行为,降低医保拒付率"的案例,以总分第一的成绩被列为中国现代医院医保精细化管理典型案例。

翻开和仁科技的医院客户名单,除了301医院、浙江省人民医院,还有武汉同济医院、江西省妇幼保健院、江苏省中医院等一长串的知名医院,它们有一个共同特征——都是三甲医院。

在过去10多年间,将三甲医院作为重点客户进行整体市场推进,和仁科技有着特殊的战略考虑。首先,基于中国医疗体系的基本情况,国内的三甲医院的综合性和典型性最突出,让系统研发有的放矢;其次,三甲医院的需求足够复杂——和仁科技团队需要跟上医院的发展节奏、不断钻研医院快速发展的医疗行为,保持紧密的沟通,从而真正沉淀出满足三甲医院需求的信息化管理体系。在和仁科技的理念里,好用、适用,是最基本的要求。

和仁科技服务的军队医院、地方三甲医院图谱

当和仁科技的系统和解决方案通过不断的实践，满足越来越多三甲医院的需求后，也为全国更广范围不同等级的医院树立起可供参照的示范案例。更重要的是，这些"种子用户"和"标杆用户"为和仁科技带来的品牌影响力和经济效益越来越高。而且，企业在研发建设、服务过程中不断爬坡过坎的探索，让公司逐步建立符合行业未来发展需要的标准，最终成了和仁科技的核心竞争力。

截至目前，和仁科技自主研发的智慧医院核心产品包括医疗大数据中心、医院集成平台、智慧医院综合运营管理平台、新一代医院信息系统、数字化手术室管理平台、移动化医院信息系统、医院临床信息化系统等。以这些产品为基础，和仁科技能够帮助任何一家医院建设精细化管理、流程规范、患者满意的新型智慧医院。

经过多年的市场开拓和业务经营，和仁科技已与军队系统医疗机构，与浙江、湖南、天津、湖北、陕西、江西等省市的一流大型医疗机构建立了长期广泛的业务合作关系。

三、开放合作，赋能城市级智慧医疗

当大数据治理和服务成为新时期的共识后，智慧医疗在数字化建设的加持下，探索的范畴从医院扩散到更大的领域。2020年暴发的新冠疫情更是提醒大家，当重大异常公共卫生危机出现的时候，单体医院是不足以支撑整个健康服务体系的。因此，只有将智慧医疗上升到城市级乃至覆盖更高、更广领域范围，才能更及时、全面地响应突发的需求。

政府和城市如何搭建一个统一的医疗平台，提升整个城市的医疗服务水平，也是和仁科技很早就开始思考的命题。从智慧医院建设扩展至城市级智慧医疗建设，是和仁科技迈出的第一步。

早在2013年，和仁科技便在当地政府的指导和委托下，通过多方沟通协调，与杭州市富阳区达成了共识——在当地启动"智慧医疗云平台"项目，探索构建县域级智慧医疗平台。这个平台连接富阳区6家区属医院、25家社区服务中心、156个卫生站、2家民营医院，覆盖全区域110万人口。经过七年的运行与实践，目前已形成了一套县域内"高效便捷、实时互联、信息共享"的医疗服务新体系，打造了一个实现闭环的大健康生态圈。借助"智慧医疗云平台"，富阳的患者从走进医院到离开医院，其间包括挂号、检查、治疗、配药、付费等环节，完全实现了"最多付一次"，不仅改善"三长一短"的传统就医体验，也通过大数据实时更新的"信用就医授信额度"大大降低医疗费用恶意拖欠等情况。

基于富阳的实践成果，和仁科技为城市赋能的脚步从县域走向全市，开始建设城市级的医疗平台。2019年2月，和仁科技接受杭州市政府的委托，开始建设杭州城市大脑·卫健板块——"舒心就医"平台，并于是年4月2日正式上线运营。从阶段性建设成果来看，

杭州城市大脑·卫健板块（舒心就医）实质上是在建立城市"信息多跑路，群众少跑腿"的医疗健康服务生态圈。其核心是建设大数据服务平台，打通各级医院和基层卫生服务机构，以及医保、商保、药店、康养等其他第三方服务机构，建立"实时、不错、不漏"的信息化枢纽；同时在平台基础上，开展一系列针对居民医疗与健康管理的智能化服务，包括信用就医（钱江分）、医保实时（脱卡）结算、线上支付平台、满意度点评、医院信息化升级改造、信息实时监管、移动数字驾驶舱、慢性病和健康管理以及健康产业孵化等。

2019年12月，"杭州城市大脑·舒心就医系统"项目荣获"2019年度浙江省数字化赋能智慧城市发展优秀成果奖"；2020年，项目成功入选《2020年浙江省软件产业高质量发展重点项目》；同年3月31日，习近平总书记考察"杭州城市大脑"时，和仁科技有幸作为承建单位受邀参与接见，展现智慧医疗的探索构想。和仁科技在城市级智慧医疗领域的服务能力，也得到越来越多的关注与肯定。截至2020年11月，该平台已连接覆盖302家医疗机构，包含13家市属医院、43家区县级医疗机构、239家基层医疗机构（含社区卫生服务中心和服务站）以及陆续接入的7家省级医院，在城市级范围内首度实现市、区（县）各级医疗机构数据打通融合并实时在线。

随着与浙江省杭州市、四川省广元市、青海省格尔木市、江苏省江阴市、江苏省金湖县等城市共同推进智慧医疗建设，和仁智慧医疗方案的城市级应用正逐步扎根，落地开花。

2020年8月，和仁科技与湖州市政府签订战略合作框架协议，开启了赋能城市级智慧医疗建设探索的新里程碑。围绕数字健康城市建设，和仁科技将和湖州市在整体规划、系统开发、项目实施和技术服务等方面深入展开合作，打造"新型智慧城市的医疗平台"，携手构建"全市业务协同、全域数据共享、全程智慧服务"的数字健康体系，助力完成"医疗服务能力实现'数字赋能'""公共卫生保障实现'精密智控'""行业监管模式实现'智慧治理'""群众健康体验实现'升维提升'"等关键目标，为湖州市建成现代智慧城市和健康中国先行示范区，打造"重要窗口"健康治理示范样本提供坚实的技术支撑。

一路走来，和仁科技积极推动医疗健康大数据的深度应用和数据价值的挖掘，不断丰富和拓展医疗数字化的解决方案和专业服务。十余年间，从医院信息系统建设与临床数据服务发展到城市级智慧医疗（数字健康城市）平台和生态圈。如今，企业已具备可规模化复制推广能力，从数字化、场景化角度出发，不断推进"数字健康城市"项目的落地应用，进而优化患者就医流程、改善患者就医体验、规范医护人员临床诊疗行为，并提高管理部门运营监管水平。

第三节　同创共建济时康

和仁科技积极研发并不断完善符合未来分级诊疗、医联体、医共体、远程医疗、互联网医疗、处方外流、综合控费等新理念的整体解决方案。与此同时，作为一家有温度、有抱负的企业，和仁科技还致力于打造一个开放的、不断进化的医疗生态系统，助力建设以城市为中心的现代治理与服务体系。

为了实现这个目标，和仁科技积极协同各方参与者以人类共同体的价值理念来持续促进体系的建设，真正实现让科技服务健康、用数据造福社会的初心与担当。

一、独乐不如众"创"

在智慧医共体的建设中，和仁科技采用云计算虚拟化技术、分布式计算、区块链、大数据、物联网等成熟先进的新一代信息技术，实现标准化的数据协议和通信接口、集中式的数据索引和分布存储、个性化的信息集成展示界面、统一的安全管理，有效整合区域内医疗卫生资源，实现共建共享。其目标是要在医共体机构内部、跨医共体机构之间构建一个全域、全程的医疗卫生业务服务的信息枢纽，打通医共体内部之间的业务系统，实现让诊疗数据、资源数据、运营数据等业务数据能够满足"实时、不错、不漏"和"双向交互"，以数据为引擎，构建医共体机构的无缝协作、统一管理和综合运营服务体系。

一个个项目的推进只是和仁科技发展的表象，它积极投入医共体平台、互联网医院等产品的研发，形成一套独特、先进、完善的智慧医疗解决方案的最终目的，是为实现"互联网+医疗服务""互联网+健康保障""互联网+公共卫生""互联网+综合监管"等愿景。但孤木不可成林，健康中国、数字中国和美好生活需要众创，需要齐心协力。

由此，和仁科技在当前着力打造区域健康解决方案，用先进的理念实现以家庭为单位的智慧医养一体目标的基础上，基于合作双方业务的差异性、互链性、融合性，与有思想、有抱负、有梦想的企业展开合作，打造一个全新的大健康生态，实现共赢；在智慧医疗建设上，更是联合阿里云、腾讯云、金山云、IBM、华数、阿里健康、平安好医生、InterSystems等生态伙伴，慢慢搭建起一个智慧医疗的核心平台，搭建起一个数字化的医疗生态系统，成为其他医疗应用的数字化基础设施。如果将这个平台比作淘宝网，那么在这个平台上的创业者，就像在淘宝上开店的商家一样，不再需要为搭建基础系统而烦恼，只需要用心提供好应用和好服务，就能赢得用户的青睐。

医疗生态系统的建立和医疗数据的集中，不仅可以服务中小创业者，还能更好地服务智慧医疗的终极用户——患者（百姓）。未来，由于老龄化的加剧，居家养老会成为主流，居家的医养需求会越来越多；现在，当患者出院之后，很少会做进一步的护理，社会化的护理公司在未来出现也成为必然……这些需求的满足，需要一个前提条件，那就是属于个人的医疗数据以"全域、全员、全程、全息"的方式打通，让数据跟着人跑，而不是让人跟着数据跑。

不久的将来，能够让所有医院的数据和尽可能多的医疗应用跑在同一个医疗生态系统里，那么这些问题将不再是问题，每个人只需要一份健康档案、一份医保数据、一份健康计划，就能不受地点甚至时间的限制，享受所需的医疗服务。

二、构建医养应用新场景

在可以预见的医养一体的生态系统里，和仁科技将自己作为基础设施建设者，提供医疗数字化的基础设施，让更多的合作伙伴和应用在这里不断被孵化。在这个开放的生态里，场景引用的落地和使用性无疑是最重要的。和仁科技创新推出的信用就医、挂号引导、医生点评等应用，已经预示着这个愿景和目标的美妙之路。

"HI医生"是和仁科技场景即时应用方面实现的一项"云到端"的应用。它基于医院信息系统（HIS）深度集成，可以跟不同的HIS系统无缝对接，对医疗场景业务的渗透更加细化，为医生提供实时且一致性的线上线下联动的医疗数据。在此基础上，和仁技术的团队利用"互联网+技术"，增加了护士站、医保审核、抗生素审核、多学科会诊等功能，有效提高临床医护人员的工作效率，提升工作质量。这项应用在投入使用后，由于贴合一线工作需求、提供良好用户体验，已成为医生和护士开展临床业务深受欢迎的生产工具，越来越多的医护人员将其作为日常工作场景的工具，逐渐基于该平台开展在线复诊、AI医生预问诊等互联网医院业务。

"医生点评"是和仁科技在富阳"智慧医疗云平台"中实现的一项应用。患者可以像在淘宝上购物一样，在看完病后对医生的服务进行评价和打分。随着评价的积累，医生的水平和态度在系统内得以公开化、透明化，某个医生在这一年内的综合表现可以通过点评和打分进行量化。这不仅有利于帮助其他患者选择医生，也能促进医生的优胜劣汰，提升整体的医疗水平。通过把所有医生的资源在线化后，应用让患者在选择科室挂号时，不再像以前一样陷入茫然，而是像在网上买高铁票一样，一目了然地进行查询和比较，并及时下单购票即挂到号。

在和仁科技团队的眼里，这些看似很小的应用，这些实实在在的场景，恰恰是智慧医疗的终极意义。只有于细微处提高医疗质量，提高医护工作效率，提高医养服务水平，才能提升医院和城市管理者的决策能力，提升患者医疗体验满意度，提升突发公共卫生事件的应急处置能力，为每位百姓提供平等、便捷、高质量的服务和体验。

"创新应用是'抛砖引玉'，更多有用、有效的场景应用需要更多人或企业的加入，携手共造一条中国智慧医疗的大路。"这是和仁科技的初心和愿景，也是中国医疗健康行业的初心和愿景。

> 企业家专访

为健康中国夯实"数字底座"

——浙江和仁科技股份有限公司董事长杨一兵

《样本》：实现智慧医疗，首先需要实现数据化运作。在此过程中，您认为数据承担了怎样的"使命"？

杨一兵：用什么数据来描述我们的健康状态，这是我们首先要面对和解答的问题。描述一个长方形井盖的状态很简单，长和宽两个数据可能就够了。但一个人的健康状态，跟图书馆的分类目录一样，要在一定的哲学思想指导下，运用医学知识分类的原理，采用逻辑方法进行。这样才能把相应的数据分门别类到对应的格子里，再借由各个"格子"里耦合关系紧密的数据，通过结构化的关联，才能用数据来相对完整地描述健康的某一个状态。

其次，数据需要记录类似PDCA循环的整个治疗过程，按照每个专科不同的情况形成一个有输入和输出的人工智能"黑匣子"。治疗的目的是更健康，因此数据除了记录过程，还要去驱动流程，比如形成健康干预。

最后，我们希望在大量样本数据中整合出一些规则。我们希望借助科技工具，把碎片化的、散落在不同科室、不同医院、不同区域的数据链接起来，让中国医疗相关的数据放到线上跑起来，实现医疗整个体系的数字化、网络化、智能化。

《样本》：在普通人眼里，数据可能是一个名字、一句医嘱、一行数字。从医学信息学来说，数据应该具备什么样的特征？

杨一兵：数据的真实性是一切的前提。错误的数据会导出错误的结果，数字化建设的意义就不复存在。数据需要封闭管理，不能在某个环节可以让人工去调整，这样的数据会有水分，一开始数据就变得没有价值了。在系统里，我们把规则弄清楚，数据的收集、传递、审核等交给系统，而不用看某个审核人员的"脸色"。

所有数据都不能遗漏，要完整、精细，把一切归结为数据本身。如果只是把医生写在病历本的文字单纯地转到电脑上，这只是信息的存储，并不是数据化。以头痛为例，比较含糊的描述是不具判断功能的。但是如果将其分为0级到9级，确定具体是哪一级的症状，就很快能以标准为医生提供标准诊断的依据参考。

数据还需要实时在线。如若不然，也会丧失数据存在的意义。比如重点监测的病人，他的心跳、血压等数据必须是实时的，这样才能在出现异常时及时进行干预——一旦数据稍有延后，时间窗口就关闭了，错失了最佳的抢救时间。这不仅与治疗有关，也与未来医养结合深化后广泛的应用有关。

《样本》：您怎么看待"创新"的内涵和意义？在这个创新越来越重要的新时代，企业该抱持什么样的心态？

杨一兵：创新是一个自然而然的过程。我们认为，只有顺从自然，方能如鱼得水，有需求便会有创新。当然，创新的前提是学习——善于学习的人会更善于创新。同时，创新也需要有足够的知识储备。杰出的灵感一定是在复杂的知识与思想的交织中诞生，正如机会总是留给有准备的人。

在和仁科技内部，"创新"不等同于技术创新。我们更多的是把创新理解成一个生态的变革，或者说是共同进化。在公司内部，非常强调大家一起进化。创新求变的同时，我们也强调"不变"。我们处于一个高速变革的时代，但对创造价值、分享价值的核心追求不能变，也就是和仁科技的创业初心是始终不变，一以贯之的。我认为，企业想要长足地发展，一定要能够创造巨大的社会价值，有了巨大的社会价值，自然也会收获丰厚的社会回报。

《样本》：如何定位和仁科技在行业内的"位置"与"角色"？

杨一兵：下一个千亿美元级的市场，最有可能诞生在智慧医疗领域。从这个角度来说，和仁科技正在走的是光明坦途。

从目前来看，或者说从表面来看，和仁科技的主要任务是完成一个又一个的项目，但实际上我们一直在寻求一种平衡——平衡项目与未来愿景之间的关系。和仁科技不只是想满足客户当下的一些需求，而是想重构一个良性的行业生态。

医者仁心，和仁科技在对技术创新和应用的追求背后，怀揣的也是一颗仁义之心，坚持做到"正其心，诚其意，精其术"。"科技服务健康"的概念很广，除了医学、信息学，还涉及很多社会学的内容。当抹平人为的信息壁垒后，数据的流动和链接会更加平等和透明，让数据的应用变得触手可及，更好地服务于终极客户——患者。例如，医生开了处方后，患者可以拥有更多的选择权——除了在医院的药房买药，还可以在互联网医药平台上买，也可以在和仁科技构建的平台上买。

作为一家民营企业，坚持朝这个方向行进，会有各种压力。但我们认为一方面要提升行业的效率和精准度，另一方面更要为行业贡献自己的力量。

《样本》：一个行业的大发展离不开标准和规范的推动。从这个角度来看，您对智慧医疗行业的现状和未来的发展趋势有怎样的见解？

杨一兵：数据的实时在线就是透明化，这必然会引起一定的变革。现在大家通过手机购买高铁票很便捷，但十几年前，买张车票非常不容易。我们相信，随着医疗的数字化进程的推进，许多应用的实现也会越来越容易。例如患者的数据问题——我们希望通过行业的共同努力，不久的将来，不管哪家医院的数据，只要属于患者自身的，患者自己都能进行统一管理，随时访问自己相关的所有数据。

目前，国内的智慧治疗发展还处在初级阶段，市场还处在高度分散化的状态，无法实现以某个公司的技术规范作为标准。只有当数字化建设越来越深的时候，行业才可能在逐步的推进中，逐渐建立统一标准和规范的基础。"水激石则鸣，人激志则宏。"我们相信十年后，在科技的引领下，"健康中国"的目标一定会实现。

专家点评

初心与创新

《华严经》有云,"不忘初心,方得始终,初心亦得,始终难守"。受益于国家政策支持、产业发展及从业者们的初心,大健康领域聚集了众多的参与者、追求者、探索者。在这其中,有人受挫,有人徘徊迷茫,也有人秉持初心,不断创新开拓,奋勇攀爬在前行的大道上。

路上欣赏一瞥风景、独取一瓢饮水,可能就会在大健康信息化建设的赛道上走向不同的未来。例如,以商务营销为导向、以快速推出产品为导向、以获得投资为导向,走向了不同的风口和轨道。创业十多年来,和仁科技选择了坚守初心,以提高医院和患者效率为导向,以精心打磨产品为方式,完成了电子路径、临床路径等下一代产品的打磨,并通过IT技术,提高了效率,实现了客户和公司的双赢,独创了一条具有自我特色的商业模式。并且,和仁科技用最朴素的方式,走上了较为现代的赛道,即医疗健康的信息化与智能化。自然而然的,就关切到了另一个话题,即"创新"。

董事长杨一兵先生曾公开表述对创新的独到见解:创新是一个自然而然的过程。他认为,"只有顺从自然,方能如鱼得水,有需求便会有创新"。他强调,创新的前提是学习——善于学习的人会更善于创新。同时,创新也需要有足够的知识储备。杰出的灵感一定是在复杂的知识与思想的交织中诞生,正如机会总是留给有准备的人。

在和仁科技内部,对创新的理解,结合着对技术、商业模式、管理等实践的过程。在他们看来,"创新"不等同于技术创新,只有当用户的习惯、员工理解用户的能力、技术基础的成熟达到一定的水平,创新才更容易叠加,真正达到水到渠成的效果。为此,和仁科技更多地把创新理解成生态的变革,或者说是共同进化。在企业内部,他们非常强调团队成员们的共同进化。

创新求变的同时,公司也强调"不变"。杨一兵先生认为,企业要想长足地发展,一定要能够创造巨大的社会价值,有了巨大的社会价值,自然也会收获丰厚的社会回报。

由"初心"与"创新"的共同驱动及进化,这些年和仁科技的正向变化层出不穷——出品效率大大提升,产品交付时间缩短约一半;专项定制减少,通用化中台模块应用强化;服务客户范围扩大至大型三甲医院,尤其是在江浙的大医院竞争力十足。这都是"创新"实践不断推进的结果。而这,也促成了区域医院、区域医疗不断进入新的城市和运营体,并通过优质产品、满足医疗客户需求的服务,不断进入新的市场,实现独有的技术、产品、理解甚至价值观的拓展。

健康医疗信息化、智能化的发展趋势还在持续。据初步统计,截至2020年10月,全国已有900余家互联网医院,比2019年同期的三倍还多,公立医院、民营资本、互联网平台纷纷加码。一方面,医保支付的压力持续增加;另一方面,分级诊疗、互联网医院、DRGS等措施目前只能局部缓解行业的压力。大量需求来自帮助医院、病人、医生等缓解效率压力。这些都给和仁科技带来前所未有的契机。"机会带给有准备的人",在重要的产业机会到来的当下,期待和仁科技笃定而崇高的创业初心、创新的实践与文化理念,能够伴随公司不断进步,助力企业成为国内健康医疗智能化领域的重要参与者,甚至领军者!

周海晨 申万宏源证券研究所总经理

第九章
人工智能创新服务价值探路者
——云知声智能科技股份有限公司

- **楔子：** 攀登高峰没有捷径
- **企业概况：** 物联网人工智能服务先锋
- **创新解读：**

    第一节　迎接新智能时代

    第二节　构建"云+端+芯"一体化模式

    第三节　走向智能生活

- **企业家专访：** 十年踪迹十年心
- **专家点评：** 厚积薄发，攀登价值链顶峰

楔 子

攀登高峰没有捷径

"攀登科学高峰没有捷径",是颂扬数学家陈景润的。

2018年,李克强总理在国家科技领导小组第一次全体会议上借用此句,激励广大科研机构和科研人员弘扬科学家精神,切实沉下心来,力戒浮躁,甘于寂寞,十年磨一剑,把"冷板凳"坐热。这一年开始,国家专注于科技发展领域的决心更加坚决;这一年开始,国家战略科技支撑的需求也比以往任何时期更加迫切。

"攀登科学高峰没有捷径",是云知声创始人黄伟始终铭刻在心中的一句话,指引着他和企业多年来坚持不懈走在"云+端+芯"模式开发建设的道路上。在从业十余年,创业六年后的2018年,顶着无数质疑的黄伟和他的云知声终有所成,发布了第一代UniOne物联网AI芯片"雨燕"及其解决方案,开启了自己的新时代。

其实,这也是那些积极投身于中国新时代建设的科技创业、从业者们的集体共识:世界上最难走的路才是捷径。只有走在这条路上的人越多,共识越强、共振越强烈,国家科技的前进步伐才会真正蓬勃向上。

> 企业概况

物联网人工智能服务先锋

云知声智能科技股份有限公司（以下简称云知声）成立于2012年，总部位于北京。基于业务考量，华东总部设于上海，深圳、厦门、合肥皆设有分支机构，员工总数超500人。企业以"万物智联、知音知心"为愿景，提供智能语音交互产品、智慧物联解决方案及人工智能技术服务。

作为一家专注于物联网AI服务的人工智能企业，云知声拥有完全自主知识产权的世界领先智能语音技术。

一、集中赛道，聚焦优势创新

作为一家为企业和用户提供智能语音技术和综合解决方案的人工智能企业，云知声自成立以来，始终紧跟智能语音技术的发展潮流，围绕智能语音市场需求，坚持独立自主进行前沿性、突破性的技术创新，现已取得多项重大突破，形成了一套成熟的、经验证的核心技术体系，在行业内取得先发优势和领导地位。截至2021年2月28日，公司共计取得96项发明专利和114项软件著作权，另有397项发明专利已受理进入实审阶段。

企业在"基础平台+全栈技术+行业场景"三级火箭式战略驱动下，自主研发建设了面向人工智能算法和应用的Atlas人工智能超算平台，具备一亿亿次/秒的浮点计算能力，计算能力全球领先；从交互入手，公司围绕感知智能、认知智能、通用智能三大方向，构建了智能语音、认知和表达、超算平台、视觉图像、机器翻译等多模态人工智能硬核技术，并将这些能力封装在自研AI芯片之上，通过"云+端+芯"一体化的产品体系，面向不同行业输出全栈式AI技术能力，形成人工智能技术的产业化应用闭环。

二、与龙共舞，深耕工业物联网

鉴于人工智能语音技术应用需求的复杂性和多样性，公司打造了独特的"云+端+芯"产品中台，对核心技术进行了模块化梳理和整合，从而具备面向市场需求的快速产品化能力，支撑公司以丰富的产品组合为众多知名企业提供服务。

依托行业领先的AI整合解决方案，云知声在多个垂直领域的市场占有率居领先地位，业务涵盖家居、汽车、医疗、教育、酒店、金融、交通、政务、地产、制造等。截至目前，云知声已与包括平安集团、世茂集团、吉利集团、格力、美的、海尔、华为、京东、360等在内的2万多家企业建立了合作关系，覆盖用户超2亿，云平台日调用量峰值超5.7亿次，覆盖设备超2.5亿台。

企业自成立以来，业务连年保持高增长——从2017年的6114.07万元，增长至2019年的2.19亿元，年均复合增长率达89.14%；主营业务占总营收的99.77%。鉴此，企业备受行业关注与资本青睐，累计融资达数亿美元，保持着迄今为止语音领域单笔融资最高纪录。且公司先后入围中国科技部"科技创新2030-新一代人工智能重大项目"、工信部"人工智能与实体经济深度融合创新项目""2020年北京市科技进步奖一等奖""吴文俊人工智能科技进步奖"，获评科技部"人工智能独角兽"、CBInsights"全球AI独角兽44强"、福布斯"中国成长最快科技公司"、胡润"人工智能企业知识产权竞争力百强"、上海经信委"2020年上海软件和信息技术服务业高成长百家"、2019上海市人工智能最具影响力企业Top10等荣誉，并积极响应2020年工信部"充分发挥人工智能赋能效用、协力抗击新型冠状病毒感染的肺炎疫情"的倡议，凭借创新研制的"疫情防控外呼机器人"获工信部表彰。

云知声"疫情防控外呼机器人"受工信部表彰

未来已来，云知声在技术层面将继续探索先进技术边界，夯实硬核技术实力和全栈技术体系，将公司建设成全球领先的科技公司。在产品层面，将进一步完善及提升"云+端+芯"产品中台能力，以完备的产品技术组合、统一的解决方案、开放的平台能力，夯实支持"万物智联"的落地能力；在商业层面，将持续打造"U（云知声）+X（场景）"智慧商业生态，致力于以全栈式人工智能技术充分挖掘信息和数据价值、重构企业业务流程、释放科技创新能力，形成科技驱动的运营服务和产品增长的良性闭环。

> 创新解读

第一节　迎接新智能时代

2016年，美国白宫发布《为人工智能的未来做好准备》等报告后，人工智能技术彻底得到了各国政府、资本界、产业界和学术界的高度重视。

2017年7月20日，国务院正式印发了《新一代人工智能发展规划》，明确指出到2030年之前我国人工智能核心产业规模或超1万亿元，并将人工智能上升到国家战略高度。自此，连续三年出现在中国政府工作报告中的人工智能，从国家战略层面进一步落地，成为促进新兴产业加快发展的新动能和基础设施。

一、"金钥匙"的人工智能

经过多年蓄力，要素配置的改善和科技进步的提速形成共振，我国构建经济发展的新引擎和新优势——科技创新与产业链安全成为中央经济工作会议的重点内容，人工智能则成为新一轮科技革命和产业变革的重要驱动力量。根据《中国人工智能计算力发展评估报告》2019年的预测，2019—2024年人工智能市场复合增速将保持在30%以上，2024年会达到172.2亿美元。同时，中国在全球AI市场的占比将从2020年的12.5%上升到2024年的15.6%。

从全球格局来看，美国和中国已成为人工智能领域的"重量级"玩家——两国科技企业通过政策支持与鼓励、强大的战略制定、资本投入及收购并购等手段，逐步在全球人工智能领域占据了重要的席位。据《人工智能发展报告2020》显示，截至2020年年底，全球人工智能领域高层次人才共计155408位，其中中国共计17368位。从AI高层次学者国家分布来看，美国AI高层次学者的数量最多，有1244人次，占比62.2%，中国排在美国之后，位列第二，有196人次，占比9.8%。从子领域论文量来看，美国的大学和科技机构在AI各个细分方向上的发展较为均衡，且在自然语言处理、芯片技术、机器学习、信息检索与挖掘、人机交互等10多个子领域的发展居于全球领先地位。中国则在语音识别、经典AI、计算机网络、多媒体、可视化和物联网等领域实力较强，均进入全球领先行列。

随着技术的发展，人工智能商业落地模式得到了重视，尤其是通过AI技术与传统行业相结合，创新更多实体经济中的落地场景及产品，对传统行业的经营模式和业务流程进行改造,从而进入新一阶段的发展。基于这样的"致用"理论,中国人工智能技术快速落地,为整个产业链提供良好的发展基础,有望为中国高端制造提供弯道超车的机会,并推动中国数万亿元数字经济产业转型升级。尤其是已经进入技术转化阶段的自动驾驶、深度语义分析、智适应学习、跨语言文本挖掘,和成熟阶段的硬件加速、深度神经网络等领域,相关企业的成长空间相对较大。截至2019年年底,中国人工智能核心产业规模已经超过510亿元,各类智能加持的新技术新业态不断涌现,前景可期。以中国长三角地区上海为例,习近平总书记2018年在上海考察时提出上海要在三个领域——集成电路、人工智能、生物医药有所突破,走在全国前列,乃至世界前面。上海市委书记李强指出,要牢牢抓住集成电路、人工智能、生物医药三大产业,久久为功,持续用力,大力培养产业集群和龙头企业,打造成为上海产业转型的核心标志,向产业链和价值链高端迈进。截至2020年,上海已基本形成"行业龙头+独角兽+隐形冠军"的企业梯度——人工智能核心企业1100多家,核心产值规模近1500亿元,其中机器人的产业规模占到全国的1/3,相当于全球的1/9。作为超大型城市,上海拥有也开创丰富的应用场景、海量的数据优势、完善的信息基础设施,基本建成"双千兆之城",赋能深度持续提升。

值得一提的是,2020年突发的新冠疫情,让科技创新战略的发展潜力和在国际竞争上的关键性作用不断得以强化和凸显。相关数据预测,到2035年,人工智能将使12个经济体在包括信息通信业、制造业和金融服务业等在内的16个行业产出提高14万亿美元。截至2020年6月22日,天眼查专业版数据显示,我国2020年前五个月新增人工智能相关企业近11万家,同比增长28.54%。

抓住产业数字化、数字产业化赋予的机遇,一群智能经济新形态正在形成发展新动能。企业数字化,将成为经济复苏的引擎,而人工智能就是"金钥匙"。

二、语音赛道迎新机

来自IDC最新发布的调研报告显示:2019年中国人工智能软件及应用市场规模达28.9亿美元,到2024年,中国人工智能软件及应用市场规模将达127.5亿美元(约902亿元人民币),年复合增长率达39%。

为了让各行各业能像接入"水电煤"一样方便快捷地接入AI能力,中国在"新基建"上持续加码、快速迈进。2020年3月4日,中共中央政治局常务委员会召开会议,提出要发力于科技端的基础设施建设,人工智能成为"新基建"七大板块中的重要一项。受技术突破和政策支持双重利好影响,一个个硬核产品、一批批重点项目、一项项应用场景在创新探索里一一实践,从单个场景、点上示范转向领域推广、城市赋能,从解决行业痛点趋向实现价值落地，积极赋能百业，使优质资源更加公平可及、更好辐射服务，为大众打造更高品质的生活。作为人工智能产业链上的重要一环，智能语音人工智能领域发展为成熟的细分行业之一，也是链接底层基础设施到智能场景应用的一项关键技术。根据中国信通院《全球人工智能产业地图》数据，2019年我国人工智能产业中智能语音及自然语言处理企业数量合计占比43.0%，在人工智能细分领域里占比第一。如今，全球智能语音及人工智能产业发展方兴未艾，进入了规模化发展并保持快速发展态势，智能语音头部企业优势明显，持续发力产业生态构建。

随着人工智能语音技术从感知层面到认知层面不断升级、完善，在理解用户需求、辅助企业决策等领域发挥更大的作用，进一步渗透到更多的应用场景，促进各传统行业实现"智能化"转型。尤其是在智能家居、智能车载、智能穿戴等消费级产品普及方面，带来了更多机会。据相关数据统计，中国智慧家庭的市场规模正以每年20%～30%速度增长；未来智能网联车的年出货量复合增长率将达16.8%，预计到2025年，全球智能网联汽车的出货量将增至9323万台。与此同时，2021年全球将卖出5.05亿台可穿戴设备，市场规模将突破550亿美元……根据灼识咨询预测，到2024年，中国人工智能语音在智能家电、智能音箱和智能儿童教育的渗透率将分别达17.2%、100%和95%。

更多的客户需求、广大的市场前景，激发了更激烈的行业竞争和更多的场景创新。尤其是互联网科技巨头凭借品牌、资金和技术优势，不断构筑生态护城河，除加大技术开源和平台开放力度之外，也在智能音箱等消费电子领域掀起价格战，抢占物联网时代的流量入口和市场份额，而技术公司则结合自身技术储备和市场资源，选择特定细分领域进行突破，市场竞争较为激烈。伴随人工智能行业的进一步发展，传统IT服务企业、其他人工智能技术方向的参与者将进一步强化并掌握一定的智能语音技术，行业竞争会更加激烈。但人工智能企业在竞争与合作、跨界与破圈中，也将不断推动着语音AI在更广阔的商业化应用场景中落地、生根、发芽。

第二节 构建"云+端+芯"一体化模式

2019年3月，云知声作为国内10家AI企业之一、唯一的AI语音和AI芯片企业入围CBInsights"全球AI独角兽榜单"，并持续上榜2020年和2021年年度榜单。作为国内极少数拥有感知、认知、交互、超算、芯片设计等全栈式技术链条的语音AI企业，云知声脚踏实地，深挖渠、广积粮，坚持不懈地围绕着目标推进创新探索，在构建"云+端+芯"一体化模式的同时，不断强化技术在更多场景的落地，在更远未来的绽放。

一、锚定"云+端+芯"

2012年6月，云知声公司成立的时候，全球智能语音市场超过95%的市场份额被IT巨头占据，市场上基本形成了寡头垄断格局。语音出发的AI战场，"火药味"更是浓烈。但是，看到了技术探索的无限空间，也看到了产业需求广大前景的云知声创业团队，毅然选择了技术积累相对成熟的智能语音赛道，深入市场竞争，锚定"云+端+芯"战略。

当年9月，即发布公有云平台；当年12月，直接上线深度学习；2013年，内部提出从云端往硬件走；2014年，顶着一半股东反对的压力，提出"云+端+芯"战略；2015年，云知声正式组建芯片团队；2018年，云知声发布了第一代UniOne物联网AI芯片"雨燕"及其解决方案……一路走来，创新与颠覆不断推动着云知声，促使其从此正式开启了"云+端+芯"路径——打开大门面对、迎接更复杂、多元也更广阔的AIoT市场。

云知声第一代UniOne物联网AI芯片"雨燕"

AIoT市场在共同推进下加速爆发，云端方案在网络、带宽、能耗、隐私以及边缘计算等方面的限制，使得面向物联网的AI芯片成为必然抉择。云知声团队彼时观测到移动App上语音调用量低，而场景端例如车载设备上的调用量非常高这一实际场景应用和真实需求的现实。而且与BAT同赛道，在人才、资源、时间、资本等积累都没有颠覆性优势的前提下，云知声深刻认识到，即使把语音识别做到99.5%，不能实现商业场景应用落地，技术也仅仅只是技术而已。

因此，云知声通过在基础架构上四年的积累、服务及生态建设，自主搭建了智慧云平台，并自2013年5月15日起，向所有移动互联网开发者提供完全开放、永久免费的专业语音识别服务，与广大移动互联网开发者共创和共享移动语音时代。这个国内首家免费的语音云平台，截至目前覆盖的城市超过647个，覆盖设备超过2.5亿台。

在"端"的能力建设上，则通过在家电、车辆、机器等各类终端设备上配置一套软件以实现对拾取的声音信号进行快速降噪处理，对用户的关键词做出不依赖于网络的实时反应，并与云端人工智能服务紧密配合的语音交互能力。因此在端的战略上，云知声更愿意携手更多的行业龙头、整合产业伙伴，进行更深度、活跃的协同开发，赋能美好生活。

随着人工智能语音向边缘侧发展，对智能硬件和人工智能语音芯片的算力提出了更高的要求。行业共识是，自主研发芯片不仅可以提高产品端侧的计算能力，还能够针对特定应用场景进行功能优化，提高芯片的性价比和应用的灵活性。云知声认为，芯片是一个生态，追求芯片并非是完全的高精尖，而是一种平衡——观测、评估真正的需求场景及技术实现的能力。由此，云知声提出了自己的解决方案——把云端能力、本地交互界面、交互方式和硬件相结合，使产品的性价比达到平衡，从而实现核心竞争优势的呈现。为持续强化建设，云知声每年在人工智能专用芯片研发上的投入呈量级增长：2017年553.09万元，2018年1166.93万元，2019年6071.15万元，2020年上半年1755.80万元。截至目前，业界第一款语音AI芯片"雨燕"及同时集成边缘AI计算、无线连接以及安全功能的"蜂鸟"系列芯片，已开始量产和规模销售；业界第一款面向智慧出行的语音AI芯片"雪豹"车规级芯片尚在进行稳定性测试。"我们要做新时代的东西，一定要走自己的路。云知声的'云+端+芯'并不是全领域全开放地运行，我们积极深入实际场景需求，与BAT形成互补。"

以解决真实场景下的客户需求为出发点，云知声对核心技术进行模块化整合和纵向拓展，并在此基础上，以家居、医疗场景为突破口，率先完成智能语音解决方案的商业化落地，保障企业在人员少量增加的情况下能够保持业务快速扩张的商业优势。据招股书显示，云知声未来拟投入31668.80万元用于"面向物联网边缘计算的人工智能芯片研发平台建设项目"的建设,以进一步完善、夯实"云+端+芯"战略下对智能美好未来的探索建设。

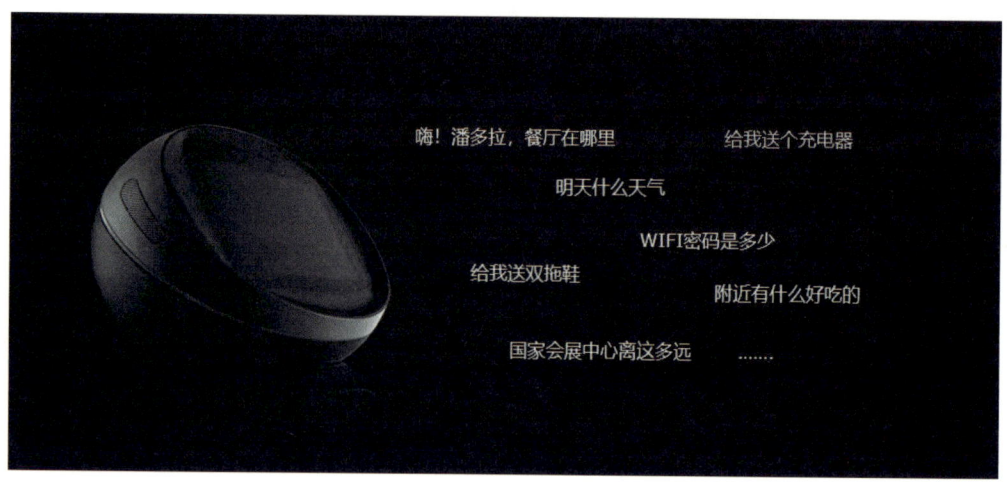

云知声智能语音中控"Pandora"

二、建设立体化研发体系

三年时间,云知声芯片流片成功。对行业来说,是芯片技术实践探索的"新样本",也带来了实践应用的新思考。与同行们一样,云知声在研发投入上始终保持在较高水平:从2017年的9999.83万元提升至2019年的25823.17万元,占营业收入比例的117.78%。与别人不一样的是,坚定技术可控战略的云知声,有着不一样的"积累"。

在"云+端+芯"战略下,云知声通过国家课题承接、国际学术认可、全方位产学研合作、知识产权等多方位内容的搭建,强化技术的前瞻性及转移转化能力建设,探索自身的立体化研发建设体系。"Think big,move small"是云知声团队时刻勉励自我且躬身践行的格言。目前,企业的核心研发团队90%为硕博学历并拥有顶尖科研背景,众多技术骨干来自知名企业并拥有丰富的行业经验。由此,云知声一方面通过世界级论文发布、国际技术竞赛积极参与到世界人工智能的深度思考及落地场景的实践运营探索中;另一方面不断积蓄企业科技人才的能力建设,积极承接科技部、工信部、发改委等部门的国家课题,同时介入并强化国内顶尖科研人才的挖掘和培养,联合中科院自动化所、中科院计算所、哈尔滨工业大学、上海师范大学等顶级科研院校,开展共建联合实验室、人才培养基地等产学研合作。

"算力、算法、数据"是构建人工智能核心技术的基础要素。在算力方面,云知声自成立第一年便搭建了面向深度学习的小规模GPU集群,随着计算需求增加和集群规模扩大，2016年公司基于开源分布式存储、操作系统和容器化管理技术，构建了面向大规模机器学习的超算平台——Atlas。截至2019年年底，Atlas并行处理能力已超过1亿亿次/秒（10PFLOPS），单任务调度存储能力达到PB量级，算力等各项指标在企业级超算平台中位列第一梯队。Atlas为公司人工智能算法模型训练提供了高度弹性的并行任务处理平台，使公司在研究算法演进时不再受制于硬件资源及调度方面的制约。

在算法方面，云知声在机器学习前沿技术和专项应用技术方面始终保持高效的演进速度。企业于2012年率先将深度神经网络（DNN）应用于商业语音识别系统，并在后续的人工智能浪潮中持续进行前沿算法的商业实践。例如，在后来涌现的卷积神经网络（CNN）、回归神经网络（RNN）、端到端序列建模、生成对抗网络（GAN）、注意力转换模型（Transformer）、双向编码表征转换模型（BERT）、知识蒸馏（KD）、自监督学习（SSL）等主流技术方法上，公司都是业界最早的产业实践者之一。

在数据方面，企业更是于2012年9月率先推出免费的语音云平台，允许各类应用开发者免费在线实时调用公司基础智能语音服务。截至2020年6月30日，公司语音云平台累计服务开发者超过2.6万位，服务用户超过2亿人次，使用者覆盖全国600多个城市及相关人群，共计积累1.3亿小时的语音数据，总存储量达2PB以上，高质量训练数据积累超过600TB。通过此项服务，企业积累了海量的覆盖各类真实场景的语音数据，为公司语音模型算法迭代优化奠定了坚实的基础。

鉴于人工智能技术产业应用的场景化落地需要和商业潜力挖掘需要，云知声又在产学研基础上，进一步强化行业需求的深度挖掘——在选择与巨头们携手联合运作的过程中，强化行业专家与核心技术人才之间的深度沟通与协同。云知声认为，在人工智能作为新一轮产业变革的核心力量，正重塑生产、分配、交换和消费等经济活动各环节，催生新业务、新模式和新产品这一共识下，强化领域深度融合和落地应用的核心在于技术与产业之间快速、高效的理解与协同。于是，云知声基于自身商业路径的构建，以合作利益强化了与行业"资深专家"的协同开发建设，立体化补充企业内部的研发体制落地建设，快速促成行业场景的深度创新探索步伐。而这，将成为云知声未来核心竞争要素之一。

未来一段时间，为保持公司核心技术的先进性，云知声将继续保持研发投入力度，完善、强化立体化研发建设体系，以继续构建自身的竞争优势。

三、纵横生长，落地产业应用

AI和各行业、各领域知识的结合是必然的；而产业需求引领工业机器人向智能化、轻量化、灵活化和高能效化方向发展，也已成为行业的共识。2017年，来自智能语音交互产品的营收一度占到云知声总营收的97%，随着互联网巨头和科技公司争相涌入智能语音赛道，云知声进入了技术横向拓展和商业化落地阶段，开启了"一纵一横"的成长战略。依托"云+端+芯"战略，及对商业化落地场景进行的更多的探索和甄选，云知声逐步形成智能语音交互产品、智慧物联解决方案、人工智能技术服务三条业务线，数十个产品类型的矩阵式产品结构。它们相辅相成、高度融合，开拓了新的机会，构建了竞争壁垒。

"一纵"即触达用户和场景，"一横"即为具备可扩展性，保证"云+端+芯"一体化和在不同领域的兼容性。云知声的智能语音交互产品，为各式各样的物联网设备提供语音交互和操作功能、实现物物互联，还能够应用于医疗、教育等垂直行业，发掘语音在信息处理方面的优势，提高工作效率、降低人工成本；智慧物联解决方案，整合了公司在设备端所积累的能力以及对特定场景和行业智能化需求的深刻理解，将设备和应用场景进一步融合，全面提高空间的智能化水平，提升用户体验、助力万物互联；人工智能技术服务，依托公司所搭建的基础架构和所积累的核心技术、面向具有代表性的特定龙头客户而开展，进一步探索人工智能技术更多的商业应用潜力。

为进一步满足更多场景的智能化改造需要，云知声在原有语音技术之外，持续向图像技术、人工智能语音芯片核心IP、领域知识图谱构建等多个人工智能研究领域进行拓展，持续构建全栈式人工智能技术平台。与此同时，公司将业务重心逐渐转向为酒店、社区、医院等B端客户提供智能物联解决方案。通过在真实场景中不断打磨优化产品、完善解决方案，公司的行业经验的积累逐步丰富，从而在细分领域取得领先地位。

基于企业自身的特性及市场探索，云知声团队在市场竞争中还探索采取较为灵活的市场运营模式，与平安集团、吉利集团、世茂集团、华通集团等携手共创，以合资形式展开深度合作，在带来销售收入快速增长的同时，共同赋能行业的发展。

在住宅和酒店场景，公司以空调语音模组为突破口，通过与格力等家电龙头企业深入合作，不断打磨提升产品性能、确立市场地位，并拓展形成了覆盖数十种物联网设备的物联网语音交互产品系列，在此基础上，公司进一步将单一产品升级为综合解决方案，并面向酒店、社区等场景规模交付。在医院场景，公司通过与北京协和医院合作，率先在国内落地医疗病历转写解决方案，并在行业内被快速推广，目前已在100多家医院上线使用，超过500多家医院测试使用。此外，公司围绕智慧医疗需求，自主构建大规模医疗知识图谱，并据此推出病历质控系统、智能随访等产品，构建并完善医疗智慧物联解决方案，扩大在医院场景的影响力。

以公司重点拓展的长三角地区为例，云知声2019年与世茂集团达成战略合作关系，合资设立子公司云茂互联，探索在酒店、社区等场景下的智慧物联解决方案。根据实质重于形式的原则，公司认定世茂集团为其关联方。目前，公司面向酒店、社区等场景的智慧物联解决方案已基本成熟。2019年度及2020年上半年，公司向世茂集团及其子公司，以及其参股公司天津津南新城房地产开发有限公司的合计销售金额分别为2494.75万元和3184.08万元，占2019年度、2020年1—6月营业收入的比例分别为11.38%和37.60%，占比较高，且目前仍有多份在手订单正在陆续交付，交易规模将持续扩大。

未来，云知声将继续探索人工智能技术在更多行业和场景的商业化落地可能性，并适时推出新产品和新方案，携手更多行业伙伴，共同布局人工智能场景落地，共建更多元、美好的智能未来。

第三节 走向智能生活

"基础平台+全栈技术+行业场景"是云知声的三级火箭式战略，这就意味着企业把感知和表达的技术，真正跟认知结合，把底层打通，以硬核技术打造了产业闭环，构建了云知声范式的智能生活建设逻辑。

截至2020年6月，云知声的合作伙伴已超过2万家，已形成"云+端+芯"生态闭环，产品及解决方案覆盖车载、家居、医疗等领域，深挖创新服务价值，构建新商业"小生态"，在赋能智能生活的建设上一往无前。

一、U+X，深挖创新服务价值

鉴于人工智能技术应用的复杂性以及企业级客户需求的多样性，以高度专属化人工智能综合解决方案代替标准化产品已成为人工智能行业最为显著的趋势之一。因此，云知声自2020年起提出"U+X"战略（U为云知声，X为场景），深挖创新服务价值。即，紧紧依托Athena智慧大脑，通过"云+端+芯"产品技术架构，围绕智慧生活+智慧服务两大商业实践领域，进行包括医疗、地产、教育、家居等智慧生活场景的深度开发，为智能生活和服务提供语音整体解决方案，在显著提高解决方案稳定性的基础上，大幅降低商业应用成本，强化市场竞争能力，构建行业壁垒。

以云知声智慧医疗建设为例，为了增强医院客户的黏性，云知声开始围绕智慧医疗场景提供智慧医院综合定制化解决方案——基于企业自身在医疗人工智能领域的产品和解决方案积累，在应用语音识别、语音合成、自然语言理解、临床知识图谱等技术上，在诊前、诊中、诊后全流程环节提供医院智能化升级服务。在诊前板块，云知声主要在门诊大厅提供自研核心模块的导医机器人、体检自助机、智能候诊解决方案；在诊中板块，公司面对诊室、科室及病房等不同场景，根据医疗客户需求外购部分应用软件或医疗设备硬件，并将相关软硬件有机地结合在一起，为客户提供定制化智能系统解决方案或智能语音医疗设备，包括入院宣教机器人、医疗设备智能采集服务、远程会诊系统等；在诊后板块，云知声提供个人健康助理机器人、智能随访解决方案等服务。截至2020年6月，云知声开展的智慧医院业务包括为济南市千佛山医院提供诊前问诊服务系统，为镇江市第四人民医院提供基于移动设备的院外随访和管理服务，为镇江市第一人民医院提供医疗设备智能采集管理平台，为长治市中医院提供远程会诊平台业务，为北京市友谊医院的住院患者提供基于机器人的健康宣教服务和基于电话外呼的随访服务等。

在智慧社区建设方面，云知声基于人工智能、物联网等技术，依托智能摄像头、视频监控、人脸识别闸机等各类门禁、车道识别道闸、物联网传感器等前端，通过智慧社区管理平台，实现对社区车辆、人员、环境的全面监测和精准管理，打造一个安全、智能、高效的社区环境。此外，智慧社区还提供智能家居解决方案，类似于智慧酒店的客房控制，通过智能管理中台，实现对家电、小型智能硬件的智能控制。截至目前，云知声智慧社区解决方案已在云南昆明、天津等地的新房社区中落地使用，在社区管理板块主要使用了智能摄像头、人脸识别闸机、车辆识别道闸、门禁、停车场、公区能耗等功能，同时也落地了智能家居解决方案。

在智能家居领域，云知声携手京东智能，推动人工智能芯片在智能家居领域的应用。与京东Alpha平台合力打造定制化智能标杆产品，实现跨品牌、跨品类智能设备的互联互通，使用户通过自然语言即可获取平台音乐、新闻、购物等海量内容服务，带来更为智能化以及更为便捷舒适的家居生活体验。

依托于自身的技术积累和在教育、医疗、车载设备、金融等行业的多年探索与运营经验，云知声期待由表及里，做深做强，在与头部企业或龙头企业携手的实践探索里，找准市场角度，真正实现在行业领域内的价值深挖与壁垒构建。同时，企业助推智能语音技术的多元探索及多元场景应用落地，尤其是从前端、后端到芯片端全打通的"全栈"能力打造，引领趋势发展与价值增长，助力数字中国的"硬核"建设。

二、协同开放，构建商业新生态

人工智能的发展，离不开领域内经常讲的"ABCDE"，其中的E即是生态（Echosys-

云知声积极响应工信部倡议，无偿捐助"智能语音电子病历"给武汉第三医院

tem）。"我们有了一个小生态。云知声的产品就一个'云+端+芯'，统一的架构。我们前面克服了很多困难，但后面的拓展会变得非常灵活。"目前，云知声以北京为研发中心，在长三角和厦门等人工智能需求较为迫切且应用开发场景丰富的市场进行有机战略布局——商业生态初步形成，并在不断地创新探索中，与更多的领域进行深度合作，构建面向新零售、智能家居、汽车、教育等领域的AI"芯生态"。

以厦门为例，2017年，云知声以底层AI技术参与新型基础设施建设，在厦门投资搭建了全省运算能力第一的AI超算平台，浮点运算能力于2019年12月突破1亿亿次/秒（10PFLOPS），并于2020年开始服务厦门多类企业和多家研究院所。

自2017年年底落地以来，云知声厦门总部依托企业的技术实力和资源优势，投资建立了深度学习智能工程研究院、人工智能众创空间、人工智能超算中心以及人工智能芯片的研发基地，推进区域产业智慧化升级，积极探索"智慧城市"建设，引领厦门乃至福建人工智能产业实现跨越式发展。目前，在厦门城市智慧化项目建设中，云知声智慧化设备已在厦门健康步道、集美新城、厦门软件园等落地。

同时，云知声还与厦门本地实体经济深度融合，与奥佳华、亿联、市政、信息、轨交、广电、电信等多家企业均有深度合作。并且，企业借助自身强大的底层技术积极参与厦门招商引资，运营的AI众创空间已有20余家企业入驻。尤其在2020年年初的新冠疫情之下，云知声在厦门AI超算中心的支持下，迅速组织力量，研发涵盖疫情"管-控-服"全场景的多种AI防疫产品，为抗疫提供最强后援。例如，开发"AI疫情防控机器人"，帮助社区和街道基层人员快速高效摸排、统计梳理信息，为厦门、泉州、三明等多个城市上岗提供服务；向多家医院提供"智能语音电子病历系统"，大大降低了医护接触式感染风险、提高了医护人员的工作效率；开发免接触"智能语音电梯"，与多家知名电梯厂商达成合作并在全国范围内推广，目前已率先在厦门集美区政府大楼、厦门火炬管委会办公大楼、厦门软件园三期办公大楼、安溪县政府大楼以及各类医疗机构、公共服务设施试点应用。除此之外，云知声还向厦门大学附属第一医院杏林分院、厦门市儿童医院和妇幼医院捐赠了价值超200万元的系统和设备，大大加强了厦门的防疫防控能力。

"开放合作，智享未来。"云知声希望能够不断强化技术创新和产业转化，联合产业上下游企业，以发展数字技术为引擎，推动人工智能产业升级，打造中国特色AI产业。

企业家专访

十年踪迹十年心

——云知声智能科技股份有限公司CEO黄伟

《样本》：您曾说，如果云知声不做芯片，必死。据说做芯片的决定，当初遭到了一半股东的反对。请您谈谈支撑您坚持做芯片的缘由。

黄伟：UniOne不是一颗芯片，而是一系列芯片，它代表了云知声对物联网AI芯片发展战略的整体构想。作为一个后发的创业企业，我们必须在巨头林立的情势下，快速找到自己的商业方向。在大部分人朝着更轻巧的路径走的时候，我们埋下了头，一边在家居、车载、医疗、教育等To B行业深耕下沉，一边坚持着艰苦的造"芯"路。我一直坚持一个信念：科学的问题按照科学的办法来做，捷径才是世界上最难走的路。

在推出芯片产品之前，云知声已在家居、智能音箱、儿童机器人等市场，基于通用芯片方案（IVM）百万级出货量的产品形态，验证了芯片市场、产品和用户场景的合理性。

十年踪迹十年心，我们的想法很简单：一定要坚持自主可控，云知声才有未来。

《样本》：未来，您认为智能生活应该是怎样的？

黄伟：万物互联时代的人工智能，最好的技术是大家天天在用，但却感觉不到它的存在。未来我们的世界可能是无屏的，或是基于智能的交互、理解、服务，不再天天敲键盘输入。现在很多人在争论到底是分控智能还是中控智能，我觉得都是阶段性的。我相信，随着学习深度和理解的深入，未来设备之间是可以通信的。现在的很多智能产品，虽然在不久的将来就会被颠覆替换掉，但我依然认为非常有价值，因为它们培养了用户的使用习惯，让我们可以不断提升我们的服务。

《样本》：在智能化建设的新浪潮中，您所服务的那些传统制造业品牌，它们面临的挑战是什么？

黄伟：2020年6月，中央在全面深化改革委员会第十四次会议上强调，"以智能制造为主攻方向，加快工业互联网创新发展，加快制造业生产方式和企业形态根本性变革"。

在我国经济和制造业向高质量发展的过程中，智能化无疑成为制造业转型升级的核心动力。我们深入工业互联网建设，实质上是为了服务制造业的智能化转型升级。格力、美的这些生产制造型企业，近年来面临着电商行业的降维打击。所以，我们与传统制造业品牌企业之间的服务与合作，是为了实现更好的赋能。我们希望，通过技术、生态和服务上的不断赋能，帮助中国制造业在这一轮产业智能化的浪潮中获得更大的先机。

《样本》：创业至今，您最大的骄傲与成就是什么？

黄伟：我们的核心竞争力，是一个经过血与火洗礼的团队。云知声的发展过程，本身就是一个从不确定走向确定的历程。创业本身就是个筛子，员工在筛我，我也在筛员工。多年的磨合，团队筛选出那些真正和企业的愿景价值观一样的人，愿意往前走的人。

商业的实现，必须有共同的信仰。所以过去几年，我们专门提炼了企业的价值观，每个月还通过一些评选不断强化这种文化认同。另外，在管理方式、制度方面，我们也在不断完善。我们坚持产品驱动，所以也比较谨慎地在平衡业务规模扩张和人才扩张之间的关系和资源的合理配置。我们希望团队保持一定的饥渴度——饥渴状态之下，打造的军队才有战斗力。

《样本》：请您谈谈创新于云知声的内涵与意义。

黄伟：云知声一直走在创新创业的路上，我们每年投入大量的人力、时间和金钱用于创新的研发、开发及制度建设，以促进科技在创新过程中的转移转化能力。人工智能在国内的发展虽迅速，但仍处于万般待开发、探索的阶段。对所有的从业者来说，没有可借鉴的"前事"，所以只能老老实实，靠双腿踏踏实实地一步步往前走，去试错、去积累。

在企业内部，我们也同样鼓励试错，激发创新。技术研究的终点一定是应用，而且一定是好用的应用，能真正实现赋能美好生活的应用。但应用的深度开发和实现，需要联合更多的行业专业人士和资源共同实践，因此，我们采取更开放的心态、更灵活的市场模式，与更多的行业携手，真正实现智能未来的建设打造。

《样本》：未来，云知声将如何融入长三角一体化的建设中？

黄伟：上海是云知声加速人工智能领先技术研发及产业化落地的战略重地。云知声在上海的建设，更多的是担当着一个市场开发和场景落地建设的创新先锋角色。上海集聚优势创新资源，聚焦开展专项行动，到2021年，将全力打响上海人工智能"一流创新生态"标志性品牌。我们希望以上海为立足点，深耕长三角地区，持续深耕语音关键技术，积极开辟新的业务领域，在更多的场景中开发、验证我们的产品、方案和战略的正确性，力争成为行业标杆。

> 专家点评

厚积薄发，攀登价值链顶峰

二十年前，我们搭上了互联网经济时代的末班车；十年前，互联网变成了中国经济的主角——我们在移动互联网时代独步天下。而今，我们迎来的人工智能和数字经济时代，推动着经济发展质量变革、效率变革、动力变革。尤其是疫情下，人工智能、大数据等技术发挥了重要作用，加速形成产业的"风口"。我国民本经济的特征和本质，也由高速增长转向高质量发展。较之模式创新的"速度"和"广度"，基础科技创新的"深度"在当今中国越发为人所重视。

云知声正是科创时代下科技和商业创新的样本，作为国内极少数拥有感知、认知、交互、超算、芯片设计等全栈式技术链条的语音AI企业，始终紧跟智能语音技术的发展潮流，围绕智能语音市场需求，坚持独立自主进行前沿性、突破性的技术创新，八年时间快速发展成为如今的物联网人工智能硬核科技的领军企业，恰恰印证了这一点。

我真正关注云知声是在2018年。当时，国内政、产、学、研、民各界对基础科学、集成电路等核心科技自主性和话语权进行深刻的讨论反思。适逢此时，云知声历时三年自主研发的物联网AI芯片"雨燕"发布，随后三年连续发布了三款AI芯片，并且在家电、汽车、机器人等领域实现了大规模量产，所谓厚积薄发不外乎如此。

移动互联网塑造了人类的"外设器官"——手机，而物联网人工智能则渐渐地把人类的触角蔓延到万事万物。从多点触控到语音交互，云知声引领着民众生活方式的智能化革命，在不知不觉中，全屋语音控制、车载语音中控、手机语音助手、语音电子病历等成为终端上的标配。人类社会在人工智能企业的推动、助力下，也从信息化、数字化时代逐步迈向智能化时代。

自成立以来，云知声就频频跃入大众视野。创立初期首度将深度学习进行工程化应用落地，提出"云+端+芯"战略，领先业界研发并量产边缘侧AI芯片。在科创时代下的新国货浪潮中，云知声以自己独有的路径、成果与坚守，占据了一席之地。不甘于成为全球竞争中的"效仿者"和"跟随者"，新一代人工智能硬核科技企业扎根国内市场，贴地运行，赋能百业，涌现出了一大批以云知声为代表的全球人工智能"领跑者"。

云知声创新的"云+端+芯"解决方案和"U+X"产智融合模式，开辟了智能语音场景应用的新赛道，以开放的生态打破了国际巨头垄断，带动了一大批行业上下游企业华丽转身，推动了产业链的重构。云知声的科技成果，体现了新世界经济秩序下的中国企业不再只以密集人力充当"世界工厂"，而是推开了欧美发达国家在高端智力型岗位上构筑的厚厚铁门，勇敢地向价值链顶峰攀登。

而这，注定是一条艰难的路。为了大国重器需要掌握在自己手里，中国的鼎新者们一代又一代卧薪尝胆、前赴后继地走在这条崎岖的道路上，从未放弃。然而正如云知声创始人黄伟所说："世界上最难走的路，才是捷径。"

中国需要云知声，需要千千万万个云知声。

杨小康　上海交通大学人工智能研究院常务副院长

第十章
全链服务护航中国出生健康事业
——浙江博圣生物技术股份有限公司

- **楔子：** 二十年，将理想揉进岁月
- **企业概况：** 出生缺陷防治领域的开拓者和引领者
- **创新解读：**

    第一节　让"健康中国"落地生根

    第二节　创建"全流程+精准化"服务模式

    第三节　向着月亮出发

- **企业家专访：** 做出生健康的守护者
- **专家点评：** 书写"健康中国"的母婴答卷

> 楔　子

二十年，将理想揉进岁月

"快乐的世界啊/当初我们见面/你迎我以微笑/而我答你以大哭/惊天，动地……我总是对你以大哭/哭世界始于你一笑/而幸福终于你闭目。"健康新生命的诞生，带给人以全新的喜悦与希望。从生命源头的高质量护航，为全社会的成长与发展奠定美好的基调。

致力于中国出生健康事业，让每一位母亲享受幸福，是博圣创立之初就立下的企业使命。1994年，《中华人民共和国母婴保健法》对保障母亲和婴儿健康、提高出生人口素质提出了要求，博圣创始人张民及罗文敏，凭借着对产业的高度敏锐毅然决然地踏进这个尚不为人熟知的"空白"领域。自此，博圣走上了这条承载着艰巨使命和社会责任的道路，逐步成长为出生缺陷防治行业的开拓者和引领者。

与"健康和生命"相关的事业，从来都是神圣的。博圣认为，每一朵生命之花都拥有独一无二的美丽，从源头起提升生命质量，在广阔天地中守护这些绽放各异的美丽是全体博圣人的信念，也是最终的理想、荣耀。为了这一份崇高的事业，博圣风雨兼程20余载，将理想精耕细作，揉进岁月，矢志不渝地创新探索，助力"健康中国"建设。

> 企业概况

出生缺陷防治领域的开拓者和引领者

浙江博圣生物技术股份有限公司（以下简称"博圣"）成立于20世纪90年代，是一家通过细胞、生化、质谱、分子等多种检验技术，提供"出生缺陷防治"整体解决方案的专业服务机构。目前，博圣下设博圣生物（服务板块）、博圣医学（医学板块）、博圣智造（制造板块）三大业务板块，拥有近千人的员工规模，其中科研团队近百人，汇集了临床医学、生物学、遗传学、细胞生物学、生物信息学、统计学、计算科学等多领域专业人才。

一、行业开拓者

博圣以"让每一位母亲享受幸福"为使命，不断整合创新资源，提供覆盖"宣教—筛查—诊断—治疗—救助—再生育指导"全流程高质量的产品和专业化服务，始终专注出生缺陷防治领域，以客户需求为导向，逐步形成从技术研发、产品生产、临床检测到出生缺陷咨询服务的全产业链发展。为进一步夯实自身的稳健成长，博圣不断加强生化免疫、细胞遗传、分子遗传、医学影像为基础的技术支撑体系，全面开展全流程质量控制和信息化网络管理的服务，积极推进出生缺陷防治体系建立健全。

秉承持续为临床客户和患者提供便捷、高质量的一站式检测服务的宗旨，博圣从2003年开始深耕产业链建设——2003年，成立杭州宝荣科技有限公司开始自主生产；2012年，创设北京贝康医学检验所，构建基于临床遗传学的第三方检验平台；2017年，成立杭州甄元医学检验实验室，完善特检业务南北布局……与此同时，博圣20年来不断强化学科体系网络建设，不断引进并建设最先进最全面的技术，同时也十分注重各梯队人才队伍的建设，为广大医学遗传学工作者、医疗单位提供个性化的学科体系服务建设方案。

作为行业的开拓者，博圣见证了中国出生缺陷防治事业的发展。自1999年销售第一盒苯丙酮尿症试剂开始，博圣已为全国范围内700多家出生缺陷防治中心、新生儿筛查中心、产前诊断中心和产前筛查机构提供专业化、定制化出生缺陷防治解决方案。截至目前，博圣累计完成出生缺陷筛查超过1亿人次，年筛查1000万孕妇和新生儿，赋予3万多存在先天缺陷胎儿的家庭知情选择权，帮助5万多罹患遗传代谢病的新生儿确诊并给予相应治疗，直接及间接地实现了近万亿元的社会价值。

博圣以"专注、创新、匠心、关爱"为企业价值观，积极承担社会责任。自1999年介入出生缺陷防治行业以来，企业在全国范围内持续开展出生缺陷防治宣教工作，为维护全生育周期健康，提供从孕前阶段综合干预到孕期筛查和产前诊断，再到新生儿先天疾病早期筛查和诊断的出生缺陷三级预防服务，推动妇幼健康事业进入新时代做出了不可替代的贡献。在患儿救助上，博圣更是尽最大努力整合社会各界资源和力量，唤起社会人士对更多出生缺陷儿的认知与关怀，让更多出生缺陷儿得到最大限度的关怀和帮助，健康成长，享受正常儿童的快乐。目前，博圣已在"中国出生缺陷干预救助基金会"平台捐款捐物超千万，还捐赠了数千例家系遗传代谢病的免费基因诊断，用于遗传代谢病患儿诊治。

博圣公益启动会

二、谱写新篇章

作为中国出生缺陷防治事业的引领者和初期就进入妇幼公共卫生领域的社会力量，博圣拥有深厚的行业经验。大量的数据积累，以及完备的多技术平台，多年来不断构筑妇幼公共卫生健康导向的底层逻辑，未来也将不断整合社会资源，完善出生缺陷防治与妇幼健康业务信息网络系统。

在持续利好的政策支持下，博圣将积极落实、执行各级政府的发文，强化区域规划，强化监督考核，推动技术督导，推动人员培训，积极完善"省级出防管理中心—产诊中心/新筛中心—区县妇幼保健院—C端互联网公卫保健平台"的金字塔式服务体系，推动出生缺陷防治体系广度与深度建设；加快出生缺陷防治相关产品自主研发与国产化的步伐，承接国家重大课题，整合国际前沿关键技术，实现产品的集成创新与国产替代；引入研究跨界服务模式及载体、人工智能诊断、智慧医疗新技术，探寻"社区+医院"最佳综合干预模式；稳步推进出生缺陷综合防治学科建设，整合影像学、传统产科、遗传咨询、新生儿科等多个学科，规划母胎医学中心建设，推动跨学科出生缺陷防治合作；推进信息化服务产品，开发多维数据AI诊断技术，提高疾病精准诊治能力；引进高层次人才，并持续加大技术研发投入，抢占技术高地；探索出生缺陷保险与C端服务，让更广大的人群享受出生健康的福利。

2020年11月，在西湖区及云栖小镇的大力支持下，以染色体为设计构型的博圣产业园正式在西湖区浮山单元开工建设。博圣计划将产业园建设成为国际领先的生物科技与大数据应用研发、转化和生产中心，并引进大批人才、资源入驻，持续为中国出生健康事业赋能。

博圣产业园效果图

未来，博圣将继续专注出生缺陷防治领域，进一步推动政策落实、技术创新和运营服务创新，打造国内一流的出生缺陷防治信息化平台和全生育周期健康管理的完整诊疗闭环，构建出生健康事业蓬勃发展的生态环境，用生命个体的高质量发展推动经济和社会的高质量发展，做"健康中国"的践行者，让"健康中国"落地生根。

创新解读

第一节 让"健康中国"落地生根

2017年,中央提出"健康中国"战略并积极展开"健康中国"行动,中国公共卫生事业走进了充满机遇、充满阳光、充满梦想的大健康时代。公共卫生是以捍卫和促进公众健康为宗旨的公共事业,在确保人民健康的前提下实现社会长期利益是公共卫生的使命。妇幼健康服务体系是公共卫生体系的重要组成部分,也是一个极具专业性、特殊性的组织体系。

随着经济和社会的不断发展,人民群众对于妇幼健康服务的需求越来越旺盛,如何能够按照母婴保健法实施办法中"以保健为中心、以保障生殖健康为目的,保健与临床相结合,面向群体、面向基层和预防为主"的工作方针不断高质量有序地推进妇幼健康服务能力建设,是摆在我国妇幼卫生行政管理部门、各级妇幼健康服务机构和相关企业面前的重大历史任务。

一、健康是第一生产力

我国是出生缺陷高发国家之一,每年新增约90万名出生缺陷儿,平均每30秒钟就有1名缺陷儿出生。其中,30%～40%的缺陷患儿在出生后死亡,约40%将终身残疾,给家庭和社会造成沉重的负担。根据世界卫生组织的定义,一个家庭在扣除基本生活费后,医疗支出超过剩余收入的40%,就属于"家庭灾难性医疗支出"。据测算,我国的"家庭灾难性医疗支出"大体上相当于城镇居民年人均可支配收入、农民年人均纯收入的水平,超过这个支出水平的人群属于大病人群。在这些人群中,一些人是因为长期缺医少药、饱受困扰导致身体积弱继而带来的家庭贫困,还有一些人是因为患先天性疾病长期拖累而导致家庭贫弱。因病致贫返贫的比例多年居高不下,目前高达44%,始终是脱贫攻坚的重点和难点,而出生缺陷已然成为健康扶贫最难啃的"硬骨头",如何对他们进行精准施策以及建立长期疾病的管理保障机制有待进一步探索。

作为世界上人口最多的国家,中国发展健康生产力会产生巨大规模效应和较高总体收益;健康生产力也是具有鲜明社会主义特征的生产力,实现健康优先是社会主义的本质要求,即在人均收入相对较低的情况下,使用世界较少的医疗卫生资源,达到健康指标相对较高的水平。

党的十九大报告首次提出，人民健康是民族昌盛和国家富强的重要标志。没有全民健康，就没有全面小康。健康生产力不平衡，就会导致健康发展不公平，或是健康相对其他方面发展滞后；健康生产力不充分，就会导致健康投入产出效率低，健康生产活力得不到全面释放，合理健康需求不能得到有效满足。

鉴于中国庞大的人口规模，个体健康指标的改善将汇集为全社会巨大的健康人力资本提升。在"健康中国行动"计划中，出生缺陷防治依然被作为一项重要工作在全力推进。随着生活水平的提高，人们对于健康的追求更为迫切，妇女儿童的健康是家庭幸福的基础，预防和减少出生缺陷，把好人生健康的第一关，是千家万户的共同愿望。

二、预防为主，高质量生命从源头开始

中国新生儿筛查始于1981年，以聚焦严重多发、可筛可治、技术成熟的出生缺陷重点病种为主要工作原则。经过几十年的不断发展，筛查病种逐步增多，筛查技术也不断提高。

中国提前八年实现联合国千年发展目标中五岁以下儿童死亡率指标，被世卫组织评为妇幼健康高绩效国家之一。中国新生儿疾病筛查已形成省级—地市级—区县级三级联动的筛诊治一体化服务网络，并取得了重大成效。这一服务网络基本覆盖全国所有省区县。此外，中国新生儿疾病筛查率逐年上升，已接近国际先进水平；新生儿疾病筛查后治疗干预率逐年上升，产生了良好的社会效应。

目前，我国出生缺陷发生率与世界中等收入国家的平均水平比较接近，但由于人口基数大，每年新增出生缺陷病例总数庞大。因此，尽管已设置三道防线加持，每年还是有约90万名新生儿存在出生缺陷，其中遗传性出生缺陷约占总出生缺陷的30%。中国出生缺陷防治事业面临着全新的考验与挑战。

2020年5月24日，习近平总书记在十三届全国人大三次会议上指出，"预防是最经济最有效的健康策略"。全国人民代表大会财政经济委员会原副主任委员黄奇帆指出，国家应该大力加强公共卫生、传染病防治领域供给侧的全面改革，解决该领域方向性的问题、系统性的问题、基础性的问题，让该领域成为推动中国社会与经济发展的重要引擎。

社会的发展促使中国的医疗模式从传统的单一救治模式转变为"防—治—养"一体化防治模式。因此，对新生儿疾病的筛查，成了"大健康"产业链中最前端的一环。预防出生缺陷不是一个简单的医疗行为，而是"牵一发动全身"的"社会综合治理考题"，更是避免因病致贫、因病返贫的政治任务。

2009—2019年，新医改十年。大卫生大健康理念深入人心，全民健康素养稳步提升，

健康生活方式加快推广，"健康中国"行动不断取得新进展新成效，妇幼保健领域在立法层面不断取得新进展。且政府重视、分工明确、监管有效，成为母婴保健工作顺利进行的关键。从2008年国家卫生部发布《新生儿疾病筛查管理办法》，到2011年国务院颁布《中国妇女发展纲要 2011-2020》《中国儿童发展纲要 2011-2020》……2019年，《健康中国行动（2019-2030年）》和《中华人民共和国基本医疗卫生与健康促进法》颁布。一系列政策的颁布实施，成为提高公众妇幼保健意识和健康水平的有力推手，也促进了中国妇幼健康事业不断取得新成就。但从整体来看，出生缺陷防治服务能力与群众日益增长的优生需求仍有较大差距，先天性心脏病、唐氏综合征、耳聋等严重出生缺陷尚未得到有效控制，出生缺陷防治工作任重道远。

第二节 创建"全流程+精准化"服务模式

2018年的《全国出生缺陷综合防治方案》表明，到2022年，中国出生缺陷防治知识知晓率需达80%，婚前医学检查率达65%，孕前优生健康检查率达80%，产前筛查率达70%，新生儿遗传代谢性疾病筛查率达98%，新生儿听力筛查率达90%，确诊病例治疗率

| 更早的筛查，更健康的未来

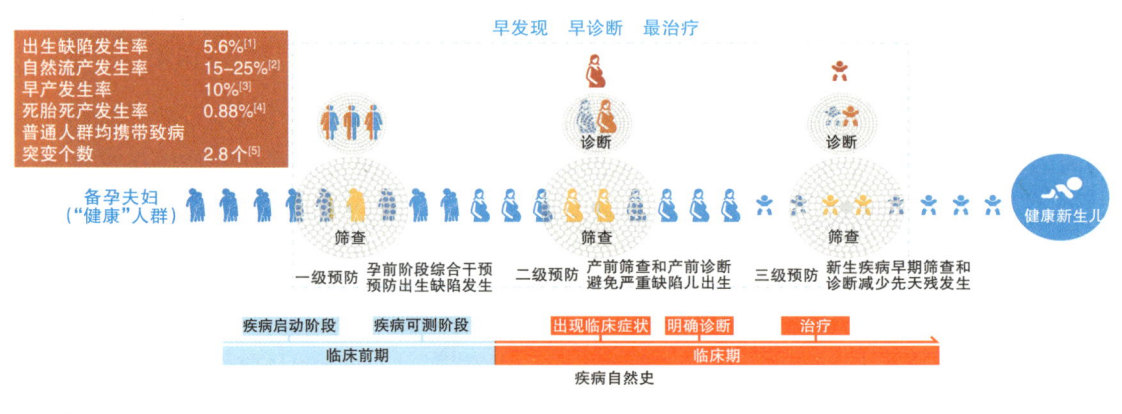

不断完善和维护的生命健康价值图

均达80%。这一系列数据的实现，需要中国出生缺陷防治事业的蓬勃发展及全体出生缺陷防治工作者、参与者付出巨大努力。

树高叶茂，系于根深。作为参与者，博圣一直紧跟国家发展趋势，积极配合政府推进整体工作的深入开展，持续深耕出生缺陷防治领域20年，通过助力学科建设、全流程价值深耕、赋能新基建，在实践探索中全力打造"全流程+精准化"出生缺陷防治服务模式，成长为行业的领跑者，助力健康中国建设。可以说，中国出生缺陷防治全力快速发展的20年，也是博圣不断探索、成长的20年。

一、躬耕学科体系建设

在推进过程中，博圣强化区域规划，积极推动出生缺陷防治体系的广度与深度建设，努力将"大健康"这一产业链前移，力图最大化地帮助公众从源头提高生命质量。为此，博圣在探索中形成了"省级出防管理中心—产诊中心/新筛中心—区县妇幼保健院—C端互联网公卫保健平台"的金字塔式服务体系，并依托综合实力雄厚、专科优势明显的医疗机构，积极对中央妇幼公卫政策实行宣贯，优化监测方案，加强信息收集、统计和分析，动态掌握出生缺陷发生现状和发展趋势——为超过600家产诊中心、250家新筛中心、2500家区县妇幼保健院提供宣教、产品及人才培养服务。

参与第二届中国新生儿疾病分子（基因）筛查学术大会

2016年，博圣积极致力出生缺陷无创产前筛查诊断新技术新产品的研发，承接国家重大课题，整合国际前沿关键技术，为实现产品集成创新与国产替代而努力。2017年，引入研究跨界服务模式及载体、人工智能诊断、智慧医疗新技术。2018年，开展出生缺陷综合防治技术的应用示范和评价研究。在这一过程中，博圣创建了卓有成效的"博圣学科服务体系"，整合影像学、传统产科、遗传咨询、新生儿科等多个学科，在此基础上发展建设母胎医学中心，为妇产科、儿科、生殖科提供疑难杂症检测、提供诊断解决方案及遗传咨询，同时积极搭建生物样本库，利用临床病例大数据在区域范围内建立产筛、遗传代谢病筛查质控中心，实现实验室规范化管理。

国家重点研发计划项目培训会

2020年7月，博圣与全球顶尖超声设备制造商GE医疗（GE-Healthcare）就ViewPoint™在母胎医学中的应用达成战略合作，引入ViewPoint™软件，对出生缺陷二级防控领域中超声数据应用方面进行全面补强，推进产前超声/生化/遗传学检测服务全面整合，完善出生缺陷防治综合解决方案，更有力地支撑产前诊断相关学科建设的发展。

广泛开展社会宣传和健康教育，普及优生健康知识和技能，提升公众健康素养是出生缺陷三级预防的重要内容，也是防治出生缺陷、提高出生人口素质和妇幼健康水平最根本、最经济、最有效的措施之一。博圣依托多年建设的健康信息平台，完善出生缺陷防治全程服务信息，推动数据互联共享。同时面向C端互联网公卫保健平台，围绕婚前、孕前、孕期、新生儿等关键阶段，宣传出生缺陷防治科普知识，增强育龄女性群体优生意识和风险防范能力，引导消费者接受知识、转变态度、改变行为。

2020年新冠肺炎疫情席卷全球，博圣全线推出线上医学科普栏目——"博圣云讲堂"，采用云端直播方式，减少人群聚集的同时，向受众输出专业有效的出生健康公共卫生科普知识。"博圣云讲堂"以"生命启程，未来无'陷'"为主题，邀请各地医院、妇幼保健院和医疗机构的专家进行深度内容输出。专家来自遗传与代谢、生殖遗传、新生儿筛查和基因检测等多个领域，授课主题涵盖遗传代谢病与预防接种、高通量测序技术、全外显子

ViewPoint™软件亮相第十届中国胎儿医学大会

组测序技术和ACMG拷贝数变异解读等,自上线以来,受到了广泛好评。

二、夯实全流程建设,深挖产业价值

全流程建设,深耕产业链,深挖全产业价值,是博圣根据自身优势、行业竞争态势及市场需求等多方面综合探索后,制定的发展路径。夯实全流程各环节建设,真正建立具有中国特色的博圣式的出生缺陷综合防治服务模式,是博圣现阶段战略布局的核心。博圣立足杭州,于外,规划性地在全国重点区域进行布局建设;于内,强化产品、服务及质量体系建设,保障全流程建设的服务质量。

(一)重点布局,全面升级区域重点中心

推进区域出生缺陷综合防治中心建设是博圣探寻"社区+医院"最佳综合干预模式的重要环节,也是实现产筛、新筛从普及筛查到精准防治,再到数字防控的关键依托载体。博圣会根据各区域的建设体系及实际需求,在技术支持的基础上,针对性地提供定制化解决方案,助力全国范围内多个省市的出生缺陷综合防治中心建设。

2018年9月2日,宁波市出生缺陷综合防治中心作为全国首家出生缺陷综合防治中心,落地宁波市妇女儿童医院。防治中心在出生缺陷综合防治工作上不断尝试新思路和新方法,将新生儿筛查实验室、产前筛查实验室、细胞遗传实验室和分子遗传实验室合并组建出生缺陷防治重点实验室;将细胞原位、二代测序、基因芯片、分子诊断等大量前沿技术

运用到临床辅助诊断；将叶酸、地贫、耳聋、早筛等妊娠相关更多检测项目引入出生缺陷防治体系，为患者提供全套优生检测服务；将信息化技术结合到各个业务板块中，实现"宣教—采样—筛查—诊断—治疗—随访—救助"全流程软件信息化管理；将宁波市所有出生缺陷防治工作相关单位纳入质量控制，组建全市出生缺陷防治质量控制体系。这一系列举措大大提升和拓展了传统的孕前、产前和新生儿的筛查（诊断）技术，形成一体化出生缺陷防治干预体系和救助中心，为患者提供全方位的筛诊治服务。

2019年11月18日，宿迁市出生缺陷防治管理中心成立，产前防治工作以"起步晚，起点高"的指导思路推进。经过三年多时间，宿迁市将产前筛诊项目从零发展到全市规范化体系运营，大力建设分子遗传新技术诊断能力，建立全市高标准产前筛查质量控制体系，打通全市筛查机构与诊断机构的转诊合作，为宿迁人民提供产前筛诊全流程检测服务。

2020年4月30日，博圣与台州市路桥区妇幼健康服务中心共建的"路桥区出生缺陷防控中心"项目正式签约。博圣以20年积淀下来的丰富行业经验、专业能力与路桥区妇幼健康服务中心成立区域出生缺陷防控中心，形成优势互补，资源整合，参与总体规划、平台建设、人才培养、联合运营等层面深度合作，共同推进《路桥区出生缺陷防控中心》项目建设，提升台州路桥地区出生缺陷防控能力。

从宁波市妇女儿童医院到路桥区妇幼健康服务中心，这样的样本案例非常多。通过不同需求的实践探索，博圣不断整合资源，实现服务下沉，同地区医院形成优势互补。通过广泛覆盖客户，提升信息化触达效率，实现跨机构、跨区域的业务协同，加速与医疗机构在出生缺陷防治领域合作的同时，也推动了国内出生缺陷防治行业的广度深度建设。

（二）打好"产品+特检"组合拳

优质而丰富的产品体系，是博圣前期乃至现阶段立足市场的根本条件之一。20年前，博圣以优质产品切入产筛新筛业务；20年后，出生缺陷综合防治事业蓬勃发展，产品和市场需求不断更新和迭代，中外贸易摩擦日益紧张，这让博圣开始借助最先进的技术力量，不断加大研发投入。目前，博圣旗下拥有博圣医学及博圣智造两大板块，持续更新产品和服务，自主创新构建"产品+特检"服务组合拳，以确保为客户提供最优解决方案。

作为博圣旗下专业提供生物学相关产品的高科技企业品牌，博圣智造倾力打造以分子生物学、代谢组学为核心手段的技术平台，研发和生产系列用于出生缺陷防治的体外诊断试剂、医疗设备和医疗软件。获得德国红点（Red dot design award）产品设计大奖的Cubics Dx®——全自动核酸检测反应体系构建系统（专利号：ZL201621267640.X）就是由博圣智造自主研发的一款专注于高通量测序领域的自动提取建库工作站。工作站由主机、样本独立四通道和管理软件组成，搭配预装配套试剂，可实现自动完成核酸提取、文库构建、产物纯化等烦琐的重复操作。

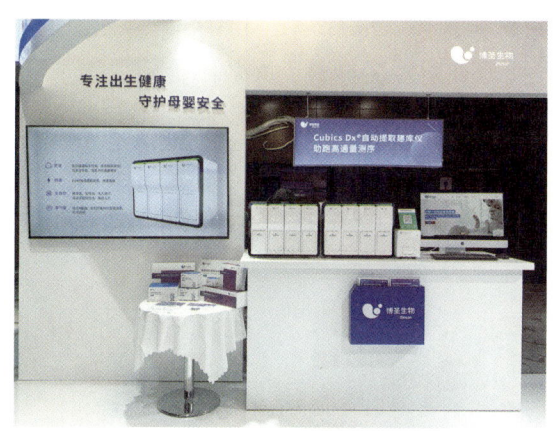 

Cubics Dx®亮相第十届中国胎儿医学大会

基于高通量测序技术，结合出生缺陷的三级防控体系，博圣医学针对孕前、产前、新生儿及儿科等妇幼保健领域不同阶段临床遗传服务，提供专业的细胞遗传学、生化遗传学和分子遗传学医学检测和遗传咨询服务。基于先进的研究策略和技术优势，以及大量实验室及临床经验，博圣医学参与了《新生儿遗传代谢病筛查诊断集成化产品自主研发》《遗传性出生缺陷的早期筛查与诊断关键技术研究—脆X综合征和杜氏肌营养不良的筛查》等国家级、省级重大科技计划项目。博圣医学推出的Neoseq™新生儿常见遗传病基因筛查检测服务，不但扩展了目前的新生儿疾病筛查病种，还可以联合新生儿疾病串联质谱筛查技术，缩短诊断时间，提高疾病检出率，更好地实现早诊和早治疗。

（三）强化质量体系建设，品质服务守护幸福

技术进步、质量保证、优质服务是企业生存发展的根本，质量保证和优质服务更是产品创新成功的保证。

在博圣的服务内容中，样本检测占据了很大一部分的内容构成。传统样本流多采用普通样本箱运输，缺少系统监控，无法实时监控样本在运输过程中的温度情况。而且，部分采用普通快递/邮政挂号信等形式，多次中转、搬运容易造成样本漏液、交叉污染、丢失、延误等情况，影响诊断结果准确性及报告时效性。部分筛查（新产筛）项目样本需在特定时间内采血，如果因信息差错或单据交接不全而造成样本无法上机实验，或筛查报告无法及时出具，会导致样本漏筛的情况发生。

基于传统样本流现状，为了有效管控检验分析前的标本质量，博圣依托自主研发的TMS物流管理系统，融合国内顶尖的冷链温控技术，建立合规标准的"博圣样本物流体

系",在出生缺陷防治领域里提供"智慧样本流"解决方案。方案涵盖了"标准样本接收、专车冷链运输、智能系统监控、云端样本管理"四大模块。全流程为:物流人员接收前准备—到达采血点—进行样本整理和样本接收—样本专人专车冷链运输—样本温度、位置信息采集–实验室样本交接。而且在专业冷链上特地采用相变材料,高效温控确保样本质量,智能硬件,自动采集信息,实时上传系统,以确保服务的时效性和准确性。同时,样本运输车辆采用卫星定位系统,GPS与北斗联合精准定位,实时定位并上传系统,车辆、样本位置尽在掌握;温度监控系统全程把控,终端自动记录温度数据,并上传系统,温度超标立刻发出警报,及时发现反馈异常。

博圣智慧样本流:生命快递　守护幸福

早在10年前,博圣就前瞻性地布局了一支基于学科建设和项目运营的技术保障服务团队。在有限产品价差的情况下提供超值服务,意味着更高的人力成本和管理成本,以及更少的利润,这在当时看来是事倍功半的。而事实证明博圣的这一创新举措非常明智——博圣的创新服务模式是帮助博圣走向全国,跨过20年门槛的"重大推手"。创新服务理念,拓展服务内涵,提升服务功能,是博圣实现对妇女儿童全方位、全周期健康保障,促进妇幼公共卫生事业发展的重要举措。

博圣技术保障团队服务的范围涵盖实验室规划、设计与规范管理服务;实验室搬迁,设备安装、调试、性能验证服务;技术原理、操作方法、实验流程培训服务;设备巡检、保养、维修服务;数据分析与质量控制支持服务;实验室信息化管理服务;等等。

想客户所想,思客户所忧,急客户所需,是博圣创新服务模式的根本所在。博圣技术保障团队目前有100多位专业工程师、技术专家，200多位实验支持人员。每位工程师都通过系统高度的专业培训，他们的能力经过严格考核与评定，工作经验丰富，平均达五年经验，部分超过10年经验的工程师分布于全国各地，为客户提供快速的响应（7×24小时客服在线，1小时专业工程师响应，48小时上门服务）。博圣技术保障中心在持续提升客户技术服务深度及广度的道路上，永不停歇。

博圣技术保障团队

三、赋能"新基建+医疗健康"

受疫情影响，以人工智能、5G、云计算、大数据、物联网等新兴科技为代表的"新基建"备受瞩目，上升至国家战略。互联网医院作为线下实体的"标配"将成为"十四五"医改的大趋势。为了打造和完善出生缺陷三级综合防控体系，博圣在多年前就致力于搭建以"管理+业务"强关联的数字化、智能化出防信息化综合管理平台，这不仅符合我国"新基建"之"信息基础设施"建设新要求，同时也顺应"新基建+医疗健康"的发展大趋势。

博圣借助物联网、大数据、云计算、人工智能等先进信息技术，与各级政府、医疗机构、医务工作者以及广大孕产妇共同推进落实由政府主导、部门协作、社会参与的出生缺陷防治工作机制，不断完善出生缺陷综合防治体系及服务网络，充分发挥基于信息化、数字化和智能化支撑的业务及管理服务体系优势，搭建从婚前筛查、孕前、孕期及儿童各个阶段的全周期服务网络，贯穿从宣教、筛查、诊断、治疗、救助、随访与再生育指导等出生缺陷防治全流程闭环，不断推动与健康医疗大数据间的整合与打通，促进健康数据跨机构、跨系统、跨平台、跨区域互联互通，以更加便捷、高效、可持续的方式推动我国出生缺陷防治事业前行。

新生儿疾病筛查与诊治是出生缺陷三级防控的主要措施，是涵盖宣教、采血、递送、筛查、召回、诊断、治疗和随访在内的全流程管理体系。在这个多环节、长时间、广地域的业务流程中,需要许多信息管理和数据管理工作。因此新生儿疾病筛查与诊治的信息化管理是筛查中心日常工作的重要难题。博圣秉承样本信息流管理、质量控制管理、业务数据分析三大思想,包含样本/样本库管理、实验室管理等12个功能模块,开发性提出了贝安云新生儿筛诊信息化解决方案,在以"互联网+医疗"的新思路基础上,依托云分析平台、大数据技术,致力于不断改善业务流程效率与业务服务质量。

孕期电子健康档案是博圣秉承"以人为本"的发展理念,依靠信息化技术,创新性以身份识别技术关联产前筛查、NIPT、超声检测、产前诊断、

信息化一站式服务

随访及后续的再生育指导全流程的环节,以跟踪管理为主线,围绕孕妇提供全生育周期信息化服务,打通产前诊断中心科间壁垒,实现数据共享的目的建设探索的。档案自2015年推出移动端便民工具以来,2018年开启全流程跟踪管理,2020年进一步深入一体化精细管理,目前2.0版孕期电子健康档案已全新上线。

2020年,博圣参与的国家重点研发计划子课题"遗传代谢病人工智能辅助诊断平台建立",成果之一新生儿遗传代谢病人工智能疾病风险评估系统开发完毕。这套系统以700多万新生儿遗传代谢病阴性数据和3000多例新生儿确诊阳性数据为基础,利用大数据挖掘、人工智能技术手段建立了几十种遗传代谢疾病风险评估模型,在保证以往确诊病例全部检出的前提下,可将初筛阳性率由行业普遍的2%~5%降低至0.3%~0.5%,大大降低了繁复的召回和疑似报告解释工作,并在提高NICCD、MMA等易漏筛疾病的检出率方面也初显成效,给新生儿遗传代谢病筛查行业带来美好前景。

第三节　向着月亮出发

在硅谷，创业者经常会讲一句话："向月亮进发，即使没有成功，你也将置身群星之间。"用以激励和告诫创业者们，要敢想、敢做、敢定目标。孔子教育学生时也说过："取乎其上，得乎其中；取乎其中，得乎其下；取乎其下，则无所得矣。"博圣作为出生缺陷防治行业的从业者、引领者，现在有更大的责任，谋划更长远的发展战略，去推动行业向善，让新技术的应用普惠国内更大范围的妇幼群体。

一、构建出生健康生态服务系统

"全面二孩"政策实施后，我国高龄孕产妇比例增高，这对医疗行业现行的产科、儿科、妇幼保健等服务体系带来压力与挑战。博圣全面评估市场需求、竞争态势及自身优势，在探索中逐渐明晰构建出生健康生态服务系统的战略目标。于此，博圣近年来加快投入学科建设的步伐，在技术、信息网络及C端服务建设上重点发力，打造相对完善的出生缺陷防治全流程链条，真正实现全程保障母婴安全，更好地为广大妇女儿童提供规范专业的出生健康服务。

技术是博圣实现全流程链条的核心要素。技术迭代与升级，关乎着博圣未来的稳健发展。通过战略研判，博圣采取了双线并行的方针策略——一方面通过打造疑难诊断咨询平台，参与高质量科研项目产出，提升网络建设管理能力以及建设质控中心等一系列措施，打造"母胎医学中心"，并在此基础上推动跨学科出生缺陷防治合作，用技术推动品牌架构升级；另一方面，加大、加快投入引进影像学产品筛查结构异常患儿，利用互联网+影像大数据智能分析处理系统，实现从单一学科向妇产科、产诊中心、遗传中心等多学科中心化过渡。

信息赋能，是时代的命题，也是博圣实现跨越式发展的核心。借力智慧医疗及大数据支撑，实现资源整合及跨区域协同，并促使业务模式从出生缺陷防治逐步走向妇幼常规预防保健，是博圣正在推进建设的核心课题。在这一课题里，博圣将涉足从胎儿时期的健康，到新生儿疾病筛查、听力筛查诊治、先天性心脏病诊治、高危（早产）儿健康管理、发育障碍儿童康复等一系列儿童健康相关问题，在将"大健康"产业链向前推移的同时形成中国出生缺陷防治事业全链条、系统化生态服务网。博圣希望借助这一整套体系的探索与建设，让博圣从简单的产品竞争、技术竞争中脱离出来，与市场新需求形成强黏合，在新赛道上迸发新能量。

在服务的实践探索中，博圣坚持与持续投入20余年的市场教育的成果逐步显现——新生儿问题，成了中国家庭的重点问题，尤其是二胎时代的到来。于此，C端服务的需求空间也开始初露端倪。博圣积极围绕出生缺陷综合防治事业，持续为妇女幼儿提供系统连续的妇幼健康服务，以提高生命质量为核心，以生育全周期管理为重点，加强保健与临床相结合，多学科协作，将尊重生命、敬畏生命理念贯穿从生命起源开始的母婴安康全过程。与此同时，为强化商业模式的竞争优势，博圣还根据自身特色，加大综合运营服务创新力度，打造涵盖医疗、金融、科研院所、保险于一体的具有博圣特色的互联网医疗服务生态系统。

即将到来的"十四五"，是摆在企业面前的、既富有挑战性、又具吸引力的新课题。"风好正是扬帆时，不待扬鞭自奋蹄"，全体博圣人向着月亮出发，紧紧抓住机遇，为"十四五"期间我国的妇幼健康服务工作科学谋划，推进母婴保健事业在新时期的深化发展，形成政府、医疗保健机构、母婴群体及公民个人协同共建的良好局面共同努力。

二、尊重个体，拥抱世界

尊重个体的权利是个人和国家、组织之间的契约关系的根本所在。于博圣而言，尊重每一位母亲，每一位新生儿，每一个家庭，是最基本的使命。个体的高质量发展，是万物生长的内在需求，是社会和经济发展的必然前提，也是贯穿博圣整个发展阶段的理念。生命质量的意义在于，尊重每一位个体的自我生长与成长，尊重每一个个体享受幸福。

于是，生命医疗的特殊行业属性，让博圣"致力于中国出生健康事业，让每一位母亲享受幸福"的企业使命有了更多的内涵与责任，以"专注、创新、匠心、关爱"为核心价值观的企业文化并始终如一贯彻，有了更多的生命成长轨迹。博圣将这一份尊重和使命，化在一次次的技术、服务升级上，同时也积极为缺陷新生命开辟救助渠道，为各大妇幼保健机构提供患儿募捐和随访服务，让筛查出的患儿得到有效积极的治疗，让更多出生缺陷儿健康成长。

尊重每一个个体，在博圣的文化核心里，还表现为尊重企业中的每一位员工。培养员工的主人公精神和创新思维，将员工利益与企业利益紧紧联系在一起，最大化地激发员工的创新能力与执行力，保证员工个人的成长发展，是博圣行稳致远的关键因素。秉持"人岗匹配、人尽其才，宁缺毋滥"的原则，博圣建立了能上能下的人才管理机制，以此让团队运作更灵活，部门间配合、上下级沟通更高效，做到"上下一致，左右对齐"。并且，这样的机制也强化从总部到区域的组织建设，强化每个业务层次的规范化建设，打通关键业务环节的流程化运作。

博圣"全家福"

中国在前进，中国的出生健康事业也在向前发展。20年前的博圣，积极借助于国际的先进技术和产品，一步一个脚印，耕作着中国的市场和事业。20年后的现在，博圣一边从国外引进产品，将全球最先进的技术运用到国人身上，打造出具有中国特色的出生健康行业生态；一边建立了自己的科研团队，加强筛诊治学科服务能力，逐渐建立了宣教、筛查、诊断、治疗、救助、随访的"一站式"闭环服务，在借鉴先进技术的同时也在用自己以全生育周期全链条闭环服务为特色的商业模式建设中国特色的出生缺陷防治事业生态圈，更加深入地影响世界。

> 企业家专访

做出生健康的守护者

——浙江博圣生物技术股份有限公司董事长张民

《样本》：作为市场的开拓者和领导者，请您谈谈促进博圣发展至今的核心优势。

张民：人民健康最大化的情况下实现社会效益，没有出生健康就没有人民健康。

妇女儿童健康是全民健康的基石，是衡量社会文明进步的标尺，是人类可持续发展的前提，也是实现"健康中国"战略目标的重要支撑。我们选择这个行业，利益一定不是唯一的考量因素，我们更多看重的是这个行业所产生的社会价值。我们希望帮助公众用最小的代价获得最高的生命质量，这本身是一项很崇高的事业。你身处其中，肩上会有一种责任，心中也会形成一种格局，一种热忱，就像是越来越多的力量汇聚到支撑人类长期发展的基础领域，形成一个生生不息、持续发展的正向循环。这样长期在不断创新、不断创造价值的历程中，企业就能保持一种长期的竞争力。

我们选择的是一条兼具公益性和商业性的道路，相比于利益，我们更希望通过社会效益的最大化来衡量企业的价值。博圣的服务模式仍是基于中国的国情及中国的大健康产业生态，我们致力于研发的技术一定是要在全球格局下具有领先性的。我也相信，我们着眼于长远，躬耕于价值这条道路能够经受时间的考验，找到迎接挑战、获得持续发展动力的端绪。

《样本》：请结合当下妇幼公共卫生事业的发展趋势，谈谈博圣未来的道路选择及规划。

张民：习近平总书记曾提出，"没有全民健康，就没有全面小康"，推进"健康中国"建设是治国理政的重大策略，也是党和国家实现全面建成小康社会目标的重大方针。妇女儿童健康指标不仅是国际上公认的基础健康指标，更是衡量社会经济发展和人类发展的重要综合性指标。

妇幼健康是我国重大的公共卫生项目，国家在这一领域的政策持续利好，政策的推动带给我们很多机遇。20年来，博圣强化区域规划，在医疗卫生机构发挥主战场作用，为推动出生缺陷防治行业技术督导、提高从业人员素质作出了长期贡献，推动了出生缺陷防治体系的广度与深度建设。

在未来，我们将继续专注出生缺陷防治领域，进一步推动技术创新和运营服务创新，紧跟政策创新步伐，为客户提供筛-诊-治的全产业链服务，让每一位母亲都能享受幸福。

《样本》：您如何解读创新的内涵与意义？

张民：创新并不是要惊天地泣鬼神地去发明一个新东西，我更愿意把创新理解为，在现有方案的基础上、为了解决当前的某个问题，或未来一段时间内会发生的问题而思考出来的一个更合理的解决方案。构成商业模式中的各个要素也不是一成不变的，它是一个动态演化的过程。在这其中，执行力也是一个成功商业模式的重要组成部分。不是所有的商业模式都是可以复制的，对我而言是创新的东西对他人可能是不适用的。

博圣的创新点在于，我们在商业的盈利性与社会的公益性之间找到了一个合适的平衡点，它不仅仅以营利为目的，也应该是政府、社会、公众所需要的。

《样本》：中国的经济正在从高速增长转向高质量发展，新旧动能不断接续转换，在国内外风险挑战明显上升的复杂局面中，您如何看待中国的高质量发展？博圣如何助推中国经济的高质量发展？

张民：我认为高质量发展阶段，是中国经济由"大"到"强"的必经阶段。尽管今年遭遇新冠疫情全球蔓延冲击，但中国经济高质量发展的态势并没有改变。新时代的中国经济，数量和规模扩张已经让位于质量和效益提升，后者已经成为中国经济发展的新中心，高质量发展的经济是健康发展的经济，也是中国政治、经济、文化、社会、生态等全面发展的物质基础。

当前，要应对内部转型和外部变局的双重压力，实现中国经济持续的高质量发展，需要企业家有所作为。我国正面临复杂的国内外局势，作为企业的带头人，促进国内经济爬坡过坎，要响应习总书记的号召，在爱国、创新、社会责任、国际视野等方面不断提升自己，也要有新的前瞻性思考。进入高质量发展，企业必然会遇到很多前所未有的中长期问题，博圣需要适应新形势、新环境、新情况，一方面坚持走自主创新之路，另一方面运用国际化视野和更加开放包容的心态，积极探索生态共赢的新商业模式。

专家点评

书写"健康中国"的母婴答卷

在硅谷，创业者经常会讲一句话："向月亮进发，即使没有成功，你也将置身群星之间。"这句话激励和告诫创业者们，要敢想、敢做、敢定目标。在中国，有这样一群人，他们坚持长期主义，深耕于母婴健康，风雨无惧，科技向善，用技术创造更美好生活。博圣生物就是其中之一，20余载坚守，成长为中国出生缺陷防治行业的领跑者。

致力于中国出生健康事业，让每一位母亲享受幸福，是博圣创立之初就立下的企业使命。自1999年销售第一盒苯丙酮尿症试剂开始至今，博圣已为全国范围内700多家出生缺陷防治中心、新生儿筛查中心、产前诊断中心和产前筛查机构提供专业化、定制化出生缺陷防治解决方案。截至目前，博圣累计完成出生缺陷筛查超过1亿人次，年筛查1000万孕妇和新生儿，赋予3万多存在先天缺陷胎儿的家庭知情选择权，帮助5万多罹患遗传代谢病的新生儿确诊并给予相应治疗，直接及间接地实现了近万亿的社会价值。

博圣创始人张民和罗文敏，始终以突破和创新精神，带领团队躬耕学科体系建设，从无到有，与时俱进。近年来，博圣在技术、信息网络及C端服务建设上重点发力，打造完善的出生缺陷防治全流程，致力于真正实现全程保障母婴安全。于是，2016年承接国家重大课题，整合国际前沿关键技术，致力于出生缺陷无创产前筛查诊断新技术新产品的研发；2017年引入研究跨界服务模式及载体、人工智能诊断、智慧医疗新技术；2018年，开展了出生缺陷综合防治技术的应用示范和评价研究，创建了卓有成效的"博圣学科服务体系"，建设母胎医学中心，积极搭建生物样本库。博圣一步步探索、搭建具有自我特色的核心竞争力，以面对日趋升级的服务市场。目前，博圣旗下博圣医学及博圣智造两大板块，通过自主创新及产业价值赋能，成功为自己构建了"产品+特检"的服务组合拳，以更多元、科学的服务内容，强化市场竞争能量。

博圣智造，更是倾力打造以分子生物学、代谢组学为核心手段的技术平台。旗下自主研发的全自动核酸检测反应体系构建系统获得德国红点产品设计大奖。2020年7月，博圣与全球顶尖超声设备制造商GE医疗（GE——Healthcare）就ViewPoint™在母胎医学中的应用达成战略合作，引入ViewPoint™软件，对出生缺陷二级防控领域中超声数据应用方面进行全面补强。此外，为了管控样本，博圣自主研发了TMS物流管理系统，融合国内顶尖的冷链温控技术，建立合规标准的"博圣样本物流体系"，样本运输车辆采用卫星定位系统，GPS&北斗联合精准定位。

博圣医学，针对孕前、产前、新生儿及儿科等妇幼保健领域不同阶段，提供遗传咨询服务，参与了《新生儿遗传代谢病筛查诊断集成化产品自主研发》《遗传性出生缺陷的早期筛查与诊断关键技术研究-脆X综合征和杜氏肌营养不良的筛查》等国家级、省级重大科技计划项目。2020年，博圣参与的国家重点研发计划子课题"遗传代谢病人工智能辅助诊断平台建立"，成果之一的新生儿遗传代谢病人工智能疾病风险评估系统，以700多万新生儿遗传代谢病阴性数据和3000多例新生儿确诊阳性数据为基础，利用大数据挖掘、人工智能技术建立模型，可将初筛阳性率由行业普遍的2%-5%降低至0.3%-0.5%。

"全面二孩"政策实施后，我国高龄孕产妇比例增高，这对医疗行业现行的产科、儿科、妇幼保健等服务体系将带来更多的压力与挑战。未来，博圣将继续完善"省级出防管理中心-产诊中心/新筛中心-区县妇幼保健院-C端互联网公卫保健平台"的金字塔式服务体系，推动出生缺陷防治体系广度与深度建设；加快出生缺陷防治相关产品自主研发与国产化的步伐，实现产品的集成创新与国产替代；引入研究跨界服务模式及载体、人工智能诊断、智慧医疗新技术，探寻"社区+医院"最佳综合干预模式；推进出生缺陷综合防治学科建设，推动跨学科出生缺陷防治合作；推出信息化服务产品，开发多维数据AI诊断技术，提高疾病精准诊治能力；引进高层次人才，持续加大技术研发投入，抢占技术高地；探索出生缺陷保险与C端服务，让更广大的人群享受出生健康的福利。

"风好正是扬帆时，不待扬鞭自奋蹄"，希望博圣继续向着月亮出发，坚持长期主义，坚持科技创新，继续关爱中国家庭，成为"健康中国"的伟大践行者。

汤哲辉　安永大中华区审计服务合伙人

后　记

迄今，"长三角商业创新样本"项目已推进四届。这六年来，我们始终在寻找"创新的意义"，以发掘、发现、助力长三角地区企业核心竞争力在全球竞赛中的真正优势。尤其新冠疫情所带来的剧变，为团队的选样带来了全新的视角和维度。烈火试真金，逆境出强者。我们欣喜地发现，长三角的活力经历短暂的调整后，依旧勃勃生机，且更加笃定地一往直前。

真正的创新是什么，我们还无法精准地细化描述。但随着对长三角地区企业考察和交流的逐步深入、调研数量和质量的累积，我们明晰并丰富了更多的要素：创新，包含商业模式创新和科技创新，以及发展模式创新，不仅要能够推动企业可持续发展，更要在一个很长的时期拉动经济增长的同时，助力整个产业的进步，并且带来社会财富和国民收入的增加。由此，我们不难发现，创新多半是一项新技术的发明和应用，是一个新产品的创制和生产，或者是一个完整的生态整合融合，和全新生态的打造与构建，并通过商业化运作，被大众普遍接受，带来产业或生态的变革发展，让创新技术和产品真正造福人类。

2020年，通过材料收集研判、上届样本企业或头部公司推荐，团队成员走访、审核的企业数量达到了50余家，又一次刷新了项目的历史纪录。而且取样产业更加多样，城市分布范围也更加广泛——我们走过了长三角一体化区域内41个地级市中的大部分；在原计划设定的样本走访过程中，经部分专家提点分析，样本执委会在倾向以数字科技为重点的科创领先企业外，还特别加重了对基础创新、绿色发展等领域企业的征集、走访与考察。我们特别感谢复旦大学管理学院、南京天汇红优投资管理公司、浙江忠梦昌健康科技公司和上海梦想成真公益基金会等合作伙伴及理事们对样本工作的关注、关心与大力支持，并在选样过程中，积极协助项目团队推进各项工作；同时，我们也十分感谢红星美凯龙董事长车建新、迪安诊断董事长陈海斌、天汇投资董事长袁安根等企业家理事对选样工作热情而认真的推荐。

在选样过程中，我们始终紧紧围绕国家政策及一体化发展战略，始终坚持寻找能够真正代表中国精神和中国力量、在时代的机遇及危机里成长起来的创新公司。尤其是2020

后　记

年突如其来的新冠肺炎疫情重创全球经济，中国成为世界上唯一实现正增长的大型经济体后，我们庆幸并更坚定所选择的方向。这其中，有坚韧的精神意志、前瞻性的战略洞察、强大的组织能力等中国动能在积极发挥作用，也有中国的企业和企业家们在危机下竭力创新前行的功劳。因此，尽管工作量大大增加，但我们仍倍感欢欣。体量越来越庞大、领域越来越多元，"中国样本"的底蕴与内涵也更加深刻与丰富，并深深地印证着我们启动样本项目的初心：找到"中国方案"，听到"中国声音"，形成"中国样本"，尤其是中国在新经济方面的应用创新已走在世界前列，不仅推动了国内经济新动能培育，也为世界经济发掘新动力贡献了"中国样本"。

所以，在样本推进过程中，项目团队也更具有别样的荣耀和使命感。我们欣喜于认知并学习到企业家的家国情怀、文化气质和社会责任，其中蕴含的高瞻远瞩、执着坚守、拼搏奋斗、产业报国的志向和奉献精神，让我们由衷地感佩与尊敬。真正的创新一定是由企业家来做的，就像熊彼特所说的那样，创新是企业家的本能。这就要求企业家们追求的目标不仅仅是企业自身价值最大化，既要满足股东利益、员工利益，又要满足消费者利益，还要兼顾社会利益。显然，他们怀揣初心，忠诚地践行着这样的时代使命。团队成员为能近距离和这些优秀企业家及他们的团队共同探讨科技模式的创新、文化价值、产业趋势等而自豪，更希望通过多种方法进行发布和传播，为有更多的个人、群体及组织单位受益而欢欣鼓舞、干劲十足。

2021年，恰逢中国共产党建党100周年。100年来，她以非凡的初心和使命，引领中国由大到强，将"人民对美好生活的向往，就是我们的奋斗目标"的铮铮誓言做了最生动的注脚，把一个政党和一个国家的梦想，中华民族的向往，亿万人民的期待，紧紧融为一体，书写了人类历史上激动人心的发展篇章。

我们相信并期待，无论是长三角地区还是我们努力发现并传播的创新样本，都将共同为这场伟大的发展事业擎动创新能量，共同促进人类新文明的建设与发展。

上海长三角商业创新研究院
《2020长三角商业创新样本》执委会
2021年5月

项目组织单位

主办单位： 上海长三角商业创新研究院

支持单位： 复旦大学管理学院、北京大学博雅教育科技研究院、阿里研究院、华东理工大学社会科学高等研究院、江苏省商业联合会、上海梦想成真公益基金会、江苏天汇红优投资管理有限公司、浙江忠梦昌健康科技有限公司、汉歌文化发展机构

承办单位： 浙江汉歌文化创意有限公司

特邀专顾委、编委会及主要团队成员

总 顾 问： 陆雄文　上海长三角商业创新研究院院长、复旦大学管理学院院长

规 划 统 筹： 林　环　上海长三角商业创新研究院创始理事、研究员

专家委员会： 吴柏钧　华东理工大学副校长、上海长三角商业创新研究院创始理事
　　　　　　　高红冰　阿里研究院院长
　　　　　　　王向阳　北京大学博雅教育科技研究院院长
　　　　　　　潘宪生　江苏省商业联合会会长
　　　　　　　沈桂龙　上海社会科学院世界中国学研究所所长
　　　　　　　何培新　上海梦想成真基金会理事长
　　　　　　　袁安根　江苏天汇红优投资管理有限公司董事长

采编委员会：

主　任： 蒋　斌　上海长三角商业创新研究院常务副院长兼秘书长

委　员： 邵庆祥　浙江经济职业技术学院校长、物产国际学院院长
　　　　　吴文平　浙江汉歌文创有限公司首席顾问、杭州市记者协会副主席
　　　　　于保平　复旦大学管理学院案例研究中心主任
　　　　　张春依　复旦大学管理学院案例研究中心总监
　　　　　唐小愉　上海长三角商业创新研究院传播部主任、《新经报》主编

出　品： 蒋　斌　上海长三角商业创新研究院常务副院长

执行主编： 唐小愉　上海长三角商业创新研究院传播部主任

出版总监： 苏文婷　上海长三角商业创新研究院外联部主任

特约审校： 顾金生　原浙江日报主任编辑、著名作家

执行团队： 苏文婷、原竟格、倪敏、陈扬波、宦艳红、蒋书澄、黄月倩、苏蓉

发布会组委会秘书处： 唐小愉、曹佳佳、蒋书澄、夏婷婷

调研及采编指标说明

1. 本书所涉及样本企业相关内容及数据由项目团队通过企业方提供、主流媒体报道、行业调查数据、第三方咨询报告及与企业创始人、高管访谈所提供，并经项目采编团队整合提炼而成。

2. 主要采编指标包括：企业基本概况、战略定位和发展状况、商业或经营模式和主营业务结构及特征、政府扶持状况、公司治理描述、企业文化创新和责任、资本和金融发展及近3~5年的创新状况、创新点及实施成果描述与新的创新计划、企业可持续发展战略等九大项超过20个细项指标。

3. 整个调研过程围绕创新样本企业和上海长三角商业创新研究院自身所积累的数据结合开展。重点关注反映样本企业近3~5年来的重大变革和创新所产生的经营智慧、文化建设、社会责任和创新模式的探索成果，以及为产业链和区域经济、社会财富上所创造的政治、经济、文化与社会环境的价值。

4. 整个调研采编过程共历时近13个月，分五个阶段：前期筹备（2个月）、调研和访谈执行（3~4个月）、采编创作（3~4个月）、成稿审核（2个月）、出版和发布（3个月），访谈与编写局部交叉进行。

5. 样本企业所需提供的材料指标主要采用2016—2020年的数据，并对企业成立以来的基本材料及企业发展进行历史性的对照。

6. 样本企业选择参照的历史依据主要包括：国际、国内以及区域内领先者地位或快速成长型的优秀企业；业界品牌知名度或美誉度较高的企业；有独特创新模式和重大创新能力的企业；营收、净资产、利润或净利润等主要增长指标稳健或优良的企业；依托科创能力或者技术壁垒的行业隐形冠军和依托数据技术领先的准独角兽公司；以及产业贡献优良、文化或品牌建设有标杆性和典型案例等辅助指标。

主要参考材料及文献

[1] 吴军.浪潮之巅[M].北京：人民邮电出版社,2013.

[2] Chen W, et al.Cancer Statistics in China[J]. CA：A Cancer Journal for Clinicians,2016,66(2)：115-31.

[3] 中国电子技术标准化研究院.智慧家庭标准化白皮书[S].2016.

[4] 李广宇等.人工智能的未来之路[M].上海：上海交通大学出版社,2017.

[5] 巴九灵.宏观趋势 | 过去十年,外企在中国是怎样走下神坛？[DB/OL].(2017-12-8)[2021-04]. http://www.kanshangjie.com/article/124190-1.html.

[6] 国家标准委.人工智能标准化白皮书[S].2018.

[7] 王煜全.学会洞察行业：写好分析报告的6堂实战课[M].北京：北京联合出版社,2018.

[8] 艾瑞咨询.2019年中国生鲜电商行业研究报告[DB/OL].(2019-07-02)[2021-03]. http://report.iresearch.cn/report/201907/3400.shtml.

[9] IDC&浪潮集团.2019-2020中国人工智能计算力发展评估报告[DB/OL].(2019-08-28)[2021-03]. https://max.book118.com/html/2019/0902/5343331341002122.shtm.

[10] 中国信息通信研究院安全研究所.人工智能数据安全白皮书[S].2019.

[11] 弗若斯特沙利文咨询公司.中国生物药市场研究报告[DB/OL].(2019-09)[2021-01]. https://max.book118.com/html/2019/1120/7063050050002103.shtm.

[12] 中国信息通信研究院.全球人工智能产业地图[DB/OL].(2018-04-13)[2021-04]. http://www.199it.com/archives/710484.html.

[13] 中商产业研究院.2020年中国生物医药产业园发展前景及投资研究报告[DB/OL].(2020-0111)[2021-01]. https://wk.askci.com/details/89f414a9d49c4bc087b081868a9e0905/.

[14] 云从科技IPO状态更新为已问询 人工智能板块迎来快速发展[N].界面-财联社-科创板日报,2020-01-12.

[15] Trustdata.2019-2020年中国在线酒店预订行业发展分析报告[DB/OL].(2020-04-01)[2020-11]. http://www.100ec.cn/detail--6550890.html.

[16] IDC.中国人工智能软件及应用（2019下半年）跟踪[DB/OL].(2020-06)[2021-01].

https://www.asmag.com.cn/news/202006/104054.html.

[17] 艾瑞咨询.2020年中国生鲜供应链市场研究报告[DB/OL].(2020-09-12)[2021-03]. http://4g.cnad.cn/Detail.aspx?id=305003.

[18] 麦肯锡.2020年人工智能状况报告[DB/OL].(2020-1001)[2021-01]. https://baijiahao.baidu.com/s?id=1684316935283705026&wfr=spider&for=pc.

[19] 中国信息通信研究院.全球数字经济新图景(2020年)——大变局下的可持续发展新动能[DB/OL].(2020-10-14)[2021-01]. http://www.chuangze.cn/third_down.asp?txtid=2844.

[20] CIC灼识咨询.中国人工智能语音行业蓝皮书[DB/OL].(2020-10-27)[2021-01]. https://baijiahao.baidu.com/s?id=1681714486035571305&wfr=spider&for=pc.

[21] 布瑞克农业大数据.2020年中国生鲜行业报告[DB/OL].(2020-11-20)[2021-03]. http://www.agdata.cn/newsdata/getagdatanewsdetails-550.html.

[22] 中国网络空间研究院.世界互联网发展报告2020[DB/OL].(2020-11-23)[2021-01]. https://baijiahao.baidu.com/s?id=1684205872844220926&wfr=spider&for=pc.

[23] 中国网络空间研究院.世界互联网发展报告2020[DB/OL].(2020-11-23)[2021-01]. https://baijiahao.baidu.com/s?id=1684205872844220926&wfr=spider&for=pc.

[24] 清华大学人工智能研究院&清华-中国工程院知识智能联合研究中心.人工智能发展报告2020[DB/OL].(2021-01-20)[2021-02]. http://www.ilinki.net/news/detail/53262.

[25] 中国信息通信研究院.2020年ICT深度观察[M].北京:人民邮电出版社,2020.

样本企业年度报告、年度总结报告、所属产业的相关年度报告及同业相关年度报告,恕不一一列举。